Ein beschleunigter sozialer Wandel führt zu einer Vielzahl von veränderten und neuen Aufgabenstellungen für die Soziale Arbeit und ihre Träger. Zugleich brechen gesellschaftliche Konzepte sowie Rahmenbedingungen für deren Verständnis und Bearbeitung um. Für eine angemessene Bewältigung der mit dem Struktur- und Perspektivwandel verbundenen Herausforderungen bedarf es eingehender Analysen, vertiefter Theorien und neuer Praxiskonzepte. Dies gilt in besonderem Maß für die Situation in den neuen Bundesländern.

Mit ihrer Publikationsreihe „Praxis, Forschung und Entwicklung in der Sozialen Arbeit" will der *apfe e.V.* als Forschungsinstitut der Evangelischen Hochschule für Soziale Arbeit Dresden (FH) einschlägigen Untersuchungen und Diskussionen zu den damit angesprochenen Themen ein aktuelles Forum bieten. Insbesondere werden Veranstaltungen dokumentiert und Foschungsergebnisse der Öffentlichkeit zugänglich gemacht, die im Rahmen des Instituts stattfanden bzw. dort entstanden sind.

Praxis, Forschung und Entwicklung in der Sozialen Arbeit

Herausgegeben von Ulf Liedke und Günther Robert

Band 3

apfe e.V. *Arbeitstelle Praxisberatung, Forschung und Entwicklung an der Evangelischen Hochschule für Soziale Arbeit Dresden (FH)*

Thomas Drößler/ Ullrich Gintzel (Hrsg.)

Vom Eigensinn sozialpädagogischer Fachlichkeit

Qualität in den Hilfen zur Erziehung

Mit Beiträgen von
Reinhard Wiesner, Peter Hansbauer,
Friedhelm Peters, Hans-Ullrich Krause,
Cornelia Jager, Barbara Reinmüller,
Susann Vollmer, Klaus Roth,
Josef Koch, Hartmut Mann,
Thomas Drößler und Ullrich Gintzel

Shaker Verlag
Aachen 2006

Bibliografische Information der Deutschen Bibliothek
Die Deutsche Bibliothek verzeichnet diese Publikation in der Deutschen
Nationalbibliografie; detaillierte bibliografische Daten sind im Internet
über http://dnb.ddb.de abrufbar.

Kontakt: www.apfe-institut.de

Printed in Germany.

ISBN-10: 3-8322-5102-2
ISBN-13: 978-3-8322-5102-4
ISSN 1614-144X

Shaker Verlag GmbH • Postfach 101818 • 52018 Aachen
Telefon: 02407 / 95 96 - 0 • Telefax: 02407 / 95 96 - 9
Internet: www.shaker.de • eMail: info@shaker.de

Inhalt

Thomas Drößler, Ullrich Gintzel

Vom Eigensinn sozialpädagogischer Fachlichkeit.
Qualität in den erzieherischen Hilfen

Qualitätsentwicklung in der Kinder- und Jugendhilfe unter dem Gesichtspunkt der „Behauptung des Eigensinns sozialer Arbeit" (Merchel 2001, S. 27) zu betrachten, ist Anliegen dieses Buches. Die Qualitätsdebatte in den Hilfen zur Erziehung geht in ihr zweites Jahrzehnt. Und ein Ende ihrer Konjunktur ist nach wie vor nicht abzusehen. Warum auch? Die Fragen, die mit dieser Debatte aufgeworfen wurden, haben ihre Berechtigung und die Beschäftigung mit ihnen eine wichtige Bedeutung für die fachliche und fachpolitische Weiterentwicklung von Handlungsfeld und Profession. Dies wird auch daran erkennbar, dass das Thema sich in der Praxis verselbständigt hat, also die Auseinandersetzung mit Qualität und Qualitätsentwicklung immer weniger einer kritischen Nachfrage von außen, also vor allen Dingen von Politik und Öffentlichkeit, vor allem aber von Seiten der Kostenträger bedarf. Diskussion und Praxis haben an Fachlichkeit und damit auch an Eigenständigkeit gewonnen, auch wenn gerade die Praxis der Qualitätsentwicklung in den erzieherischen Hilfen nach wie vor sehr stark mit Erwartungen konfrontiert wird, die auf Wirtschaftlichkeit zielen, auf Fallzahlen und Kosten bzw. deren Reduzierung. Die enge Verbindung von Qualitätsentwicklung und Steuerung spielt bei *allen* beteiligten Akteuren eine wichtige Rolle. Qualität wird zum Gradmesser für die Bewertung von Strukturen und Prozessen in den erzieherischen Hilfen, Qualitätsbewertung zum Instrument für deren Steuerung. Was aber macht Qualität in den erzieherischen Hilfen eigentlich aus? Woran macht sie sich fest, und wie kann sie bewertet werden? Und schließlich: Was sind Wege zu einer wirksamen Steuerung erzieherischer Hilfen, die dem Anspruch des „Steuern über Qualität" gerecht werden können?

Im Sommer 2005 diskutierten VertreterInnen aus Wissenschaft, Politik und Praxis der Erziehungshilfen Verlauf und Ergebnisse der zurückliegenden sowie Fragen und Anforderungen der zukünftigen Qualitätsdebatte an Forschung und Praxis. Der vorliegende Dokumentationsband versammelt in sich eine Reihe von Beiträgen, die sich in sehr differenzierter Form mit den angesprochenen Fragestellungen beschäftigen, sowohl aus der wissenschaftlichen wie der praktischen Perspektive. In diesen Beiträgen wird nicht nur die Vielschichtigkeit der Qualitätsdebatte, ihrer Erwartungen und Anforderungen erkennbar. Sichtbar wird in den Beiträgen auch eine vielfältige Praxis, die (erfolgreich) den Versuch unternimmt, unter fachlichen Prämissen Lösungen zu finden für die Aufgabe der Qualitätsentwicklung und -steuerung in den erzieherischen Hilfen. Dabei geht es um die Gestaltung von Prozessen wie der Hilfeplanung (Jager; Drößler), die Weiterentwicklung der Praxis bei Vereinbarungen gemäß §§ 78 a ff. SGB VIII als wichtige Instrumente der Qualitätsentwicklung und Steuerung (Roth; Drößler). Es geht die Umsetzung von Erkenntnissen aus der Fachdebatte in einem Fachbereich (Reinmüller, Drößler, Vollmer) wie um die Realisierung eines umfassenden fachlich-strukturellen (Neu-)Entwurfes von Erziehungshilfen jenseits etablierter Handlungsformen, aber mit dem Anspruch und dem Potenzial, Erziehungshilfen neu zu denken und zu praktizieren (Koch). Am Ende des Bandes schlägt Friedhelm Peters mit seinen kritischen Anfragen an das Modell der wirkungsorientierten Steuerung den Bogen zum einleitenden Beitrag von Peter Hansbauer, der sich mit der Frage auseinander setzt, ob Hilfen zur Erziehung helfen.

Nicht nur in diesen beiden Beiträgen, sondern im gesamten Band wird deutlich, dass Qualität in den erzieherischen Hilfen im fachlichen Zusammenwirken der beteiligten Akteure *und* durch das Ineinandergreifen von Strukturen und Prozessen, die nach fachlichen Maßstäben organisiert sind und entsprechend realisiert werden, entsteht. Steuerung über Qualität kann sich mithin nicht darin erschöpfen, nach Wirkungen und Effekten, nach dem Verhältnis von input und outcome zu fragen. Die erzielten Ergebnisse sind wichtig. Sie sind jedoch nicht der alleinige Bezugspunkt für die Bewertung von Erziehungshilfen und die Steuerung von Fällen und Angebotsstrukturen. Steuerung in den erzieherischen Hilfen bedeutet vielmehr, dafür Sorge zu tragen, dass die fachlichen Maßstäbe eingehalten werden, Zusammenwirken muss bewirken, dass Strukturen und Prozesse so entwickelt werden, die reibungslos ineinander greifen können. Das Ziel von Steuerung ist, Erziehungshilfeleistungen so zu realisieren, dass sie deren AdressatInnen dabei unterstützen, ihre Probleme dauerhaft zu lösen, ihnen Lebensbewältigungskompetenzen zu eigen gemacht und (neue) tragfähige Perspektiven eröffnet werden.

Die Auseinandersetzungen um Folgen und Qualität der Leistungen der Jugendhilfe ist ein Bestandteil der fachlichen Diskussionen, gerade auch der Professionalisierung der letzten 40 Jahre. Dies darf nicht vergessen werden, wenn gegenwärtig unter oft ganz anderen Blickwinkeln über Qualität in der Kinder- und Jugendhilfe diskutiert wird.

So erhielt die neuere Qualitätsdebatte ihren zentralen Impuls durch betriebswirtschaftliche Anfragen von außen. Kinder- und Jugendhilfe sah sich mit der Forderung konfrontiert, die Kosten, die sie „verursachte", nachzuweisen bzw. transparent zu machen, was sie eigentlich mit dem vielen Geld anstellt und was dabei heraus kommt. Steuerung hieß, nach betriebswirtschaftlichen Maßstäben zu planen und zu handeln; die Kosten und deren Verwendung standen im Vordergrund. In der Praxis führte dies, inspiriert durch einschlägige (Sozial-)Managementkonzepte, zur „Erstellung von Produkten", „Produktkatalogen", die in „Produktkategorien" zusammengefasst wurden, welche ihrerseits „Produktbereichen" zugeordnet wurden. Anliegen war, die – zu Recht – eingeforderte Transparenz von Kostenströmen und Mittelverwendung herzustellen und damit beziehbar zu machen auf den „output", also die Ergebnisse, die mit einem Produkt erzielt werden sollten.

Die Besonderheit sozialer Dienstleistungen und damit (sozial-)pädagogischen Handelns jedoch ließ sich in solchen Kategorien nur sehr unzureichend erfassen. Ist das Produkt nun schon ein Ergebnis oder soll mit dem Produkt ein Ergebnis erzielt werden? Diesem Rechnung tragend wurde mit Rückgriff auf die Dienstleistungsdebatte das Konzept des „Outcome" eingeführt, welches das Prozesshafte von sozialen Dienstleistungen stärker in den Vordergrund rückte und mit ihrem Ergebnis systematisch zu verbinden suchte. In der Steuerungsdebatte blieb dies jedoch zunächst nur von randständiger Bedeutung, wenngleich damit für die fachliche Diskussion viel gewonnen war. Bestehen blieb die Fokussierung von Steuerung auf das „Outcome" von sozialen Dienstleistungen wie den erzieherischen Hilfen. Qualität bewertete sich nach dem Verhältnis zwischen „Input" – i.d.R. in finanziellen Maßzahlen ausgedrückte Aufwendungen – und „Outcome". Gute Qualität machte sich daran fest, dass mittels der Dienstleistung mit möglichst wenig Ressourcenaufwand möglichst deutliche Effekte bei den AdressatInnen(?) erzielt wurden.

Für die erzieherischen Hilfen bedeutete dies, nicht nur nachzuweisen, wofür sie (ihre) Ressourcen einsetzte, sondern vor allen Dingen, was sie damit an integrativen Wirkungen bei den AdressatInnen erzielte. Die Problematik dieser wirkungsorientierten Steuerung jedoch besteht in zumindest vier wesentlichen Aspekten:

- Hilfen zur Erziehung sind auf den Einzelfall bezogene Leistungen und mithin entsprechend zu planen und zu bewerten. Dieser Einzelfallbezug macht zudem den Vergleich von Erbringung und Ergebnissen der Leistungen schwierig.
- Erziehungshilfen streben eine nachhaltige Verbesserung bei den Kompetenzen und Lebenschancen von AdressatInnen an, die sich kaum „tagesaktuell" im Sinne einer Erfolgsbewertung oder Wirkungskontrolle messen und bewerten lassen.
- An der Planung und Durchführung von Erziehungshilfen sind viele Akteure beteiligt, was die „Zuordnung" von erfolgsförderlichen oder -hinderlichen Einflüssen und Faktoren „erschwert".
- Erzieherische Hilfen werden jungen Menschen und ihren Familien in Krisen- und Belastungssituationen gewährt. Über die Bewältigung dieser, das Wohl der jungen Menschen gefährdenden Krisen entscheiden ganz zentral auch gesamtgesellschaftliche Bedingungen wie z. B. die materielle Grundsicherung, die Güte der Schule oder die Perspektiven auf dem Ausbildungs- und Arbeitsmarkt.

Dabei ist die Frage der Freiwilligkeit der Inanspruchnahme der Dienstleistung Erziehungshilfe durch die AdressatInnen noch gar nicht mitbedacht.

Das Hauptproblem besteht jedoch darin, dass erzieherische Hilfen als pädagogische Prozesse und mithin eine Form sozialer Dienstleistung sich gar nicht nach klassischem Muster bilanzieren und hernach entsprechend bewerten lassen. Für die outcome-orientierte Steuerung heißt das, dass die Ergebnisse einer Erziehungshilfe im Einzelfall nur sehr begrenzte Aussagekraft haben hinsichtlich der tatsächlichen Qualität einer Leistung oder eines Leistungsangebotes. Das Bestreben, den Input als monetär bemessbare Aufwendungen, also das was personell, sachlich, strukturell und eben finanziell in die Hilfen zur Erziehung „hineingepumpt" wurde, mit ihrem outcome in Beziehung zu setzen und darüber Steuerung entlang der Dimension Ergebnisqualität zu realisieren, scheitert an der Komplexität des pädagogischen Geschehens. Man kann fachlich gute Arbeit leisten und dennoch scheitern oder umgekehrt.

Wenn sich nun aber Qualität in den erzieherischen Hilfen nicht (allein) an ihren Wirkungen festmachen lässt, wie ist ihr dann, praktisch folgenreich, auf die Spur zu kommen? Wichtigste Voraussetzung von Qualität ist die fachliche Ausgestaltung von Strukturen und Prozessen in den erzieherischen Hilfen auf den verschiedenen Ebenen der Praxis und bei den unterschiedlichen Beteiligten. Denn, so die gut begründbare und empirisch belegte These: Eine nach fachlichen Maßstäben geplante und realisierte Erziehungshilfe ist eine qualitativ gute Erziehungshilfe, besitzt großes Erfolgspotenzial und ist damit augenblicklich vielleicht nicht billiger, aber am Ende doch kostengünstiger.

In der Fachwelt war dies freilich lange bekannt und die Bedeutung fachlicher Maßstäbe wie der Strukturmaximen aus dem Achten Jugendbericht der Bundesregierung für gute Praxis unbestritten. Der wesentlich neue Impuls der aktuellen Qualitätsdebatte bestand in der Forderung, diese Bedeutung und ihre Entsprechungen in der konkreten Praxis transparent zu machen. Damit stand jedoch nicht nur die Forderung nachzuweisen, dass man und wie man gute Arbeit macht bzw. zu tun gedenkt. Entscheidender war der damit gegebene Anstoß zur (selbst-)reflexiven Befragung der Praxis der erzieherischen Hilfen und ihrer Rahmenbedingungen daraufhin, ob diese den selbst gesetzten und hoch gehaltenen Ansprüchen genügen.

So wichtig diese Blickwendung war und ist, so ambivalent sind wiederum die Strategien zu bewerten, die für die Entwicklung, Gewährleistung und Bewertung von Qualität und eine entsprechende Steuerung der Erziehungshilfepraxis (zunächst) favorisiert wurden. Die in der konzeptionellen Diskussion auftauchende Unterscheidung zwischen den Dimensionen von Struktur-, Prozess- und Ergebnisqualität, die in der Praxis heute durchgehend Anwendung findet, gibt dafür ein gutes Beispiel. In der von heute aus gesehen mittleren Phase der neueren Qualitätsdebatte in den erzieherischen Hilfen kam es diesbezüglich zu nicht unproblematischen Entwicklungen. Eine immer weitergehende Ausdifferenzierung des Qualitätskonzeptes in immer mehr Dimensionen, Ebenen, Standards, Kriterien, Indikatoren etc. versuchte nicht nur, Transparenz hinsichtlich des eigenen (fachlichen) Tuns herzustellen. Verbunden war damit nicht selten auch das Ansinnen, die Komplexität von Qualität in den Erziehungshilfen in den Griff zu bekommen und sich selbst seiner eigenen Fachlichkeit zu vergewissern. So unerlässlich fachliche Standards, ihre Durchsetzung und Überprüfung anhand von Kriterien und Indikatoren sind: In der Praxis verkehrten sich die Konsequenzen dieser Operationalisierungsversuche nicht selten in ihr Gegenteil. Es mag paradox anmuten, aber:

- Was fachlich gute Kinder- und Jugendhilfe ausmacht,
- welche Rahmenbedingungen erforderlich sind,
- wie Qualität – auch – nachgewiesen, also transparent gemacht werden kann und
- welche Anforderungen daraus an die Profession resultierten,

geriet darüber zunehmend in den Hintergrund, mutierte zum Füllstoff, mit dem man die „gefundenen" Dimensionen mal mehr, mal weniger gehaltvoll zu unterfüttern suchte. „Personalauswahl, Hilfeplanung und viele weitere Handlungsformen werden begrifflich in das Muster Qualität vereinnahmt, weil sie schließlich irgendwie zu einer guten Arbeit beitragen und damit irgendwie qualitätsrelevant sind. Der Qualitätsbegriff wird somit zu einer unspezifischen Kolonialisierungsformel gemacht, dem kaum eine Handlung entkommen kann" (Merchel 2005, S. 6).

Inwiefern hierin eine Bestätigung des Vorwurfs gesehen werden kann, Sozialpädagogik weiche mit solchen Strategien dem Qualitätsthema aus, sei dahin gestellt. Ganz sicher kommt in den Konzepten jedoch auch der Versuch zum Ausdruck, Erziehungshilfen anhand belegbarer Qualitätsaussagen steuern zu können. Indem aber Praxis oder hypothetisch gute Praxis in immer dünnere Scheiben geschnitten wurde, kam es in der schnell üblich gewordenen und bei allen Schwierigkeiten erfolgreich routinisierten Anschlussdiskussion um Standards, Kriterien und Indikatoren zu aufgeblähten Verfahrenskatalogen, nicht mehr beherrschbaren Instrumentarien, unbewältigten Datenfriedhöhen usw., die den eigentlichen Anspruch der Steuerung über Qualität ad absurdum führten. Qualität, so schien es, zeigt sich darin, dass man möglichst jeden noch so kleinen Prozessschritt geplant, operationalisiert und damit messbar gemacht, jede Strukturkomponente beschrieben und begründet, jeden Kostenfaktor belegt hat.

Zweifellos ist die Unterscheidung zwischen verschiedenen Ebenen von Qualität hilfreich. Vor allen Dingen im Sinne einer grundlegenden Orientierungshilfe bei der praxisbezogenen Auseinandersetzung mit dem Qualitätsthema steht der Nutzen der drei wesentlichen Qualitätsdimensionen, vor allem aber der Struktur- und Prozessqualität, in genau zu beachtenden Grenzen außer Frage. Nicht umsonst spielen die drei genannten Qualitätsdimensionen bspw. in der Konzeptualisierung von Vereinbarungen gemäß § 78 b SGB VIII in Rahmenverträgen, Vereinbarungsvorlagen und Kommentierungen eine zentrale Rolle. Aber gerade in der Umsetzung dieser Regelungen in die Praxis zeigen sich die angesprochenen Ambivalenzen und Probleme besonders deutlich und mit unbefriedigenden Ergebnissen für alle Beteiligten.

Ein weiteres Feld der Qualitätsentwicklung in den Hilfen zur Erziehung repräsentiert die Beschäftigung mit den Prozessen, in denen Erziehungshilfen in fachlicher Weise zustande kommen. Die Hilfeplanung gemäß § 36 SGB VIII ist ein sehr anspruchsvoller Prozess, in dem eine Fülle schwieriger Probleme zu bewältigen ist und komplizierte Fragestellungen zu beantworten sind. Hilfeplanung bildet die Grundlage für jegliche erzieherische Hilfe; in ihr ist der erzieherische Bedarf im Einzelfall zu ermitteln und davon ausgehend eine geeignete und notwendige Hilfe zu finden bzw. zu entwickeln und schließlich umzusetzen. Es ist also nur konsequent, hier anzusetzen und über Qualitätsentwicklung zu gewährleisten, dass die dem Einzelfall angemessene Hilfe gewährt und umgesetzt wird. Damit ist dann idealiter auch *ein* Steuerungsproblem zu einem wesentlichen Teil gelöst.

Bedarfsermittlung und Erfolg versprechende Hilfeplanung im Sinne ergebnis- oder zielorientierter Planung und Steuerung im Einzelfall bilden zwei wesentliche Fixpunkte in der fachtheoretischen und konzeptionellen Diskussion. Konzepte der zielorientierten Hilfeplanung favorisieren die Formulierung und Vereinbarung von individuellen Hilfezielen unter expliziter Beteiligung der AdressatInnen. Intendiert ist eine Ausrichtung der Hilfe an der Bearbeitung dieser Zielstellungen und damit auch eine Steigerung der Transparenz der Hilfe, der Mitwirkungsbereitschaft der AdressatInnen, eine präzisere Planung und Steuerung von Hilfeform, -umfang und -verlauf und nicht zuletzt die Einführung eines Elementes zur Erfassung und Bewertung der Effekte bzw. Wirkungen einer konkreten Einzelfallmaßnahme. Die gemeinsame Übersetzung von Hilfebedarfen in individuelle, konkrete und damit überprüfbare Zielstellungen und Handlungsschritte darf jedoch nicht dazu führen, Erfolg oder Misserfolg von Hilfen an der Erreichung dieser Ziele allein zu bemessen und diese entsprechend zu steuern. Steuern über Ziele funktioniert nicht, wenn darunter verstanden wird, dass die Erreichung von vereinbarten Zielen allein das Kriterium für die Entscheidung über den weiteren Hilfeverlauf oder für die Bewertung der Leistungsfähigkeit der Einrichtung oder des Dienstes darstellt. Die Qualität eines Hilfeplanungsprozesses bemisst sich vielmehr daran, wie es gelungen ist den erzieherischen Bedarf zu ermitteln und Wege zu finden, die individuelle Problematik produktiv zu bewältigen. Hilfeauswahl und Zielvereinbarungen stehen am *Ende* eines Prozesses, dessen fachliche Ausgestaltung entscheidend ist für das Finden einer angemessenen Hilfe und die Entwicklung erreichbarer Zielsetzungen.

Die Frage der Verknüpfung von erzieherischem Bedarf und angemessenen Hilfe- und Unterstützungsmöglichkeiten erfährt unter Steuerungsgesichtspunkten eine gewisse Akzentverschiebung. Situationsklärung und Bedarfsermittlung hatten so zu erfolgen, dass eine sichere Entscheidung für eine möglichst konkret planbare und abrechenbare Hilfe getroffen werden kann. Wenn man so will, zeigt sich das Ursache-

Wirkungs-Prinzip hier von seiner anderen Seite. Gelingt erstmal eine zuverlässige Bedarfsfeststellung, dann sollten die Weichen für eine erfolgreiche Hilfe(-steuerung) von vornherein richtig gestellt sein. Nun ist dies nicht grundsätzlich falsch, aber gerade diese Aufgabenstellungen stellen die höchsten fachlichen Anforderungen an die Fachkräfte. Die Diskussion um Diagnostik in der Hilfeplanung macht beide Aspekte augenfällig. Einerseits die Schwierigkeiten und Anforderungen mittels diagnostischer Instrumente und Verfahren besser in den Griff zu bekommen. Andererseits die Möglichkeit einer „eindeutigen" Indikationsstellung, die „eindeutige" Maßnahmen impliziert und Hilfen somit effizient (und) steuerbar macht. Dass entsprechende Modelle an Grenzen stoßen, ist vor dem Hintergrund des fachlichen Wissens der Profession eingehend diskutiert worden. Und in der Praxis ist längst nicht ausgemacht, dass Diagnoseinstrumente wirklich zu richtigen Einschätzungen führen, zumal sie den Fachkräften gerade diese Arbeit nicht abnehmen und mitunter nicht einmal erleichtern.

Situationsklärung und Bedarfsermittlung sind ein komplexer Prozess, der durch Diagnoseinstrumente unterstützt werden kann, letztlich aber eine sozialpädagogische Perspektive auf den „Fall" und vor allen Dingen die Beteiligung der AdressatInnen erfordert, ebenso wie Hilfeauswahl und -verlaufsplanung. Gute Hilfeplanung ist ein, wenn nicht das zentrale Element der Steuerung von erzieherischen Hilfen. Die diesbezügliche Qualität von Hilfeplanung zeigt sich aber nicht in gesicherten Diagnosen oder „smart"en Zielen allein. Beides sind Hilfsmittel, Hilfen so zu planen, dass sie den AdressatInnen dabei helfen, ihre Probleme dauerhaft und produktiv zu bewältigen. Dies zählt und ist freilich zu überprüfen. Steuerung *muss* das Streben nach hoher Ergebnisqualität sein. Insofern sind die Effekte oder Wirkungen einer Hilfe wichtige Indikatoren nicht nur für ihren Erfolg, sondern auch für die fachliche Qualität der vorausgegangenen Prozesse. Sie geben Anstöße zu Reflexion und Veränderung.

Wenn also in den erzieherischen Hilfen die Frage nach dem „Outcome" gestellt wird, dann liegt ihre Antwort in den Lebensbewältigungsfähigkeiten und Integrationschancen als Ergebnis von Erziehungshilfen. Steuerung durch Qualität heißt dann, Strukturen und Prozesse so zu

gestalten, dass in ihnen Hilfen mit dem Ziel der Förderung von Kompetenzen und Chancen des Einzelnen geplant und realisiert werden können. Dies verlangt nach einem steten Rückbezug auf die AdressatInnen.
Qualität ist dann das, was die AdressatInnen im Ergebnis einer Erziehungshilfe erfahren und was sie und damit die Gesellschaft erhalten.
Dabei geht es nicht darum, dass AdressatInnen bekommen, was sie
wollen. Es geht aber auch nicht um Kundenfreundlichkeit, wenn der
Kunde der Kostenträger ist, sondern um die Leistungsfähigkeit eines
Systems und dessen weitere Entfaltung. Es geht schon gar nicht darum,
den AdressatInnen – eine der großen Blendfackeln der frühen Debatte
– eine Entscheidungsautonomie in einer marktförmig organisierten Er-
ziehungshilfelandschaft aufzuzwingen. Qualität in diesem Sinne bedeutet, den eigentlichen „Input", nämlich die Lebenssituation der (poten-
ziellen) HilfeempfängerInnen, in soziale Dienstleistungen wie der Erziehungshilfe zum Ausgangspunkt zu nehmen für die gemeinsame Planung
und Gestaltung eines zielorientierten Prozesses und die Schaffung der
entsprechenden Rahmenbedingungen. Standards haben dann nicht die
Bedeutung bloßer Mindestanforderungen, sondern werden in ihrer Anwendung zu Orientierung gebenden Leitlinien. Diagnoseinstrumente
und -verfahren werden zu dem, was sie sind: Sie helfen dabei, die richtigen Fragen zu stellen und angemessene Antworten auf Fragen nach
dem Problem, der Situation, den Bewältigungswegen und -chancen zu
finden. Ein Beschwerdemanagement dient nicht dazu, im Nachgang
Fehler im Prozess oder im Angebot zu finden, um dann nachzujustieren,
sondern die Nutzer einer Hilfe zu hören. Wirkungsmessungen dienen
dann nicht (nur) der Legitimation von Hilfen und der Leistungsbewer-
tung bei Anbietern, sondern werden zum Anlass für produktive, (selbst-)
reflexiv geführte Auseinandersetzungen zwischen den Beteiligten, in
deren Ergebnis nicht Disqualifizierung und „Marktbereinigung" steht
(wenngleich dies mitunter zweifellos erforderlich ist). „Zielorientierte"
Kontraktierung richtet sich nicht auf die Erreichung „vereinbarter"
Kennziffern, sondern wird zum Vehikel für die intensive Beschäftigung
mit der Frage, warum diese Kennziffern möglicherweise nicht erreicht
werden konnten – mit den entsprechenden Konsequenzen. Steuerung
über Qualität bezieht sich also nicht nur auf den Einzelfall und dessen

Befristung, die Budgetierung von Etats, die Festlegung von Zielerrei-
chungsquoten und das Setzen von „monetären Anreizen" allein, sondern zielt vor allen Dingen auf die Qualifizierung von Hilfeplanung, die
Weiterentwicklung und Profilierung von Angeboten, eine verbesserte
Bedarfsplanung usw. Denn Steuerung kann immer nur so gut funktionieren, wie es ihre wichtigsten Instrumente sind.

In diesem Sinne versammelt der hier vorgelegte Band mit Texten zur
Qualität wichtige Fragestellungen und Antworten zu dem Thema. Die
einzelnen Beiträge greifen ganz unterschiedliche Themen der Qualitätsdebatte auf. Ihnen allen ist gemeinsam, dass sie diese Debatte aus
dem Anspruch einer sozialpädagogischen Fachlichkeit heraus führen
und damit den Eigensinn, die Kompetenz sozialpädagogischer Lösungen unterstreichen. Qualitätsentwicklung in den erzieherischen Hilfen
kann so dem Anspruch gerechter werden, einen wichtigen Beitrag für
die Bewältigung von Lebenskrisen junger Menschen und ihrer Familien
zu leisten und gleichzeitig ihrer gesellschaftlichen Aufgabe der Sicherung von Lebenschancen für junge Menschen gerecht zu werden.

Literatur

Merchel, Joachim (2001): Qualitätsmanagement in der Sozialen Arbeit,
    Münster.
Merchel, Joachim (2005): Sozialpädagogik und Qualität – zwei Welten
    prallen aufeinander? Einführungsvortrag auf der Fachtagung „Stand
    und Ergebnisse von Diskussion und Praxis der Qualitätsentwicklung in
    den erzieherischen Hilfen" am 14. und 15. Juni 2005 in Dresden,
    Transkript

Peter Hansbauer

Helfen Hilfen zur Erziehung?

1 Einleitung

Die Frage: Helfen Hilfen zur Erziehung? oder vielleicht etwas allgemeiner gefragt: Wie leistungsfähig sind Hilfen zur Erziehung? ist eine, die die Heimerziehung immer wieder bewegt hat und bis heute bewegt. Mindestens drei Gründe lassen sich hierfür anführen: ein ethischer, ein rechtlich-legitimatorischer und ein ökonomischer.

1. Ein „Aufwachsen in öffentlicher Verantwortung" – so der 11. Kinder- und Jugendbericht – heißt, dass der Staat in den Fällen, in denen eine „Vergesellschaftung der Sozialisation" erfolgt, wie es Blandow (1993) einmal formuliert hat, weil die Familie als ursprüngliche Sozialisationsinstanz dieser Aufgabe nicht nachkommen kann oder will, eine Verpflichtung hat, jungen Menschen bei der Förderung ihrer Entwicklung beizustehen und dem Recht „auf Erziehung zu einer eigenverantwortlichen und gemeinschaftsfähigen Persönlichkeit" (§ 1 Abs. 1 SGB VIII) nachzukommen. Es besteht also eine Verantwortung der Öffentlichkeit gegenüber diesen jungen Menschen, durch die Leistungsfähigkeit ihrer Einrichtungen und Institutionen, sicherzustellen, dass diese Ziele erreicht werden können, zumindest aber, dass die subjektiven Belastungen dieser jungen Menschen gemildert werden.

2. Sieht man von den Fällen einmal ab, in denen die Familie als primäre Sozialisationsinstanz tatsächlich entfällt – z.B. bei Waisen oder wenn die Eltern sich ihrer Erziehungsverantwortung faktisch entziehen –, so müssen sich die Hilfen zur Erziehung (und hier insbesondere die stationären Hilfen), wenn sie im Kontext von Eingriffen in

die elterliche Sorge erfolgen, gegenüber dem grundgesetzlich geschützten Elternrecht legitimieren. Laut Art. 6 Abs. 2 GG sind Pflege und Erziehung der Kinder zunächst das natürliche Recht der Eltern und die zuvörderst ihnen obliegende Pflicht. Dies setzt aber voraus, dass ein Leben in oder mit erzieherischen Hilfen zumindest nicht schlechter ist, als das bei den Eltern oder ein Leben ohne Hilfen zur Erziehung. Hilfen zur Erziehung „konkurrieren" also sowohl mit der Situation im Elternhaus, als auch – wie zunehmend zu beobachten – mit einem „Leben auf der Straße". Gegenüber diesen beiden Alternativen können sich Hilfen zur Erziehung letztlich nur dann legitimieren, wenn sie tatsächlich helfen, also im Durchschnitt zu einer Verbesserung der Lebenssituation beitragen.

3. Spätestens seit den 90er Jahren des 20. Jahrhunderts sind die durch Jugendhilfe und die erzieherischen Hilfen verursachten Ausgaben zunehmend in den Blick des öffentlichen Interesses geraten. Hintergrund dieser Entwicklung sind die wachsenden finanziellen Knappheitsbedingungen der öffentlichen Haushalte, die nicht nur die Kommunen zu Einsparungen zwingen, sondern auch den Druck auf die Hilfen zur Erziehung erhöht haben, Leistungen kostengünstig, effizient und wirksam zu erbringen. Mit anderen Worten: Nur der Ausweis ihrer Leistungsfähigkeit für den Einzelnen und die Gemeinschaft rechtfertigt letztlich den nicht unerheblichen Kostenaufwand für die erzieherischen Hilfen und kann verhindern, dass Leistungen der Jugendhilfe nicht zugunsten anderer kommunaler Aufwendungen gestrichen werden.

Alle drei Gründe fordern letztlich dazu heraus, der Frage nachzugehen, ob Hilfen zur Erziehung tatsächlich bzw. in welchem Umfang sie helfen. Vor allem seit den 90er Jahren des 20. Jahrhunderts ist daher eine ganze Reihe von Untersuchungen entstanden, welche sich mit der Leistungsfähigkeit der erzieherischen Hilfen befassen. Überwiegend konzentrieren sich diese Untersuchungen auf die stationären Hilfen und hier insbesondere die Heimerziehung. Einschränkend muss man jedoch anmerken, dass viele dieser Arbeiten Qualifikationsarbeiten sind. Damit verbunden sind zwei gravierende Nachteile.

Erstens: Aufgrund der oftmals begrenzten Ressourcen ist im Rahmen dieser Arbeiten eine eigentlich nötige empirische Fundierung und Validierung nur begrenzt leistbar. Häufig haben diese Ergebnisse daher explorativen oder exemplarischen Charakter und sind nur begrenzt übertragbar.

Zweitens: Diese Arbeiten haben den Nachteil, dass sie aufgrund des unterschiedlichen Forschungsdesigns und der damit verfolgten Fragestellungen kaum vergleichbar sind. So lässt sich konstatieren, dass sich die Zahl der Forschungsaktivitäten im Bereich der Hilfen zur Erziehung zwar erhöht hat, das Bild über die Leistungsfähigkeit der erzieherischen Hilfen aber dennoch fragmentarisch bleibt, weil diese Forschung wenig systematisch und systematisiert ist.

Vergleicht man in dieser Hinsicht die Forschungslage über erzieherische Hilfen mit der in andern europäischen Ländern, wie z.B. Großbritannien (vgl. Gabriel 2001) und den Niederlanden (vgl. Harinck 1999), so sind – aufgrund der geschilderten Situation – in Deutschland erhebliche Forschungsdefizite zu beklagen, auf die bereits verschiedentlich hingewiesen wurde (vgl. z.B. Schmidt u.a. 2002; Gabriel 2003; Winkler 2003). Die Gründe für dieses Forschungsdefizit sind vielfach: Sie haben sowohl mit einer in Deutschland wenig empirisch orientierten Tradition der Sozialpädagogik als universitäre Wissenschaft zu tun, als auch mit dem Fehlen einer übergreifenden, auf Dauer angelegten Forschungsinfrastruktur. Nicht unwesentlich speist sich dieses Forschungsdefizit aber auch aus grundlegenden methodischen und forschungspraktischen Schwierigkeiten, die nicht zuletzt aus den dezentralen Organisationsstrukturen der Jugendhilfe in Deutschland resultieren.

Zugespitzt formuliert: Der Forschungsaufwand im Bereich der Hilfen zur Erziehung steht in einem deutlichen Missverhältnis zu dem, was darüber hinaus an öffentlichen Mitteln in den Bereich der Hilfen zur Erziehung fließt. Deutschlandweit wurden im Jahr 2003 über 4,3 Mrd. Euro für Hilfen zur Erziehung auszugeben, ohne dass tatsächlich empirisch valide Informationen darüber vorliegen, wie effektiv diese Hilfen sind oder wie sich diese Hilfen effektiver gestalten lassen. Alleine 1/ 1000 dieser Summe ergäbe die für Forschungsmittel vergleichsweise stolze Summe von 4,3 Mio Euro – eine Summe, die gemessen an den Gesamtausgaben der Jugendhilfe minimal ist, die aber mit Blick darauf, zu erfahren, welche Art von Hilfe bei welcher Art von Kind zu welcher Art von Ergebnis führt, erheblich weiter führen könnte.

2 Was wissen wir über das Outcome der Hilfen zur Erziehung?

Wenn man danach fragt, ob Hilfen zur Erziehung helfen, dann fragt man danach, ob der Adressat der Hilfe sich nach der Hilfe besser fühlt, ob er sich anders verhält, ob die Angehörigen finden, dass sich sein Verhalten verbessert hat oder danach, ob sich sein unmittelbares soziales Umfeld verbessert hat. Man fragt also nach dem, was in der Sozialmanagementliteratur mit dem Begriff „Outcome" beschrieben wird (Harinck 1999, S. 1130 ff.).

Was wissen wir also über das Outcome der Hilfen zur Erziehung? Nun, das dürfte nach den vorausgegangenen Ausführungen nicht verwundern, wir wissen tatsächlich reichlich wenig. Dennoch soll an dieser Stelle zunächst auf einige der bisher vorliegenden Studien kurz eingegangen werden, zunächst, um zusammenzutragen, was wir über die Leistungsfähigkeit der Hilfen zur Erziehung tatsächlich wissen, sodann, um an diesen Untersuchungen einige grundlegende Probleme darzustellen, mit denen die Forschung in diesem Bereich zu kämpfen hat. Dabei kann man mit Blick auf die vorliegenden Studien zunächst zwei Arten von Untersuchungen unterscheiden (vgl. Gabriel 2003): Solche die überindividuell danach fragen, was Hilfen zur Erziehung für die Adressaten bringen und solche, die meist qualitativ ausgelegt sind und danach fragen, welche subjektive Bedeutung Hilfen zur Erziehung haben und wie sie subjektiv erlebt und verarbeitet werden und was im Anschluss daran passiert.

2.1 Zur generellen Effektivität erzieherischer Hilfen

Gewissermaßen archetypisch für Studien des ersten Typs kann die „alte" Studie von Pongraz/ Hübner (1959) stehen, bei der annähernd tausend junge Menschen fünf bis sieben Jahre nach ihrem Aufenthalt in der Heimerziehung darauf hin untersucht und befragt wurden, ob und in welchem Umfang sie sich legal und sozial sowie im Hinblick auf ihre Integration in den Arbeitsmarkt bewährt haben. Rund die Hälfte der damals untersuchten jungen Menschen haben sich laut Studie entlang dieser drei Dimensionen bewährt, etwa 35% wiesen „Einordnungsmängel in verschiedenen Lebensbereichen" auf, so dass die Autoren von einer Teilbewährung ausgingen, und bei ungefähr 15% der Personen musste die Hilfe als Misserfolg angesehen werden.

Zugleich lassen sich anhand dieser Untersuchung einige zentrale methodische Probleme aufzeigen, mit der auch spätere Untersuchungen immer wieder zu kämpfen hatten. Diese wurden teilweise von den beiden Autoren auch selbst erkannt: nämlich das Problem der Zurechnung von bestimmten Wirkungen auf bestimmte Interventionsformen. Dies lässt sich an vier Einwänden exemplarisch verdeutlichen:

Der erste Einwand besteht darin, dass nicht alle jungen Menschen mit gleichen individuellen Voraussetzungen und ähnlicher Problemschwere in Hilfen zur Erziehung gelangen. Dies gilt zum einen für individuelle Dispositionen und Ressourcen, die die Adressaten der Hilfen zur Erziehung mitbringen, es gilt jedoch noch wesentlich mehr für Selektionsprozesse, die im Vorfeld von HzE stattfinden. Allgemein lässt sich sagen: Je ausdifferenzierter das System der Hilfen im Vorfeld von stationären Hilfen und je größer der Begründungsdruck, unter dem (stationäre) Hilfen zur Erziehung stehen, desto größer ist die Wahrscheinlichkeit, dass stationäre Hilfen nicht zu einem Mehr an gesellschaftlichen Integrationschancen führen, weil sich dort systematisch junge Menschen sammeln, die über vergleichsweise wenig individuelle Ressourcen oder einen positiven Hilfeverlauf begünstigende Faktoren im Umfeld verfügen. Aussagen über die spätere Lebensbewährung lassen sich also nur dann sinnvoll treffen, wenn zuvor genauer bestimmt wird, welche jungen Menschen tatsächlich in Hilfen zur Erziehung kommen.

Als zweiter Einwand lässt sich anführen, dass der Untersuchungsaufbau keine Unterscheidung zwischen Effekten zulässt, die auf den Einfluss der Hilfen zur Erziehung zurückgehen und solchen, die auf natürliche, endogene Reifungsprozesse zurückzuführen sind. Aus der kriminologischen Forschung ist hinreichend bekannt, dass jugendliches Problemverhalten vielfach ein vorübergehendes Phänomen ist, das sich in vielen Fällen mit dem Eintritt ins Erwachsenenalter wieder verliert oder abschwächt. Bei einer rückwirkenden Befragung ist aber ohne eine ähnlich geartete Kontrollgruppe nicht zu entscheiden, welche Effekte auf Hilfen zur Erziehung und welche auf natürliche Reifungsprozesse zurückgehen. Womöglich käme man daher zu ähnlichen „Bewährungsquoten", würde man zwar delinquente, aber nicht in Hilfen zur Erziehung betreute junge Menschen befragen.

Ein dritter Einwand gegen die oben beschriebene Untersuchung ist darin zu sehen, dass diese keine Unterscheidung zwischen den Effekten aus geplanten Interventionen, wie sie im Rahmen von Hilfen zur Erziehung erfolgen, und sonstigen, häufig ungeplanten Einflüssen zulässt. Mit anderen Worten: Die intervenierenden Variablen können – anders als im Laborversuch – nicht kontrolliert werden, deren Einfluss bleibt daher unklar. Im Beispiel: Ein Jugendlicher, der zwei Jahre stationär untergebracht war, lernt eine neue Freundin kennen, die unübersehbar einen günstigen Einfluss auf sein Verhalten ausübt. Sagt diese Verhaltensänderung nun etwas über den Erfolg der Maßnahme aus? Wohl kaum. Gleiches gilt für den umgekehrten Fall, dass er unter den Einfluss von Personen gerät, die sein negatives Verhalten bestärken.

Schließlich lässt sich als letzter Einwand gegen den vorgestellten Untersuchungsansatz vorbringen, dass dabei die Bedeutung und der Einfluss von Umweltfaktoren systematisch ausgeblendet bleiben. Geht man etwa davon aus, dass die Beteiligung an Erwerbsarbeit nicht nur die ökonomische Situation des Betreffenden beeinflusst, sondern diese auch eine Sinn strukturierende Funktion für sein Leben erfüllt, dann dürfte die Verschärfung der Situation auf dem Arbeitsmarkt erhebliche Effekte auf die „Bewährung" – oder „Nichtbewährung" – von Hilfen zur Erziehung haben, ohne dass sich daraus wiederum Rückschlüsse ziehen lassen auf die Leistungsfähigkeit der erzieherischen Hilfen selbst. Denn diese könnte ja durchaus erfolgreich sein. Wenn aber die Integration in ein mit Sinn erfülltes Leben danach nicht gelingt, dann dürften diese Effekte verpuffen.

Teilweise als Reaktion auf diese methodischen Einwände wurden seit den 90er Jahren weitere Studien durchgeführt, bei denen die Leistungen der Heimerziehung mit den Vorbelastungen der untersuchten Klientel in Beziehung gesetzt wurde. In erster Linie zu nennen sind hier die beiden quantitativen Studien von Ulrich Bürger (1990) und Gerd Hansen (1994) sowie die mehrdimensionalen Studien von Bauer u.a. (1998), die als die so genannte „Jule-Studie" bekannt geworden ist, und von Schmidt u.a. (2002), die in Fachkreisen unter dem Namen „Jugendhilfe-Effekte-Studie" firmiert. Alle vier Studien stellen der Heimerziehung bzw. den Hilfen zur Erziehung insgesamt ein vergleichsweise gutes Zeugnis aus.

Die Untersuchung Bürgers (1990) ist mit Blick auf die Forschungsanlage der von Pongratz/ Hübner (1959) relativ ähnlich. Dort werden „soziale Teilnahmechancen" entlang der Dimensionen schulische/ berufliche Qualifikation und Legalbewährung einige Jahre nach der Heimunterbringung untersucht. Allerdings werden diese, im Gegensatz zu der Studie von Pongratz/ Hübner, mit den Eingangsbedingungen in Beziehung gesetzt. Demnach verfügten mehr als 80 % der Untersuchten nach dem Heimaufenthalt über eine schulische und/ oder berufliche Qualifikation, obwohl rund zwei Drittel von ihnen zu Beginn des Heimaufenthalts erhebliche Probleme in diesen Bereichen aufwiesen. Ein ähnliches Bild ergibt sich mit Blick auf die Legalbewährung: auch hier zeigte sich, dass das Delinquenzniveau nach der Heimunterbringung erheblich geringer ausfällt als vor dem Heimaufenthalt. Bürger zieht daraus den Schluss, „dass die These, dass Heimerziehung bzw. öffentliche Erziehung kriminelle Karrieren nicht nur nicht vermeide, sondern im Gegenteil begünstige, angesichts der Untersuchungsergebnisse keinen Bestand hat" (Bürger 1990, S. 175).

Hingegen ist die eher psychologisch inspirierte Untersuchung von Hansen (1994) über „Die Persönlichkeitsentwicklung von Kindern in Erziehungsheimen" vor allem deswegen interessant, weil dort neben 200 „Heimkindern" parallel eine in Bezug auf Alter und Geschlecht analoge

Gruppe von „Familienkindern" befragt wurde. Auch er formuliert als Gesamtbefund: „Heimerziehung kann nicht generell und pauschal als die Persönlichkeitsentwicklung der dort aufwachsenden Kinder beeinträchtigend gesehen werden, sondern beeinflusst weite Bereiche der kindlichen Persönlichkeit sogar positiv. Heimkinder weisen in der Regel bereits vor einer Heimeinweisung Entwicklungsdefizite auf, die für den Bereich der emotional-neurotischen Auffälligkeiten sowie der Beeinträchtigungen im Selbstkonzeptstatus durch den Heimaufenthalt abgemildert werden" (Hansen 1994, S. 257).

Auch die so genannte „Jule-Studie" (Bauer u.a. 1998) kommt zu einer positiven Gesamteinschätzung der drei Hilfearten Tagesgruppe, Heim und Betreutes Wohnen. Im Rahmen der Untersuchung wurden anhand von knapp 300 Akten Hilfeverläufe vor, während und am Ende der Hilfe analysiert. (Auf die im Rahmen der Studie geführten Interviews mit Adressaten wird später noch einzugehen sein.) Auch hier konnte in fast drei Viertel der Fälle eine positive oder in Ansätzen positive Gesamtentwicklung konstatiert werden. Allerdings muss man auch anmerken, dass Aktenverläufe nicht immer die Wirklichkeit in den Hilfen zur Erziehung spiegeln, sondern lediglich den oftmals selektiven Blick der beteiligten Fachkräfte. Auch aus diesem Grund ist bspw. die „Jule-Studie" verschiedentlich angegriffen worden (vgl. Gabriel 2002).

Anders als die vorangegangenen Studien fokussiert die „Jugendhilfe-Effekte-Studie" (Schmidt u.a. 2002) auf ein breiteres Spektrum erzieherischer Hilfen und versucht in einer Kombination aus Leitfaden- und Fragebogenerhebung zu unterschiedlichen Zeitpunkten die Effekte erzieherischer Hilfen bei ca. 200 Kindern zu messen. Aufgrund ihres komplexen Designs ermöglicht es die Studie u.a. Differenzen zwischen den Erfolgseinschätzungen durch Fachkräfte und denen der Adressaten bzw. Interviewer zu unterscheiden mit dem – nicht ganz unerwarteten – Ergebnis, dass die Fachkräfte insgesamt das Ergebnis ihrer Bemühungen um ein Drittel bis die Hälfte günstiger einschätzten als die Adressaten selbst. Demnach galten den Fachkräften die im Hilfeplan formulierten „kind-, eltern- und familienbezogenen Ziele (…) zu 56 % als erreicht, bei Betrachten nur abgeschlossener Hilfen sogar zu 65 %. Bei abgebrochenen Hilfen schätzten sie die Effekte um etwa ein Drittel schwächer ein, am günstigsten noch die kindbezogenen Ziele (erreicht zu 52 %), am schwächsten für die elternbezogenen (erreicht zu 36 %)" (Schmidt u.a. 2002, S. 30).

Als erstes Zwischenfazit lässt sich somit festhalten: Auch wenn all diese Untersuchungen im Detail methodisch durchaus angreifbar sind und auch wenn hinsichtlich der Verallgemeinerbarkeit ihrer Ergebnisse Grenzen bestehen, so muss man vor dem Hintergrund dieser – hier nur sehr verkürzt wiedergegebenen – Studien zunächst einmal konstatieren, dass erzieherische Hilfen auf der überindividuellen Ebene offensichtlich positive Outcome-Effekte nach sich ziehen. Oder anders formuliert: Hilfen zur Erziehung helfen! Nicht immer und nicht in jedem Fall, aber zumindest statistisch ist jenseits aller methodischen Einwände davon auszugehen, dass sie die Lebensverläufe der Betroffenen mehrheitlich günstig beeinflussen.

Zugleich muss man aber ebenfalls konstatieren, dass diese Aussage für sich genommen relativ unbefriedigend bleibt, denn die Feststellung, dass erzieherische Hilfen „irgendwie" helfen, sagt wenig darüber aus, was wem wie hilft. Erst die Antwort auf diese Frage würde es jedoch erlauben, Rückschlüsse auf die Optimierung der internen Struktur von Hilfen und auf wirksame – oder weniger wirksame – Interventionsformen zu ziehen. Hier finden sich, wie eben bereits angedeutet, zwar auch einige Hinweise in den eben genannten Studien, dennoch helfen mit Blick auf diese Frage eher vorliegende qualitative Studien weiter, also der zweite oben genannten Typen von Studien, die danach fragen, welche subjektive Bedeutung Hilfen zur Erziehung für einzelne Individuen haben und was daran von diesen rückblickend oder im Verlauf als positiv erlebt wird.

2.2 Was hilft bei erzieherischen Hilfen?

An dieser Stelle lohnt es sich, zunächst einen Blick über den Zaun zu wagen, und zwar auf die Psychotherapie. Anders als in der Jugendhilfe besteht im Bereich der Psychotherapie ein schon länger währender Streit darum, welche Therapierichtung die größten Erfolge verzeichnen kann, und anders als in der Jugendhilfe wird dieses Feld von Psychologen dominiert, die empirischer Forschung gegenüber vergleichsweise aufgeschlossen sind. Gerade im angelsächsischen Raum ist daher das Feld der Psychotherapie erstaunlich gut erforscht. Nun ist zwar der Bereich der Therapie nur begrenzt mit erzieherischen Hilfen zu vergleichen, vor allem deshalb, weil „Personenänderungsstrategien" in den erzieherischen Hilfen in der Regel nur vermittelt über die Gestaltung des Alltags zum Tragen kommen und daher nicht isoliert betrachtet werden können. Unzweifelhaft weisen aber therapeutische Settings durchaus Ähnlichkeiten auf mit Interaktionsformen in den erzieherischen Hilfen. Nicht nur deshalb, weil therapeutische Elemente oftmals in Hilfeprozesse „eingelagert" werden, sondern auch deshalb, weil es in beiden Handlungsfeldern die direkte Interaktion – also die Beziehung von Mensch zu Mensch – ist, über die Verhaltensänderungen angestrebt werden.

Instruktiv ist in dieser Hinsicht ein 1999 von der American Psychological Association herausgegebener Band, der im Jahr 2001 auch in deutscher Übersetzung unter dem Titel „So wirkt Psychotherapie" erschienen ist. Hierin findet sich ein Beitrag von Asay/ Lambert (2001), in dem, basierend auf einer Meta-Auswertung bisher vorliegender Forschungsergebnisse, der Frage nachgegangen wird, welche gemeinsamen therapeutischen Faktoren mit welchem Gewicht in Therapien zum Tragen kommen. Oder anders gefragt: Welche Einflüsse tragen in welchem Umfang zum Erfolg der Therapie bei? Die Ergebnisse sind zunächst überraschend und können durch Abbildung 1 illustriert werden[1].

Unterstellt man einmal, dass diese Ergebnisse auch für die erzieherischen Hilfen in etwa gelten, dann würde dies bedeuten, dass 40 % der positiven Effekte, die durch die erzieherischen Hilfen erreicht werden, gar nicht diesen selbst zuzurechnen sind, oder ihnen bestenfalls insofern zuzurechnen sind, als dass sie dazu beitragen, bestimmte Kontexte so zu beeinflussen, dass endogene Reifungsprozesse oder Veränderungen in der Umgebung der Adressaten möglich werden. Weitere 30 % wären allein der Qualität der Beziehung zwischen den Fachkräften und

---

1   An dieser Stelle sei Marie-Luise Conen für die Inspiration und die Nennung der Quelle gedankt.

den Adressaten zuzurechnen. Hierzu zählen etwa Faktoren wir Empa-
thie, Wärme, Akzeptierung usw.. Weitere 15 % ergäben sich allein aus
dem Wissen, dass die Adressaten Hilfe erhalten und den Glauben daran, dass die Hilfe, die sie erhalten, „irgendwie" hilft und lediglich 15 %
wären auf den Einsatz spezifischer Methoden zurückzuführen.

Abbildung 1

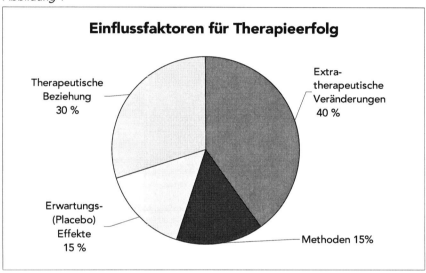

Einflussfaktoren für Therapieerfolg

Therapeutische
Beziehung
30 %

Extra-
therapeutische
Veränderungen
40 %

Erwartungs-
(Placebo)
Effekte
15 %

Methoden 15%

Quelle: Asay/ Lambert 2001, S. 49

Wendet man sich nun vor dem Hintergrund dieser Ergebnisse aus der
Therapieforschung erneut den oben bereits erwähnten Untersuchungen
über die Effekte erzieherischer Hilfen zu, so erscheinen auch diese teilweise in anderem Licht:

In der schon erwähnten „Jule-Studie" (Bauer u.a. 1998, S. 496 ff.), die
in Teilen auch auf Interviewauswertungen basiert, findet sich etwa mit
Blick auf die Tagesgruppe und die Frage, was dort eine gelungene Hilfe
ausmache, die Einschätzung, dass in den Interviews immer wieder betont werde, dass die „Transparenz der Angebote und Möglichkeiten zur
Mitbestimmung im Prozess der Hilfeleistung", die „Verlässlichkeit der
PädagogInnen", die „Normalität des Alltags" und die „Attraktivität der

Angebote" zentral für den Erfolg der Hilfe seien. Ganz ähnlich die Einschätzungen mit Blick auf die Heimerziehung. Hier werden vor allem Aspekte wie „Kritik und Selbstkritik, Parteilichkeit, Schutz und Solidarität aber auch die bewusste Gestaltung von Rahmenbedingungen" hervorgehoben, ferner Aspekte wie „eine respektvolle Haltung zum Gegenüber, die Wertschätzung und Anerkennung der Person des Gegenüber und das Verantwortungsgefühl dem anderen gegenüber" (ebd., S. 576). Im Duktus ähnlich die „Jugendhilfe-Effekte-Studie" (Schmidt u.a. 2002, S. 33) auf die Frage: Was erklärt gelungene Hilfeverläufe? Hier wird insbesondere auf das Prozessmerkmal „Kooperation mit dem Kind" als besonders bedeutsam verwiesen und zu einem geringeren Umfang auf das Merkmal „Kooperation mit den Eltern".

Diese Ergebnisse erhalten durch die vorliegenden qualitativ ausgerichteten Untersuchungen zur Frage, was macht den Erfolg von Heimerziehung aus, weitere „Nahrung": So kommt etwa die Untersuchung von Norbert Wieland u.a. (1992), bei der ehemalige Heimkinder rückblickend danach befragt werden, was sie als besonders hilfreich in der Heimerziehung erlebt hätten, zu dem Ergebnis, dass es vor allem zwei Aspekte waren, die den Erfolg der Heimerziehung ausmachten: Zum Ersten die Exklusivität der dort eingegangenen Beziehungen zum Personal und zum zweiten die Möglichkeit, die Personen, zu denen solche Beziehungen aufgebaut wurden, frei wählen zu können. Zwar können diese Ergebnisse aufgrund der geringen Zahl der geführten Interviews kaum verallgemeinert werden. Dennoch liefern sie weitere Indizien dafür, dass es vor allem Fragen der Beziehungs- und Kontextgestaltung sind, die den Erfolg von Hilfen bestimmen.

Ähnlich die Interview-Studie von Gehres (1997, S. 199 ff.), der darauf hinweist, dass der Erfolg von Heimerziehung vor allem dadurch bestimmt sei, ob es durch die Art des Beziehungsangebots und der Beziehungsgestaltung gelinge, die Minderjährigen beim Versuch der Integration ihrer disparaten Lebenserfahrungen und dem Verständnis ihrer eigenen Sozialisationserfahrungen zu unterstützen, um ihnen so einen reflexiven Umgang mit den erfahrenen Traumata sowie eine produktive Verarbeitung der eigenen Vergangenheit zu ermöglichen. Hinzu kommen die Beteiligung der Eltern und deren Einbindung in den Hilfeprozess sowie zufriedene und belastbare Betreuerinnen und Betreuer.

Schließlich seien an dieser Stelle noch die Ergebnisse einer kleinen explorativen Studie erwähnt, die Hansbauer/ Kriener (2000) vor einigen Jahren durchgeführt haben. Dort wurden Jugendliche selbst danach gefragt, was für sie eine gute Heimerziehung ausmacht. Betont wurden dabei insbesondere Aspekte wie etwa die Forderung, plausible und nachvollziehbare Begründungen für bestimmte Handlungsweisen oder auch Versäumnisse bzw. für die Art der Regelgestaltung und -auslegung zu erhalten. Ferner der Wunsch nach Verhaltensreziprozität, d.h. die Erwartung, mit ebenso viel Respekt behandelt zu werden, wie umgekehrt von ihnen erwartet wird. Hinzu kommt der Wunsch nach Fairness sowie nach exklusiven Beziehungen und, damit zusammenhängend, nach Möglichkeiten der Auswahl bei zentralen Bezugspersonen.

3   Fazit

Wendet man sich nun am Schluss dieses kursorischen Streifzugs durch die Forschung über erzieherische Hilfen wieder der eingangs gestellten Frage zu, nämlich der, ob Hilfen zur Erziehung tatsächlich helfen, so ist diese Frage, wenn auch mit Einschränkungen ob der methodischen Validität der zitierten Untersuchungen, mit einem vorsichtigen „Ja" zu beantworten. Mit anderen Worten: Generell ist davon auszugehen, dass Hilfen zur Erziehung helfen – wenn auch nicht in jedem einzelnen Fall und auch nicht immer gleich gut. Es ist aber auch darauf zu verweisen, dass die Forschung darüber, welche Art von Hilfe bei welcher Art von Kind zu welcher Art von Ergebnis führt, noch immer große Defizite aufweist und dass hier noch ein erheblicher Bedarf an weiterer Forschung besteht – vor allem an systematischer und auf Dauer angelegter Forschung, die sich den eingangs beschriebenen forschungsmethodischen Problemen stellt.

Allein die Tatsache, dass Hilfen zur Erziehung helfen, hilft aber kaum weiter, wenn man der Frage nachgehen will, was eigentlich eine qualitativ gute Arbeit in den erzieherischen Hilfen ausmacht und welche Aspekte oder Interventionsformen verstärkt werden sollen, damit diese Hilfen noch mehr helfen als dies bisher der Fall ist.

Hier haben der kurze Verweis auf die Psychotherapie sowie die Hinweise auf diverse qualitative Studien, bzw. auf die qualitativen Elemente in mehrdimensionaler Studien, deutlich gemacht, dass methodische Aspekte im Sinne einer spezifischen Vorgehens- und Umgehensweise mit den Adressaten nur begrenzte Auswirkungen haben auf den tatsächlichen Erfolg oder Misserfolg von Maßnahmen. Wesentlich größeren Einfluss scheinen dagegen Fragen der Interaktions- und Beziehungsgestaltung zwischen den jungen Menschen bzw. ihren Eltern und den für sie zuständigen Fachkräften zu haben.

Hierzu zählen aus Sicht der jungen Menschen u.a. Aspekte, die man in folgende Fragen kleiden könnte:

- Erhalte ich Unterstützung dabei, mein eigenes Leben in all seinen Verwerfungen und Brüchen zu verstehen? – Die Frage nach reflexiven Kompetenzen bei den zuständigen Fachkräften.
- Werde ich an zentralen, mein Leben betreffenden Fragen auch tatsächlich und ernsthaft beteiligt? – Die Frage nach der Partizipation.
- Erhalte ich, wenn ich danach frage, von meinen Betreuern eine plausible und nachvollziehbare Begründung für bestimmte Handlungsweisen oder Verbote? – Die Frage nach Handlungstransparenz bei den Fachkräften.
- Werde ich als Mensch akzeptiert und angenommen und nicht lediglich als „Bündel von Problemen"? Sind die für mich zuständigen Fachkräfte mir gegenüber aufgeschlossen? Werde ich fair behandelt? – Die Frage nach Respekt und Wertschätzung.
- Kann ich mir meine exklusiven Beziehungen aussuchen und z.B. meinen Bezugsbetreuer selbst bestimmen? Kann ich ihn ggf. auch wieder wechseln, falls es zwischen uns beiden nicht klappt? – Die Frage nach Wahlmöglichkeiten bei Beziehungen.
- Sind diese exklusiven Beziehungen belastbar und vertrauensvoll? Wie stark kann ich mich darauf verlassen? – Die Frage nach der Stabilität und Sicherheit von Beziehungen.

Diese Liste ließe sich durchaus noch erweitern und in ähnlicher Form auch auf die Eltern der betroffenen jungen Menschen übertragen.

Wenn man jedoch davon ausgeht, dass Fragen wie diese den Kern der pädagogischen Arbeit in den Hilfen zur Erziehung umreißen, dann ergibt sich daraus zugleich eine andere Lokalisierung der Frage nach fachlichen Standards hinsichtlich Prozess- und Strukturqualität erzieherischer Hilfen.

Niemand wird ernsthaft behaupten, dass die Frage, wie Kooperationsbeziehungen zwischen freien und öffentlichen Trägern gestaltet sind, dass Fragen der Personalausstattung, dass Arbeitsverdichtung und fehlende Ressourcenausstattung keine Auswirkungen darauf hätten, welche Effekte mit erzieherischen Hilfen verbunden sind. Nur darf deren Verteidigung nicht zu einem Selbstzweck werden. Ihre Verteidigung legitimiert sich auch in Zeiten knapper Kassen alleine dadurch, dass sie bestimmte Formen der Interaktions- und Beziehungsgestaltung zu den Adressaten ermöglichen, deren Vorhandensein essenziell für die Leistungsfähigkeit erzieherischer Hilfen ist. Und diese ist zwar auch, aber nicht ausschließlich durch strukturelle und prozedurale Vorgaben bestimmt – sie ist gleichermaßen eine Frage des pädagogischen Selbstverständnisses und der eigenen fachlichen Standortbestimmung.

Literatur

Asay, T.P./ Lambert, M.J. (2001): Empirische Argumente für die allen Therapien gemeinsamen Faktoren: Quantitative Ergebnisse, in: Hubble, M.A. u.a. (Hg.): So wirkt Psychotherapie. Empirische Ergebnisse und praktische Folgerungen, Dortmund, S. 41-81.

Bauer, D. u.a. (1998): Leistungen und Grenzen von Heimerziehung, Stuttgart-

Blandow, J. (1993): Modernisierungsrisiken und Sozialarbeit/ Jugendhilfe, in: Peters, F. (Hg.): Entwicklungsperspektiven in der Heimerziehung 2: Professionalität im Alltag, Bielefeld, S. 161-178.

Bürger, U. (1990): Heimerziehung und soziale Teilnahmechancen, Pfaffenweiler.

Gabriel, T. (2001): Forschung zur Heimerziehung. Eine vergleichende Bilanzierung in Großbritannien und Deutschland, Weinheim/ München.

Gabriel, T. (2003): Was leistet Heimerziehung? Eine Bilanz deutschsprachiger Forschung, in: Gabriel, T./ Winkler, M. (Hg.): Heimerziehung – Kontexte und Perspektiven, München/ Basel, S. 167-195.

Gehres, W. (1997): Das zweite Zuhause. Lebensgeschichte und Persönlichkeitsentwicklung von Heimkindern, Opladen.

Hansbauer, P./ Kriener, M. (2000): Soziale Aspekte der Dienstleistungsqualität in der Heimerziehung, in: Neue Praxis, 30. Jg., Heft 3, S. 254-270.

Hansen, G. (1994): Die Persönlichkeitsentwicklung von Kindern in Erziehungsheimen. Ein empirischer Beitrag zur Sozialisation durch Institutionen der öffentlichen Erziehung, Weinheim.

Harinck, F.J.H. (1999): Evaluation of Residential Outcome, in: Colla u.a. (Hg.): Handbuch Heimerziehung und Pflegekinderwesen in Europa, Neuwied/ Kriftel, S. 1129-1139.

Schmidt, M. u.a. (2002): Effekte erzieherischer Hilfen und ihre Hintergründe, Stuttgart.

Wieland, N. u.a. (1992): Ein Zuhause – kein Zuhause: Lebenserfahrungen und –entwürfe heimentlassener junger Erwachsener, Freiburg i.B.

Winkler, M. (2003): Übersehene Aufgaben der Heimerziehungsforschung, in: Gabriel, T./ Winkler, M. (Hg.): Heimerziehung – Kontexte und Perspektiven, München/ Basel, S. 148-166

Reinhard Wiesner

Der gesellschafts- und sozialpolitische Auftrag der Erziehungshilfen

Was Politiker sagen:

Das KJHG hat sich bewährt, aber...

- es ist zu teuer und setzt viel zu hohe Standards.
- es hilft denen, die sich selbst helfen können.
- es verpflichtet zur Erfüllung systemfremder Aufgaben.
- es setzt falsche Anreize.
- es ermöglicht Leistungsmissbrauch und erzeugt Mitnahmeeffekte.

Was ist der Auftrag der Erziehungshilfen ?

- Förderung der Entwicklung junger Menschen

- Unterstützung der elterlichen Erziehungsverantwortung

- Schutz junger Menschen vor Gefahren für ihr Wohl

Was brauchen Kinder ?
(nach Fegert 1997)

- Sachgerechte Körperpflege/ Gesundheitsförderung
- Altersgerechte Ernährung/ Bekleidung/ Schlafplatz
- Sozial-emotionale Zuwendung in lang andauernden Bindungen
- Sicherheit/ Geborgenheit/ Schutz vor Gefahren
- Vermittlung von (Lebens)Wissen und hinreichende Erfahrung, Gewährung eines Schulbesuchs

Zum Verständnis von Erziehung

- Förderung von Selbstbildungsprozessen
- Einwirkung der Erwachsenen auf Kinder
- Korrektur von Fehlentwicklungen
- Sanktionierung von (gemeinschaftsschädlichem) Verhalten

Förderung der Entwicklung

- Steigende Erwartungen an die Förderung von Kindern
  - Erkenntnisse der Hirnforschung
  - Bedeutung von Bildung in einer globalisierten Welt
- Das unterschiedliche Bildungsverständnis der einzelnen Disziplinen und Institutionen

Die Erwartungen an die Eltern

- als Eltern ihrer Kinder (Erziehungsstress)

- als Partner (Beziehungsstress)

- als Arbeitnehmer (Jobstress)

Die Rolle des Staates

- Schaffung positiver Rahmenbedingungen
- Erziehung und Bildung in der Schule
- Unterstützung der Eltern
  - materiell
  - pädagogisch und therapeutisch (Elterntraining)
- Vermittlung zwischen Eltern und Kindern
- in Konfliktsituationen
- Sicherung der Aufwachsensbedingungen bei (zeitweiligem) Ausfall der Eltern

Zur Aufgabenverteilung zwischen Eltern und Staat

- Mehr Eigenverantwortung?
  - Rücknahme des Leistungsrechts
  - Stärkere Heranziehung zu den Kosten
  - Einführung von Sanktionen nach dem Muster von Hartz IV

oder

- Mehr strukturelle öffentliche Mitverantwortung?
  - Qualifizierung des schulischen Bildungs- und Erziehungsauftrags
  - Ausbau der Tagesbetreuung
  - Verknüpfung mit weiteren Hilfeangeboten
  - Qualifizierung der Erziehungshilfen zur Verbesserung der gesellschaftlichen Integration

Leistungen der Kinder- und Jugendhilfe werden nachgefragt (1992-2003)

- Ambulante Erziehungshilfen
  - Erziehungsberatung
  - Sozialpädagogische Familienhilfe
- Stationäre Erziehungshilfen
  - Erziehung in Pflegefamilien
  - Erziehung in Heimen

Entwicklung der ambulanten erzieherischen Hilfen (§§ 28-32 SGB VIII) für unter 18-Jährige (Deutschland; 1992-2003; Aufsummierung von andauernden und beendeten Hilfen)[1,2]

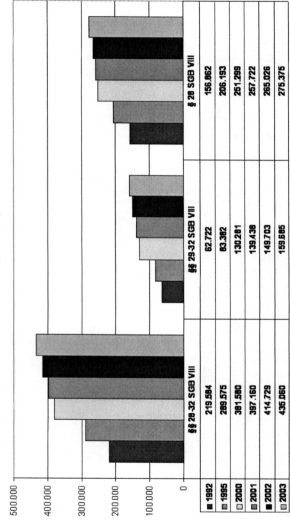

	§§ 28-32 SGB VIII	§§ 29-32 SGB VIII	§ 28 SGB VIII
1992	219.584	62.722	156.862
1995	289.575	83.382	206.193
2000	381.580	130.281	251.299
2001	397.160	139.438	257.722
2002	414.729	149.703	265.026
2003	435.060	159.685	275.375

1 Für Hilfen gem. § 28 SGB VIII (Erziehungsberatung) werden lediglich die innerhalb eines Jahres beendeten Hilfen erfasst.
2 Für die Jahre 2001, 2002 und 2003 werden seitens des Statistischen Bundesamtes auf Grund des sog. "Fortschreibungsfehlers" Angaben zum rechnerischen Bestand bei den Hilfen gem. §§ 32 SGB VIII zum 31.12. nur auf Anfrage ausgewiesen, da hier von einer Überhöhung der Werte auszugehen ist. Bei den unter 18-Jährigen fällt der Fehler geringe aus, muss aber berücksichtigt werden.

Quelle: Statistisches Bundesamt, Fachserie 13, Reihe 6.1: Erzieherische Hilfen, Stuttgart: verschiedene Jahrgänge; zusammengestellt von der Dortmunder Arbeitsstelle Kinder- und Jugendhilfestatistik

Entwicklung der ambulanten erzieherischen Hilfen (§§ 28-32 SGB VIII) für unter 18-Jährige (Deutschland; 1992-2003; Aufsummierung von andauernden und beendeten Hilfen)[1,2]

	§ 28	§ 29	§ 30 (EB)	§ 30 (BH)	§ 31 (Anzahl d. Kd.)	§ 32
1992	156.862	3.307	11.143	3.212	33.169	11.891
1995	206.193	6.109	11.687	4.096	46.673	14.817
2000	251.299	10.798	17.196	4.957	75.062	22.268
2001	257.722	11.018	18.639	4.923	80.167	24.691
2002	265.026	11.265	19.174	5.009	88.048	26.207
2003	275.375	11.851	20.041	4.867	95.180	27.726

1 Für Hilfen gem. § 28 SGB VIII (Erziehungsberatung) werden lediglich die innerhalb eines Jahres beendeten Hilfen erfasst.

2 Für die Jahre 2001, 2002 und 2003 werden seitens des Statistischen Bundesamtes auf Grund des sog. "Fortschreibungsfehlers" Angaben zum "rechnerischen Bestand" bei den Hilfen gem. §§ 32 SGB VIII zum 31.12. nur auf Antrag ausgewiesen, da hier von einer Überhöhung der Werte auszugehen ist. Bei den unter 18-Jährigen fällt der Fehler geringer aus, muss aber berücksichtigt werden.

Quelle: Statistisches Bundesamt: Fachserie 13, Reihe 6.1: Erzieherische Hilfen, Stuttgart verschiedene Jahrgänge; zusammengestellt von der Dortmunder Arbeitsstelle Kinder- und Jugendhilfestatistik

Entwicklung der ambulanten erzieherischen Hilfen (§§ 33-35 SGB VIII) für unter 18-Jährige (Deutschland; 1992-2003; Aufsummierung von andauernden und beendeten Hilfen)[1,2]

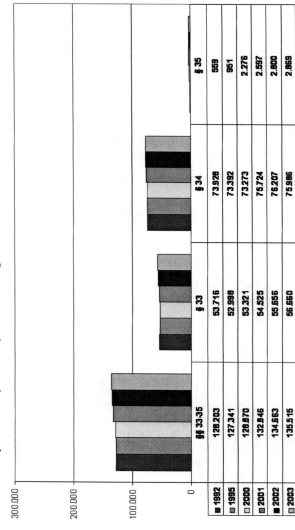

	§§ 33-35	§ 33	§ 34	§ 35
1992	128.203	53.716	73.928	559
1995	127.341	52.998	73.392	951
2000	126.870	53.321	73.273	2.276
2001	132.846	54.525	75.724	2.597
2002	134.663	55.656	76.207	2.800
2003	135.515	56.660	75.986	2.869

1 Für Hilfen gem. § 28 SGB VIII (Erziehungsberatung) werden lediglich die innerhalb eines Jahres beendeten Hilfen erfasst.
2 Für die Jahre 2001, 2002 und 2003 werden seitens des Statistischen Bundesamtes auf Grund des sog. "Fortschreibungsfehlers" Angaben zum "rechnerischen Bestand" bei den Hilfen gem. §§ 33-35 SGB VIII zum 31.12. nur auf Anfrage ausgewiesen, da hier von einer Übernahme der Werte abgesehen ist. Bei den unter 18-Jährigen fällt der Fehler geringer aus, muss aber berücksichtigt werden.

Quelle: Statistisches Bundesamt: Fachserie 13, Reihe 6.1: Erzieherische Hilfen, Stuttgart verschiedene Jahrgänge; zusammengestellt von der Dortmunder Arbeitsstelle Kinder- und Jugendhilfestatistik

Die Ausgaben steigen
(1992-2003)

- Gesamtaufwand
- Ambulante Hilfen zur Erziehung
- Stationäre Hilfen zur Erziehung
- Eingliederungshilfe für seelisch behinderte Kinder und Jugendliche
- Förderung in Tageseinrichtungen

Reinhard Wiesner

Ausgaben der öffentlichen Hand für die Kinder- und Jugendhilfe in Deutschland in Mrd. Euro (1992 bis 2003)

Quelle: Statistisches Bundesamt: Fachserie 13, Reihe 6.4: Ausgaben und Einnahmen der Kinder- und Jugendhilfe, Stuttgart verschiedene Jahrgänge, zusammengestellt und berechnet von der Dortmunder Arbeitsstelle Kinder- und Jugendhilfestatistik

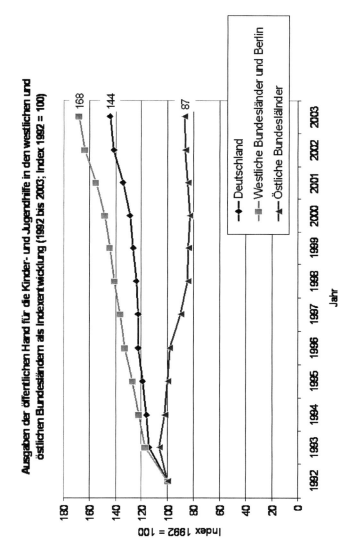

Ausgaben der öffentlichen Hand für die Kinder- und Jugendhilfe in den westlichen und östlichen Bundesländern als Indexentwicklung (1992 bis 2003; Index 1992 = 100)

Quelle: Statistisches Bundesamt: Fachserie 13, Reihe 6.4: Ausgaben und Einnahmen der Kinder- und Jugendhilfe, Stuttgart verschiedene Jahrgänge, zusammengestellt und berechnet von der Dortmunder Arbeitsstelle Kinder- und Jugendhilfestatistik

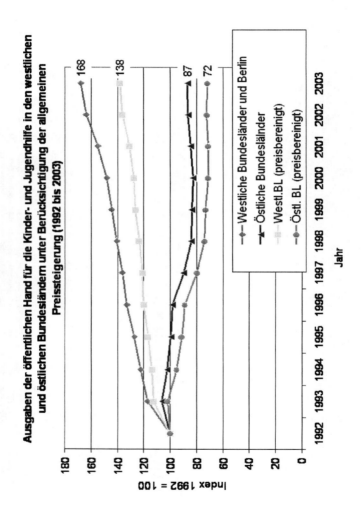

Ausgaben der öffentlichen Hand für die Kinder- und Jugendhilfe in den westlichen und östlichen Bundesländern unter Berücksichtigung der allgemeinen Preissteigerung (1992 bis 2003)

Legende:
- Westliche Bundesländer und Berlin
- Östliche Bundesländer
- Westl. BL (preisbereinigt)
- Östl. BL (preisbereinigt)

Quelle: Statistisches Bundesamt: Fachserie 13, Reihe 6.4: Ausgaben und Einnahmen der Kinder- und Jugendhilfe, Stuttgart verschiedene Jahrgänge, zusammengestellt und berechnet von der Dortmunder Arbeitsstelle Kinder- und Jugendhilfestatistik

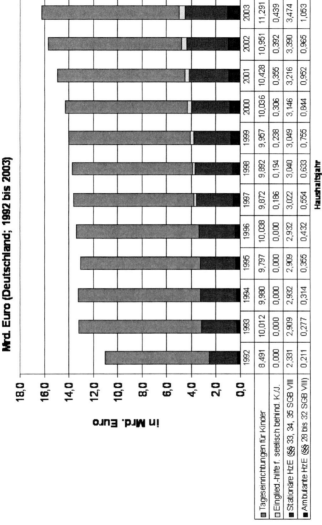

Ausgaben der öffentlichen Hand für ausgewählte Leistungsbereiche des SGB VIII in Mrd. Euro (Deutschland; 1992 bis 2003)

	1992	1993	1994	1995	1996	1997	1998	1999	2000	2001	2002	2003
Tageseinrichtungen für Kinder	8,491	10,012	9,980	9,797	10,038	9,872	9,892	9,957	10,036	10,428	10,951	11,291
Eingliederungshilfe f. seelisch behind. K./J.	0,000	0,000	0,000	0,000	0,000	0,186	0,194	0,238	0,306	0,355	0,392	0,439
Stationäre HzE (§§ 33, 34, 35 SGB VIII)	2,331	2,909	2,932	2,909	2,932	3,022	3,040	3,049	3,146	3,216	3,390	3,474
Ambulante HzE (§§ 28 bis 32 SGB VIII)	0,211	0,277	0,314	0,355	0,432	0,554	0,633	0,755	0,844	0,952	0,965	1,053

Quelle: Statistisches Bundesamt: Fachserie 13, Reihe 6.4: Ausgaben und Einnahmen der Kinder- und Jugendhilfe, Stuttgart verschiedene Jahrgänge; zusammengestellt und berechnet von der Dortmunder Arbeitsstelle Kinder- und Jugendhilfestatistik

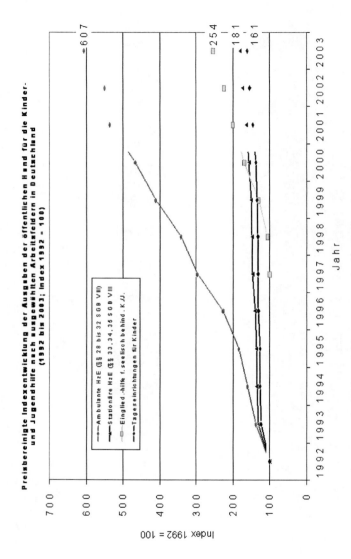

Preisbereinigte Indexentwicklung der Ausgaben der öffentlichen Hand für die Kinder- und Jugendhilfe nach ausgewählten Arbeitsfeldern in Deutschland (1992 bis 2003; Index 1992 = 100)

Index 1992 = 100

Jahr

- Ambulante HzE (§§ 28 bis 32 SGB VIII)
- Stationäre HzE (§§ 33, 34, 36 SGB VIII)
- Eingliederungshilfe f. seelisch behind. K./J.
- Tageseinrichtungen für Kinder

Quelle: Statistisches Bundesamt: Fachserie 13, Reihe 6.4: Ausgaben und Einnahmen der Kinder- und Jugendhilfe, Stuttgart verschiedene Jahrgänge, zusammengestellt und berechnet von der Dortmunder Arbeitsstelle Kinder- und Jugendhilfestatistik

Steuerung pädagogischer Prozesse durch Recht

- Die dysfunktionalen Folgen der Aufgabenverteilung im föderalen System

- Die Gewährung pädagogischer und therapeutischer Hilfen auf der Grundlage von Konditionalprogrammen

- Die Steuerung der Erziehungshilfen durch sozialraumbezogene Finanzierungskonzepte

Effektivität und Effizienz in den Erziehungshilfen

- Zur Qualitätsdiskussion in der Kinder- und Jugendhilfe
- Die Entgeltvereinbarungen als Plattform für die Qualitätsentwicklung
- Der Hilfeplan als Steuerungsinstrument für die individuellen Erziehungsprozesse
- Zu den Grenzen der Planung und Steuerung pädagogischer Prozesse

Der „sozialpädagogische" Auftrag der Erziehungshilfen

- Einflussnahme auf den Sozialisationsprozess mit Hilfe professioneller Methoden
- Das Verhältnis der Sozialpädagogik zu anderen wissenschaftlichen Feldern der Behandlung und Heilung
- Zum fachlich-methodischen Selbstverständnis der Jugendhilfe

Kostendämpfung, Deregulierung und Subsidiarität

als Ersatz für eine eigenständige

Kinder- und Jugendpolitik

oder:

verabschiedet sich der Staat aus seiner

Mitverantwortung für das Aufwachsen von

Kindern und Jugendlichen?

Hans-Ullrich Krause

Chancen und Grenzen von Qualitätsentwicklung in den Erziehungshilfen

1 Das Problemumfeld: Hintergründe wirkungsorientierter und entgeltfinanzierter Jugendhilfe

Vor wenigen Wochen gab es in der Jugendhilfe Berlins eine Art Erdbeben. Einige Jugendhilfeträger in einem Stadtbezirk hatten ein so genanntes Schwarzbuch in Umlauf gebracht, in welchem Fälle dargestellt wurden, denen nach Meinung der Autoren keine angemessene Hilfe zuteil geworden war. Anders formuliert, die Darstellungen unterstellten, dass das Jugendamt notwendige Hilfe verweigert hatte.

Die MitarbeiterInnen des Jugendamtes konterten umgehend. Die ausgewählten Fälle seien falsch dargestellt, die Hintergründe kaschiert. Es ginge um Panikmache und letztendlich um die einseitige Wahrnehmung von Trägerinteressen auf Kosten der nunmehr teilveröffentlichten Fallgeschichten. Eine heftige Kontroverse entwickelte sich.

Diese lässt sich nur verstehen vor dem Hintergrund erheblicher Einsparungen und Umsteuerungen. So werden beispielsweise die Mittel für erzieherische Hilfen in Berlin dramatisch reduziert, die Fallzahlen sollen nahezu halbiert werden. Ursache für diesen Schwertstreich sind die leeren Kassen Berlins, genauso wie die bis 1992 stetig ansteigenden Mittelbedarfe der erzieherischen Hilfen in dieser Stadt.

Das Pikante daran ist: Es ist nicht die Senatsfachverwaltung Jugend, die diesen Prozess steuert, sondern der Finanzsenator, der ohne wenn und aber festgelegt hat, was ausgegeben werden darf.

Und noch etwas Kurioses: Die von den Einsparungen (Mittelzuweisungen) betroffenen Jugendämter unterbieten teilweise die Vorgaben der Finanzverwaltung und sparen noch mehr ein, als sie eigentlich sollen. Fremdbestimmt von klaren Vorgaben werden Fallzahlen konsequent gesenkt und bereits vorhandenes Geld an die Verwaltung zurückgezahlt.

Hat das etwas mit Effektivierung, mit Nachhaltigkeit oder Wirkungsorientierung zu tun? Indirekt schon. Denn die erzieherischen Hilfen haben nach wie vor erhebliche Defizite:

- Erzieherische Hilfen können nach wie vor nur unzureichend belegen was sie tun und ob das wichtig ist, was sie tun. Soziale Arbeit hat ihre Praxis als spezifisch professionelles Service-Angebot nur unzulänglich zu legitimieren vermocht (Professionsdefizit).
- Erzieherische Hilfen sind nicht in der Lage, sich selbst zu steuern. Auch deshalb werden sie häufig fremdbestimmt (Kompetenz- und Machtdefizit).
- Erzieherische Hilfen interessieren sich nicht wirklich für Zahlen (die Kinderzahl in Berlin ist seit Jahren rückläufig) und auch nicht für Haushalte. So kommt es beispielsweise zur Expansion von Plätzen in Einrichtungen, obwohl die Wahrscheinlichkeit, dass sich die Fallzahlen verringern werden, sehr groß ist (Datendefizit).
- Erzieherische Hilfen interessieren sich nur unzureichend für die Ergebnisse ihrer Arbeit und erfassen deshalb nur ungenau oder gar nicht, was sie erreicht haben (Ergebnis- und Reflexionsdefizit).

Außerdem sind wesentliche Entwicklungen in der Sozialen Arbeit, nicht zuletzt vom System der erzieherischen Hilfen, nur beiläufig oder gar nicht wahrgenommen worden. Nämlich:

1. Politisch-ökonomische Umbrüche,
2. Finanzpolitische Umbrüche,
3. Sozio-kulturelle Umbrüche.

Andererseits können wir feststellen, dass es mit dem Aufkommen des Qualitätsdiskurses in den erzieherischen Hilfen auch nennenswerte Veränderungen gibt, die mit der Frage nach Wirksamkeit oder mit dem Verhältnis von Leistung und Wirkung in Verbindung stehen. Diese Veränderungen haben bekanntlich folgende Ursachen:

1. Die Fachkräfte selbst haben ihr Wissen deutlich erweitert und sind anspruchlicher geworden, d.h. sie wollen selbst wissen, was sie wie erreichen können.

2. Die Hilfenutzer sind wissender und selbstbewusster geworden.
3. Die Öffentlichkeit ist gegenüber den Professionen kritischer geworden.
4. Die Professionen sind untereinander kritischer geworden (Psychiatrie, Gesundheit, Schule, Justiz, Sozialarbeit).
5. Qualitätsentwicklung hat sich in anderen Systemen (wie z. B. in Wirtschaft und Verwaltung) bewährt.

2 Die Chance: Ergebnisorientierung als strategisches Konzept

Soziale Arbeit hat sich lange dagegen gesträubt, mit Zielvorgaben in Verbindung gebracht zu werden. Inzwischen hat sich, eingeleitet durch die Qualitätsdebatte, einiges getan. Man könnte vielleicht sagen, dass sich allmählich ein gewisser Strategiewechsel abzeichnet. Die Orientierung auf Ergebnisse und Ziele scheint neue Energien wachgerufen zu haben:

- Ergebnisorientierung kann motivieren.
- Ziele führen zu Selbstveränderungen der Professionellen. Ziele können Selbstansprüche und Selbstbilder verändern.
- Ergebnisorientierung hilft, die Praxis zu gestalten. Sie zwingt dazu, die Praxis überhaupt zu beobachten und zu verstehen.
- Ergebnisorientierung legt eine nüchterne Wahrnehmung der harten Tatsachen nahe. Man muss sich sozusagen den konkreten Dingen zuwenden. Ja, man könnte sagen, Ergebnisorientierung erzwingt die Erforschung und Wertschätzung der Tatsachen. Anstatt in Wolkenkuckucksheimen zu driften, kommt es in der Praxis zu einer realistischen Wende.
- Hohe Erwartungen im Hinblick auf die Ergebnisse führen in der Regel auch dazu, dass sich die Leistungen und die Ergebnisse verbessern. Es kommt zu einem gewissen „Pygmalioneffekt" nach dem Motto: Hohe Erwartungen motivieren für ein gutes Leistungsergebnis.

Summiert man diese Effekte, kann gesagt werden: In einer Hilfepraxis, in der mit Interesse auf zu erreichende Ziele geschaut wird, lassen sich fünf Effekte beobachten:

1. Motivation steigt.
2. Die Prozessgestaltung erreicht ein höheres Maß an Objektivität.
3. Ergebnisorientierte Hilfe nimmt alle am Hilfeprozess Beteiligten in den Blick und setzt auf mehrseitige Partizipation.
4. Eine permanent notwendige kritische Selbstbeobachtung des Hilfesystems wird ermöglicht.
5. Die Hilfebeteiligten rücken enger zueinander, werden im positiven Sinne voneinander abhängig.

3 Das Dilemma: Der Widerspruch der Dienstleistungs- ökonomie

Wenn über Geld, Leistung und Ergebnis nachgedacht wird, bewegt man sich in einer Ökonomie oder Teilökonomie. In ihr begegnen sich unterschiedliche Personen, Institutionen mit jeweils unterschiedlichen Motivationen und Interessen.

Im Wirtschaftssystem (also im Bereich der Produktion, des Handels, des Verkehrs und der Dienstleistungen), wo Produzenten, Verkäufer und Kunden aufeinander treffen, liegen die Dinge relativ klar auf der Hand. In der Dienstleistungsökonomie Sozialer Arbeit, zumal im Feld der erzieherischen Hilfen, sind die Bedingungen komplizierter. Wir haben es hier mit einem:

- verregelten Markt,
- kontrollierten Markt,
- überwachten Markt,
- bürokratisierten Markt,
- diffusen Markt
- und nicht mit einem freien Markt zu tun.

Hier begegnen sich:

- Anbieter (in der Regel ein freigemeinnütziger Träger mit seinen Einrichtungen, manchmal aber auch städtische und gemeindliche bzw. andere staatliche Träger),
- Leistungsträger (das städtische oder regionale Jugendamt),
- Nutzer (das Kind, der Jugendliche, die Familie)

Alle drei haben ihre je eigenen Interessen.

Was im Kontext dieser Begegnung Leistung heißt, wird als Rahmen durch Gesetze und fachliche Erörterungen beschrieben. Was aber das Ergebnis, also das Ziel der Leistungen ist, bleibt im weitesten Sinne offen. Die Leistungen können lediglich im Sinne eines wahrscheinlichen Erfolgs erörtert werden. Zum Beispiel durch Standards oder durch die Festlegung von Rahmenbedingungen. Am ehesten ähnelt dieser Markt dem Reisemarkt. Man erinnere sich beispielsweise an eine Pauschalreise von TUI.

Der Reiseveranstalter stellt bestimmte Bedingungen her, die dann, man hofft es jedenfalls, tatsächlich eintreffen (Fenster zum Meer, hundert Meter bis zum Meer, Diskothek im Hotel usw.). Ob aber die Reiseteilnehmer einen guten Urlaub haben werden, liegt nicht wirklich in den Händen der Reiseveranstalter. Es sind zu viele Komponenten, die aufeinander treffen, so dass die Erfolgswahrscheinlichkeit nicht wirklich garantiert werden kann (z.B. sind die Kinder nett, scheint die Sonne, versteht sich das Elternpaar usw.). Das heißt, diese Reisenutzer sind in vielen Teilen selbst für den Erfolg ihres Urlaubs zuständig und manches ist überhaupt nicht steuerbar. Im besten Fall korrespondiert der Veranstalter mit den Teilnehmerinnen und Teilnehmern, stellt sozusagen einen Dialog her, schickt sozusagen seine Animateure ins Rennen.

Der Unterschied im Hinblick auf dieses Vergleichsbeispiel liegt allerdings im direkten Verhältnis von Reiseanbieter und Nutzer. Der Nutzer zahlt die Leistung. Ist er oder sie zufrieden, hat sich die Bezahlung der Rechnung sozusagen gelohnt. Ist er unzufrieden, kann er ggf. sogar eine Rückforderung durchsetzen. Diese Rückforderung bezieht sich auf Faktoren, die wirklich kontrollierbar und insofern abrechenbar sind, also z.B. der Pool war kaputt, das Meer weiter weg als angeben usw.

Aber wie gesagt, ob der Urlaub schön, erholsam, erfreulich usw. war, hängt von einem komplexem Geschehen ab. Es liegt nicht ausschließlich in den Händen des Reiseveranstalters, obwohl dieser eventuell einen erholsamen Urlaub, viel Spaß und Freude vorausgesagt hatte.

3.1 Schauen wir nun auf unser eigenes Feld der Sozialarbeit

3.1.1 Ökonomie ohne Kunden

Hilfe, das wissen wir, ist ein dynamischer und komplexer Prozess, nicht zuletzt, weil es in dieser Ökonomie keinen direkten Zusammenhang von Nutzer und Leistungsträger gibt, ja noch nicht einmal ein direktes Verhältnis von Leistungserbringer und Anbieter. Der Nutzer ist kein Kunde.

1. Er bezahlt die Leistung nicht.
2. Ja, er ist oft noch nicht einmal an der Auswahl der Leistung wirklich beteiligt.
3. Er ist nicht selten ein unfreiwilliger Nutzer der Hilfe.
4. Er weiß nicht per se wie die Leistung aussehen soll, die er in Anspruch nehmen soll oder sogar in Anspruch nehmen will.
5. Und er kann im Nachhinein auch nicht von sich aus und unmittelbar feststellen, ob ihm die Leistung wirklich etwas gebracht hat.

3.1.2 Leistungsträger ohne Produkt

Es ist davon auszugehen, dass die Leistungsträger nicht von sich aus wissen, wie welche Leistung zu erbringen ist, damit sie wirklich erfolgreich und nachhaltig wirkt. Sie mögen zwar ihre Erfahrungen und ein gespeichertes Wissen haben sowie geübte, kontrollierte Institutionen vorhalten. Was aber die einzelne Familie wirklich ganz genau braucht, wissen sie nicht. Sie können nur wie Anbieter einer Kommunikationsleistung auftreten, die eine Leistung vermittelt, von der sie am Anfang nicht wissen, wie sie aussehen wird, und bei der sie davon ausgehen müssen, dass sie an einem Prozess teilnehmen, der ständig neue Reflexionen und Impulse braucht.

3.1.3 Leistungserbringer ohne Plan

Der Leistungserbringer kann zwar Bedingungen vorgeben, die die Wahrscheinlichkeit, dass erzieherische Hilfen erfolgreich sind, erhöhen. Letztendlich kann aber nur im Rahmen gemeinsamen Nachdenkens erkannt werden, welche Ziele, welche Ergebnisse gemeinsam erreicht werden können. Es ist also folgerichtig, dass wir es mit einer besonderen Ökonomie zu tun haben. Nicht der Kunde steuert durch Kauf oder Nichtkauf, sondern das System muss eine Selbststeuerung erzeugen. Ja, es ist nicht einmal möglich, ein Produkt selbständig zu entwickeln, was dann sozusagen als etwas ganz Fertiges auf den Markt kommt. Denn das Produkt wie die Erzeugung dieses Produktes müssen jeweils neu, und zwar in Kooperation hervorgebracht werden.

Von daher ist der Wunsch nach einer stärkeren Verkopplung von Geld und Leistung in der Ökonomie der erzieherischen Hilfen ebenso kompliziert wie die Erfindung erfolgreicher Hilfe; und der Erfolg selbst ist Ergebnis eines komplexen und hochdynamischen Geschehens sind. Will man mit diesen Dilemmata umgehen, so geht es um eine neue, andere Art der Prozessgestaltung, die sich wie folgt umreißen lässt:

- anbieten,
- aushandeln,
- vereinbaren,
- gestalten,
- überprüfen,
- aushandeln,
- vereinbaren ...

Um dieses Geschehen auch im Hinblick auf Ergebnisorientierung erfolgreich gestalten zu können, werden hier vier zentrale methodischen Anregungen entwickelt. Ich möchte an dieser Stelle darauf hinweisen, dass ich diesem Zusammenhang Anregungen von Reinhart Wolff nutze, die

im Rahmen unserer gemeinsamen Arbeit im Kronberger Kreis für Qualitätsentwicklung entwickelt wurden.

4   Der Prozess: Methodische Anregungen

Erzieherische Hilfen haben, wie die Profession Soziale Arbeit insgesamt,
erhebliches Wissen angehäuft. Umso erstaunlicher ist es, dass, wie im
ersten Teil beschrieben, die Praxis nach wie vor von Diffusität, Regres-
sion, ja sogar von persönlichem Eigensinn geprägt ist (siehe z.B. U.
Bürgers Untersuchungen zu regionalen Disparitäten in der Hilfegewährung).

Andererseits ist auch die Praxis in Bewegung gekommen. ISO,
EFQM, TQM, das St. Gallener Konzept und viele andere Ansätze haben
die Landschaft verändert oder haben zumindest Unruhe und Unsicherheit ausgelöst. Seit Jahren wird daran gearbeitet und experimentiert,
erfolgreiche QE- und QS-Verfahren für die erzieherischen Hilfen nutzbar
zu machen. Inzwischen ist vielen klar geworden, dass dicke Handbücher
im Prinzip nicht viel bewirken. Dagegen wird der Prozess der Auseinandersetzung mit der eigenen Praxis – beispielsweise bei der Erarbeitung
eines solchen Handbuches – als gewinnbringend beschrieben. Nicht zuletzt deshalb scheinen Reflexion, Analyse und gemeinsames Nachdenken über die Gestaltung der Praxis ein sinnvoller Weg zu sein, zielgerichtete Veränderungen in Einrichtungen, im Hinblick auf die Arbeitsweisen einzelner Fachkräfte oder Teams oder auch bei methodischen
Ansätzen zu erreichen. Im Grunde geht es dabei um vier Ansätze, die
sowohl in Richtung auf die Qualifizierung der Einrichtungen, ihrer
Teamarbeit usw. wie auch im Hinblick auf die erfolgreiche Arbeit mit
den Hilfe suchenden Kindern, Jugendlichen und Familien von Bedeutung sind. Um das zu entwickeln, wird hier zunächst ein Blick auf die
Praxis der erzieherischen Hilfen geworfen:

- Es handelt sich bei der Praxis der erzieherischen Hilfen um ein kon-
  fliktreiches Geschehen, ein Durcheinander, das sich dynamisch und
  multikausal entwickelt und aus sich selbst heraus permanent verändert. Kurz: sie ist autopoietisch.

- Es handelt sich um ein mehrpersonales, offenes, interaktives Geschehen in einem sich stetig verändernden Beziehungsfeld mit politischen, ökonomischen, sozialen, geschlechtsspezifischen, kulturellen Macht- und Kommunikationsstrukturen.
- Es handelt sich um ein lebendiges System. Als interpersonelles Geschehen ist diese Praxis ein Tun, Sprechen, Handeln, Gestalten, ein Verstehen und ein emotionaler Austauschprozess.
- Es ist eine Praxis, die sich diskontinuierlich, nicht restlos regelbar, unvorhersehbarer entwickelt; es handelt sich um sich spontan entwickelnde und nicht wiederholbare Prozesse.
- Die organisierte Praxis zielt auf Milieuveränderung und Selbstveränderungen und umgekehrt, von denen man nie wissen kann, ob und wann sie eintreten werden.
- Diese Praxis lässt sich in der Regel nicht zuverlässig steuern. Jedenfalls liegt das Steuer nicht allein in der Hand der Fachkräfte.

Daraus folgt: Die Praxis der erzieherischen Hilfen ist keine Trivialmaschine. Es gibt keine linearen Entwicklungen, es gibt keine wirkliche Kausalität usw. Wie ist diese Praxis nun im Sinne erfolgreicher Arbeit zu gestalten? Durch:

- Reflexion in Aktion,
- Gestaltung von Dialogen,
- Lernen vom Erfolg,
- Lernen lernen / lernen – eine lernende Organisation werden.

4.1 Reflection-in-action (D. Schön)

Moderne Formen der Hilfe sind permanent dabei, ihr Handeln und was daraus folgt, zu reflektieren. Das erfordert ein neues Theorie-Praxis-Verhältnis. Wir hören auf mit der Spaltung von Denken und Handeln.

Eine reflexive Praxis geht nicht davon aus, dass allein das Handeln ausreicht, um zu helfen, sondern dass das Handeln überprüft, verstanden oder nennen wir es anders: in seinen Wirkungen analysiert werden muss. In der konkreten Hilfepraxis kann es also nicht heißen: Walk the talk! Also tue, was wir sagen, sondern rede darüber, was du tust. Wir gehen auch nicht davon aus, dass wir in unserer Praxis immer schon wissen, was richtig ist, sondern wir erforschen das Geschehen und seine Wirkungen: Wir probieren und studieren. Damit entwickeln wir unsere persönlichen und beruflichen Kompetenzen und stehen zugleich vor der Frage: Was wissen wir noch nicht? Welches Wissen muss angeeignet werden? Wir prüfen, was ist sinnvoll, hilfreich, effektiv und erweitern somit unsere praktischen Fähigkeiten wie auch das eigene Wissen.

Hilfepläne, um es an einem praktischen Beispiel aus unserem Handeln darzustellen, sind also keine Festlegungen, wohin sich jemand entwickeln wird oder entwickeln soll, Vielmehr erlauben sie die Erörterung einer Entwicklungsmöglichkeit und der dazu gehörigen Teilschritte bzw. der einzelnen Aspekte, die nötig sind, um das Ziel auch erreichen zu können. Im Zuge des Hilfeprozesses wird nun reflektiert, was erreicht wurde und warum. Auch werden Fragen gestellt wie: Muss das Ziel geändert werden oder fehlt es an unterstützenden Elementen? Muss man noch einmal an den Ausgangspunkt zurück oder muss man vielleicht einen anderen Weg einschlagen?

Im hoch komplexen Hilfegeschehen hat es keinen Sinn, lineare Entwicklungen anzustreben oder damit zu drohen, die Hilfe auszusetzen, wenn ein vorgegebenes Ziel nicht erreicht wurde. Aber um entscheiden zu können, ob eine Hilfe wirklich sinnvoll und effektiv ist oder auch, ob eine Institution, wie z.B. ein Jugendamt, effektiv arbeitet, ist es unabdingbar, darüber nachzudenken, ob das, was getan wird, wirklich nützt.

4.2 Dialoge gestalten

So wichtig gute strukturelle und materielle Voraussetzungen für erfolgreiche Fachpraxis sind; entscheidend für eine erfolgreiche Arbeit in den sozialen Diensten sind die Menschen. Es geht um deren Einstellungen, deren Philosophie, deren Kenntnisse und Kompetenzen; und zwar aller Beteiligten. (Ich verweise hier auf den leider viel zu wenig gelesenen und verstandenen demokratischen Pädagogen John Dewey.) Es ist sinnvoll eine dialogische Architektur (R. Wolff) zu entwickeln:

- eine mehrseitige Partizipationskultur, die transformative Transaktion, Geben und Nehmen ermöglicht;
- eine ambivalenztolerante, empathische Beziehungsaufnahme;
- die Ermöglichung selbstverantworteter gesellschaftlicher und organisationaler Mitgliedschaft und gegenseitige Akzeptanz und Anerkennung;
- bürgerschaftliches und professionelles Engagement in sozialräumlicher Vernetzung und Zusammenarbeit;
- gemeinsame Sinnsuche und Sinnkonstruktion in widersprüchlicher Situation: auf der Suche nach Kontinuität, nach Beziehung und Zusammenhalt, nach gemeinsamen Zielen und Werten.

Dies alles zusammen ergibt die Möglichkeit, sich gemeinsam – also zusammen mit den Helferinnen und Helfern und den Hilfesuchenden – in einen Dialog auf gleicher Augenhöhe einzulassen. Auf diesem Wege wird es möglich sein, gemeinsam Ziele auszumachen und die Bedingungen für die Zielerreichung herzustellen. Es handelt sich hierbei um ein demokratisches Verfahren, bei welchem Partizipation mit Rechten und Pflichten aller Beteiligten wesentlich ist.

Es ist davon auszugehen, dass Einrichtungen und Fachkräfte, die sich auf dialogische Verfahren einlassen, erfolgreicher arbeiten als jene, die vorab schon immer zu wissen meinen, was gut und richtig sei. Erfahrungen belegen, dass sich Institutionen, z.B. Kitas oder Heime, die die Einbeziehung aller Beteiligten ermöglichen und fördern, erfolgreiche QE gestalten können.

4.3 Lernen vom Erfolg

Erzieherische Hilfen sind oft erfolgreich, vielleicht sogar häufiger, als man in der Praxis glaubt. Dennoch sind die Fachkräfte häufig geradezu auf das fixiert, was nicht gelingt. Dabei könnte man von dem, was erfolgreich erreicht wurde, lernen.

Ein Beispiel: Wir fragten in einem Berliner Jugendamt: Was können die Mitarbeiterinnen dieses Amtes besonders gut? Eine Kollegin antwortete spontan: „Kartons packen". Um den Erfolg zu vervielfältigen, müssen wir uns für den Erfolg interessieren und begreifen, warum er eingetreten ist. Lernen vom Erfolg heißt: sich am Positiven zu orientieren. Es geht also um eine lustvolle Form des Lernens.

Der Grund für die zitierte abwehrende Antwort liegt nicht nur darin, dass das Jugendamt in den letzten zehn Jahren siebenmal umgezogen ist, sondern auch darin, dass es typisch in unserer Profession ist, die negativen Seiten zuerst zu sehen. (Stellen Sie sich vor, Sie fragen eine Chirurgin was sie gut kann und sie fängt an von ihren misslungenen Operationen zu sprechen!)

Lernen vom Erfolg ist eine Methode, die wir von Jona Rosenfeld aus Jerusalem gelernt haben. Er ist seit Jahrzehnten darum bemüht, erfolgreiche Fachkräfte miteinander in Kontakt zu bringen und einen mehrseitigen Dialog zu ermöglichen. Moderne und erfolgreiche Institutionen – wie auch einzelne Fachkräfte – interessieren sich für den Erfolg anderer und den eigenen und versuchen zu erkennen, was dazu führt, dass eine erfolgreiche Fachpraxis gelingt. Das, was unter Fachleuten möglich ist, nämlich dass man sich auf die Ressourcen bezieht und vom Erfolg des Anderen und vom eigenen Erfolg lernt, ist eine außerordentlich erfolgversprechende Praxis, die wir in der Jugendhilfe viel mehr nutzen sollten.

4.4 Lernen, lernen, lernen – eine lernende Organisation werden

Charles Handy, der berühmte englische Organisationswissenschaftler, erzählt gern die folgende Geschichte: „Wenn man einen Frosch ins kochende Wasser wirft, versucht er so schnell als möglich heraus zu springen. Setzt man ihn aber in lauwarmes Wasser und erhöht langsam die Temperatur, passiert überraschenderweise nichts. Der Frosch fühlt sich gewissermaßen sauwohl und beginnt bei lebendigem Leibe zu kochen, ohne es zu merken."

Das geschieht auch mit Organisationen, die aufgehört haben zu lernen. Vor allem, wenn diese Organisationen davon ausgehen, alles bereits zu wissen. Qualitätsentwicklung heißt darum vor allem, Unterschiede zu bemerken und zu machen, d.h. eine lernende Organisation zu werden. Die Gesellschaft für organisationelles Lernen interpretiert den Begriff „Lernende Organisation" so: „Eine LO ist eine Organisation, in der die hier tätigen Leute auf allen Ebenen, individuell oder kollektiv, ständig ihre Fähigkeit erhöhen, Resultate zu erzielen, die ihnen wirklich wichtig sind."

Ich möchte als Beispiel für Lernprozesse in einer Organisation auf Weick und Sutcliffe „Das Unerwartete managen" verweisen, die in ihrem Buch darauf aufmerksam machen, wie Unternehmen aus Extremsituationen lernen. Sie sind nämlich der Frage nachgegangen, was tun Organisationen, die mit einer Katastrophe rechnen müssen, also z.B. Flugzeugträger oder Atomkraftwerke. Jedem wird einleuchten, dass die Mannschaft eines Flugzeugträgers in ganz besonderer Weise davon bedroht ist, dass ein kleiner Fehler außerordentlich verheerende Folgen haben kann. Also brauchen solche Organisationen ein ganz besonderes Know-how, was ihre Sicherheit anbetrifft. Auf einem Flugzeugträger z.B. sind permanent alle Mannschaftsmitglieder angehalten, auf alles zu achten, was den Flugverkehr auf dem Schiff beeinträchtigen oder gar gefährden könnte. Alle 20 Minuten schreitet die Mannschaft das Flugfeld ab, um nach Ölflächen oder Metallteilen zu suchen. Jeder, der etwas findet, wird belohnt.

Nun stelle man sich einmal vor, dass ein Jugendamt alle MitarbeiterInnen auffordert, ständig gemeinsam nach Fehlern zu suchen und derjenige, der einen entdeckt, würde belohnt. Und der, der den Fehler gemacht hat, auch! Weil man aus Fehlern lernen kann. Aus Fehlern oder vom Erfolg zu lernen heißt, dass eine Institution Interesse daran hat, Erfolge zu suchen und Fehler zu erkennen.

Lernen heißt allerdings auch, das fachliche Wissen zu erweitern. Dabei können wir davon ausgehen, dass die Generierung von Wissen auch im Feld der erzieherischen Hilfen rasant angestiegen ist. Andererseits muss konstatiert werden, dass die Praxis in weiten Teilen geradezu resistent gegenüber dem Zugewinn an Wissen ist. Manche Einrichtungen gehen sogar davon aus, dass hier alles bereits gewusst wird. Besonders verbreitet scheint diese Haltung jedoch unter den einzelnen Fachkräften zu sein. Wenn Fachkräfte in einem Krankenhaus derart desinteressiert an neuem Wissen wären, wie es oft Sozialpädagoginnen oder Erzieherinnen sind, wäre die Weiterentwicklung des Gesundheitswesens nicht möglich gewesen.

Wollen sich Organisationen wie auch Fachkräfte konsequent weiterentwickeln, müssen sie zugleich lernen, wie man verlernt. Eingeübte Verfahren, Weisheiten, die für immer gelten, Wissen, das sich nicht modernisieren lässt, ist für QE nicht selten hinderlicher als verbreitetes Unwissen oder das Chaos in einer Einrichtung.

5   Fazit

Bisweilen wird im Bereich der erzieherischen Hilfen so diskutiert, als müsste man sich nur auf klare Zielvorgaben der Hilfe konzentrieren und darauf hinarbeiten, um erfolgreich zu sein. Ob dieser eindimensionale Ansatz eine wirkliche Antwort auf die vielfältigen Fragen ist, vor denen wir stehen, ist zu bezweifeln. Um Qualität zu erzielen, geht es vor allem um eine grundsätzlich veränderte Sicht auf den Hilfeprozess, um eine neue – und komplexe – Praxistheorie, und um die grundlegende Veränderung des Verhältnisses von Fachkräften und Hilfeteilnehmern, den Hilfenutzern. Man könnte auch sagen: Um ein modernes Verhältnis der Hilfegestaltenden zu allen anderen Beteiligten zu erzeugen, braucht es einen Paradigmenwechsel in der Jugendhilfe. Die genannten und kurz umrissenen Methodenansätze können dabei als Qualitätskriterien verstanden werden. Auch das sei an einem Beispiel erörtert:

Institutionen, die nachweislich auf dialogische Ansätze in ihrer Arbeit setzten, verfügen nicht nur über eine demokratische Grundhaltung, sie haben auch gesicherte Verfahren, wie Partizipation gestaltet wird. Es gibt in ihnen eine praktizierte Beteiligung, die darauf abzielt, alle Beteiligten als Bürgerinnen und Bürger ernst- und wahrzunehmen. Das wiederum hat zur Folge, dass Hilfe im Sinne einer Koproduktion gestaltet werden kann und deshalb mit hoher Wahrscheinlichkeit erfolgreich ist.

Ein anderes Beispiel ist das der Erfolgsorientierung oder der Fehlerfreundlichkeit. Man kann die Frage stellen, ob es in einem Kinderheim gesicherte Verfahren gibt, wie Fehler gesucht, festgestellt und abgestellt werden (z.B. kontinuierliche Befragungen der Nutzerinnen und Nutzer). Wohl gemerkt: Es kommt darauf an, ob die Institution gesicherte Verfahren genauso vorhält und permanent praktiziert, wie die Grundhaltung der Fachkräfte entsprechend ist. Wer also nach Qualitätskriterien sucht, sollte hier ansetzen. Mit anderen Worten: Die genannten Methodenansätze sind eine Weiterentwicklung der QE-Ansätze der Wirtschaft, die so für den Bereich der Sozialen Arbeit genutzt werden können.

Doch all das ist nur in einem langwierigen und widersprüchlichen Prozess zu entwickeln. Was jetzt und aktuell ansteht, was so schnell als möglich zu verändert ist, das sind die folgenden Aspekte, die hier unter der Überschrift „Das Mögliche sofort tun" stehen:

1. Leistungsangebote werden nicht einfach vorgehalten, sondern gemeinsam entwickelt, gestaltet, geprüft und je nach Bedarf dialogisch neu entwickelt.

2. Die Leistungen setzen sich aus unterschiedlichen Teilleistungen zusammen und werden so finanziert.

3. Es wird eine Transparenz der Leistungen gestaltet, die allen Beteiligten deutlich macht, was die konkreten Leistungen sind.

4. Die Leistung wird nicht einfach zeitlich begrenzt, sondern die Aufgabenstellung, die Hilfeprozesse und die Ziele werden im Prozess entwickelt.

5. Leistungen werden im Verlauf und im Ergebnis dokumentiert evaluiert und qualitativ weiterentwickelt.

Die Umsetzung einer solchen Qualitätsentwicklung wird jedoch durch eine Reihe von Hindernissen beeinträchtigt, als da wären:

1. zu starren Finanzierungsformen,

2. die noch immer praktizierte Versäulung der Hilfen,

3. engstirniges, rückwärts gewandtes Halb- und ungeprüftes Erfahrungswissen,

4. unzureichende Flexibilität und unzureichende Partizipation der Beteiligten,

5. undemokratische Grundhaltungen der Fachkräfte,

6. Spezialistentum und

7. Verantwortungslosigkeit.

Aber es gibt auch erfreuliche Entwicklungen. Auf einer Tagung in Berlin berichteten Leipziger Kolleginnen über ihre neuen Ansätze der Zusammenarbeit von Jugendämtern und freigemeinnützigen Trägern. Ein anderes Beispiel ist München mit seinem Programm „Umbau statt Ausbau". Ein weiterer erfolgreicher Ansatz ist INTEGRA.

So könnte man zusammenfassen: Einiges ist in Bewegung geraten. Ziele, im Prozess entwickelt, sind wie Leuchttürme! Denn: „Nur wer den Hafen kennt, kann die Winde nutzen!" (Michel de Montaigne).

Cornelia Jager

Das Reflektierende Team in der Teamberatung: Ein Konzept zur Beteiligung der Betroffenen im Hilfeplanverfahren

1 Einleitung

Der Allgemeine Soziale Dienst ist eine der wichtigsten kommunalen Schlüsselinstanzen für einen Problem angemessenen Zugang und Umgang mit Familien und Kindern in Problem- bzw. Krisensituationen. Die Einbeziehung des Kindes oder Jugendlichen als auch der Eltern in den Entscheidungsprozess bei einer Hilfeentwicklung ist deshalb eine besonders anspruchsvolle Aufgabe des ASD. Die im KJHG angelegte Aushandlungsphilosophie, ausdrücklich festgelegt in § 36 KJHG für das Hilfeplanverfahren bei Hilfen zur Erziehung, fordert von den ASD-Mitarbeiterinnen, einen Aushandlungsprozess zwischen den verschiedenen Interessen und Erwartungen zu initiieren und zu unterstützen. Das stellt hohe fachliche Anforderungen (Faltermeier et al. 1996). Hilfe zur Erziehung soll zu einer Verhaltens- oder Einstellungsänderung bei Kindern, Jugendlichen und Eltern beitragen. Die Klärung der Bedingungen und notwendigen Änderungsschritte kann nur gemeinsam mit den Betroffenen erfolgen. Die Entscheidung über eine geeignete Hilfe sollte als nicht abtrennbarer Bestandteil des einheitlichen pädagogischen Prozesses von der Fachkraft und dem Personensorgeberechtigten gemeinsam getroffen werden (vgl. Wiesner et al. 1995).

In diesem Sinne muss die Mitwirkung der Betroffenen in allen Phasen gewährleistet sein. Wird die Entscheidung selbst dem Team übertragen, verliert der Prozess seinen inneren Zusammenhang; er wird in eine vorbereitende und eine entscheidende Phase, an der jeweils unterschiedliche Fachkräfte beteiligt sind, unterteilt. Geschieht dies auch noch in Abwesenheit der AdressatInnen, wird eines der zentralen Ziele des KJHG, die umfassende Beteiligung der Adressanten unterlaufen. Sie, die AdressatInnen, werden wieder auf Objekte von Entscheidungen reduziert (siehe Cobus-Schwertner 19, S. 420).

2   Teamberatung unter Beteiligung der Betroffenen

2.1 Vorteile der gemeinsamen Teamberatung von ASD und Betroffenen für den Hilfeprozess

Den Forderungen des KJHG für die Hilfeplanung – das Zusammenwirken mehrere Fachkräfte und die Mitwirkung der Betroffenen – wird die Teamberatung (TB) mit den Betroffenen Familienmitgliedern gerecht. Wir nutzen dafür die Methode des Reflektierenden Teams (Andersen 1990).

Das Zusammenwirken mehrerer Fachkräfte bei der Einschätzung von Familiensituationen hat in der Sozialen Arbeit in Form von Fallkonferenzen oder Fallteams eine lange Tradition; in letzter Zeit stark beeinflusst durch neuere Entwicklungen in der Systemtheorie. Wie ganz selbstverständlich werden jedoch Fallkonferenzen ohne die Betroffenen durchgeführt, obwohl gerade Andersen ganz eindrücklich beschrieben hat, wie wirkungsvoll die Beteiligung der Betroffenen sein kann (vgl. auch: Neufeldt 2003). So hat sich das Dresdner Jugendamt 2003 auf ein einheitliches Verfahren verständigt. Es sieht im Sinne eines systemischen Vorgehens die Einbeziehung der AdressatInnen bei der Entscheidung über eine Hilfe zur Erziehung im Rahmen einer gemeinsamen Teamberatung vor. Diese Entscheidung war die Folge eines jahrelangen Diskussionsprozesses innerhalb der zehn ASD-Außenstellen und der jahrelangen positiven Erfahrungen des ASD Dresden Neustadt.

Die SozialarbeiterInnen (SA) erlebten die früher praktizierte Teamberatung unter Ausschluss der Betroffenen selten als sinnvoll:

• Häufig waren sie sich – gerade bei schwierigen Entscheidungen – nicht sicher, ob ihre durch den Ausschluss der Adressatinnen eingeschränkte Sicht zu der beschrieben Familie passte.

- Die Sicht der zuständigen Sozialarbeiterin stimmte oft nicht mit der anderer Kolleginnen überein, die mit der Familie vertretungsweise zusammenarbeiteten.
- Manchmal traf das Team eine Entscheidung, die nicht mit den von der Familie im Vorfeld der Teamberatung geäußerten Wünschen übereinstimmte. Es oblag dann der zuständigen Kollegin, diese Entscheidung vor der Familie zu vertreten und zu begründen. Mitunter kam es dann zu einer gravierenden Störung des Vertrauensverhältnisses zwischen ihr und der Familie.

Ziel der Teamberatung mit Betroffenen ist es, den Sozialarbeiterinnen eine möglichst detaillierte Beschreibung des Problemsystems zu ermöglichen. Nur so entsteht eine gute Grundlage für die Beurteilung, ob ein Bedarf an Hilfe zur Erziehung besteht, welche Art und welcher Umfang der Hilfe geeignet erscheinen. Außerdem entsteht dann schon in der diagnostischen Phase ein Kommunikationsprozess mit den Betroffenen, in dem sich die Problembeschreibungen der Sozialarbeiterinnen und der Betroffenen verändern können.

Für die Betroffenen ist die Einladung zum Team ein Zeichen, dass sie als Subjekte und ExpertInnen ihrer Lebenssituation ernst genommen, akzeptiert und wertgeschätzt werden, dass ihr Mut, ihre Forderungen, Bedürfnisse und Wünsche anerkannt, ihre Grenzen und Schwächen ohne Abwertung wahrgenommen werden. Sie erhalten damit auch die Möglichkeit zunehmend mehr Vertrauen in die Arbeit des ASD zu entwickeln.

2.2 Das Konzept der gemeinsamen Teamberatung mit den Betroffenen

Die im Folgenden dargestellte Form der Teamberatung ist eine Kombination von „Kollegialer Beratung" (Hekele, 1995) und „Reflektierendem Team" (Andersen 1990). Sie entstand im ASD Dresden Neustadt in einem längeren Erprobungs- und Reflexionsprozess seit 1996 und wurde seitdem immer weiter entwickelt. Beteiligt an der Durchführung, Reflexion und Planung der Teamberatung waren die Sozialarbeiterinnen und die Psychologin des ASD sowie eine Professorin der Evangelischen Hochschule für Soziale Arbeit Dresden (FH), die im Rahmen eines halbjährigen Forschungssemesters die Entwicklungsarbeit im ASD unterstützte. Gemeinsam wurde eine Struktur erarbeitet, die den konstruktiven Ablauf der Gespräche gewährleisten sollte. Des Weiteren wurden Formularbögen für die Evaluation der Teamberatung entwickelt.

2.2.1 Struktur und Ablauf von Teamberatungen

An einer TB nehmen fünf Sozialarbeiterinnen des ASD teil. Im Vorfeld der Beratung wird abgesprochen, wer welche Rolle übernimmt. Es gibt folgende Rollen:

- Zuständige Sozialarbeiterin: Sie stellt Familiensituation, Problembeschreibung und Fragestellung vor;
- Beraterin: Sie berät die Familie innerhalb der dafür vorgesehenen Beratungssequenzen;
- Die strukturierende Sozialarbeiterin: Sie erläutert die Regeln des Ablaufs, achtet auf die Einhaltung der Regeln und des zeitlichen Rahmens, moderiert den Ablauf der Teamberatung und die anschließende Evaluation;
- Reflektierendes Team: Die Teammitglieder beobachten die Beratungssequenzen und sprechen innerhalb der Reflexionsphasen über ihre Eindrücke und Einschätzungen, entscheiden evtl. in der letzten Reflexionsphase über die Hilfe zur Erziehung;
- Verwaltungsfachkraft: Sie protokolliert die Teamberatung, beteiligt sich aber nicht an ihr.

Bereits vor der Teamberatung werden die jeweiligen Rollen in einem Teamordner festgehalten. Dies hat den Effekt, dass alle Sozialarbeiterinnen, auch wenn sie nicht an jeder Teamberatung teilnehmen, in einer ausgewogenen Häufigkeit alle Rollen ausprobieren können und eine gewisse Kompetenz in allen Rollen entwickeln.

Vorbereitungen für die Teamberatung mit Betroffenen
Voraussetzung für eine Teamberatung ist ein schon länger bestehender Beratungsprozess – einschließlich Erstgespräche, Auftragsklärung und Ressourcenanalyse – zwischen der zuständigen ASD-Mitarbeiterin und den Betroffenen. Gemeinsam wird mit den Betroffenen ein Genogramm bzw. ein Soziogramm erarbeitet, welches in der Teamberatung Verwendung findet. Des Weiteren erfolgt durch die Kollegin eine sensible Vorbereitung auf die Teamberatung, d.h. ihr Sinn und Ablauf werden erläutert, evtl. Ängste oder Unsicherheiten besprochen. Dabei sollte der Familie auch verdeutlicht werden, dass die Teamberatung auch ohne ihre Teilnahme stattfinden wird, da diese Arbeitsweise im KJHG vorgesehen ist. Der Familie wird die Teilnahme auch als Chance dargestellt, unterschiedliche Einschätzungen verschiedener Fachkräfte zu hören – nicht nur die der zuständigen Sozialarbeiterin. Zudem haben sie die Möglichkeit, ihre eigene Einschätzung darzustellen bzw. Dargestelltes zu korrigieren und zu ergänzen. In diesem Zusammenhang ist es wichtig, die Familie darauf hinzuweisen, dass alle Teammitglieder der Schweigepflicht unterliegen.

Beginn der Teamberatung
Die strukturierende Kollegin begrüßt die Familie; erklärt den Sinn der Teamberatung und erklärt noch einmal den genauen Ablauf. Danach leitet sie eine Vorstellungsrunde ein, in der sich jede TeilnehmerIn kurz als Person und in ihrer Funktion vorstellt. Gerade wenn Betroffene das erste Mal an einer Teamberatung teilnehmen, ist es in der Anfangssituation wichtig, dass die strukturierende Kollegin den Betroffenen durch eine einfache Erklärung des Ablaufs Sicherheit vermittelt. Ebenso muss sie den Betroffenen das Gefühl vermitteln, dass sie in der Runde akzeptiert werden und willkommen sind.

Vorstellung der Familie und des Problems
Die zuständige Sozialarbeiterin stellt die Familiensituation und die Problembeschreibung anhand des Genogramms am Flipchart vor. Sie erläutert die Beziehungen und unterschiedlichen Sichtweisen aller Beteiligten. Anschließend fasst sie zusammen, was in den vorhergehenden

Beratungsgesprächen mit der Familie an Ideen und Vorstellungen erarbeitet wurde. Dann formuliert sie die Frage, die sie an das Team stellen möchte. Danach beantwortet sie mit der Familie zusammen evtl. auftretende Informationsfragen aus dem Team und nimmt dann ihren Platz im Reflektierenden Team ein.

Erste Beratungssequenz

Nun beginnt eine von insgesamt drei Sequenzen, in denen nur die Beraterin mit den Betroffenen spricht. Sie soll, gerade in der ersten Sequenz, kein Ergebnis mit den Betroffenen erzielen. Ziel der ersten Sequenz ist es vielmehr, dass alle Anwesenden einen Einblick in die gegenwärtige Familiensituation und die Verhaltensweisen der Betroffenen gewinnen.

Die Beraterin versucht über Fragen Informationen zu erzeugen und jedem Familienmitglied und evtl. anderen Beteiligten die Möglichkeit zu geben, gehört zu werden und/oder zuzuhören. Die Familienmitglieder bestimmen, worüber und wie gesprochen wird. Sie haben ein Recht, nicht über alles zu sprechen, was sie denken und fühlen (Andersen in Hargens/ v. Schlippe 1998). Da das zu Ungewöhnliche die Integrität einer Person bedrohen kann, müssen die Familienmitglieder ständig die Möglichkeit haben „Nein" zu sagen – zur Form der Unterhaltung, zu ihrem Inhalt und zu ihrem Kontext (Andersen 1990).

Erste Reflexionsphase des Teams

Nach ca. zwanzig Minuten beendet die Beraterin die erste Beratungssequenz und die strukturierende Kollegin leitet das Reflektierende Team ein. Die Betroffenen haben nun Gelegenheit dem Gespräch der Sozialarbeiterinnen zuzuhören. Das Reflektierende Team ist zum einen durch die Sitzordnung (die Betroffenen und die Beraterin sitzen ihm gegenüber), zum anderen durch die Beobachtungsfunktion bei der Beratung eindeutig vom Beratungssystem abgegrenzt. Die Leitidee ist folgende: unterschiedliche Positionen begünstigen unterschiedliche Perspektiven, diese wiederum unterschiedliche Betrachtungsweisen, die dann unterschiedliche Beschreibungen ermöglichen. Die Mitglieder des Reflektierenden Teams formulieren nun ihre Einschätzung der Situation und kommen darüber ins Gespräch. Dabei achten sie darauf, dass ihre Formulierungen anschlussfähig an die Sprache der Betroffenen sind, d.h. sie knüpfen an deren Äußerungen an und verwenden deren Wörter und Begriffe (Epstein in Hargens/ v. Schlippe 1998, S. 42).

Sie sollen möglichst das sagen, was ihnen durch den Kopf geht, dies aber in wertschätzender Form bzw. positiv konnotiert, so dass die Betroffenen es auch annehmen können, nicht verletzt sind und sich in ihren Köpfen andere Sichtweisen entfalten können. Ziel des Reflektierenden Teams ist es außerdem, dass die Beraterin Impulse und Orientierung für die zweite Sequenz erhält. (Die Beraterin notiert ggf. Stichpunkte auf das Flipchart vor den Augen der Familie.)

Zweite Beratungssequenz

Nach ca. zehn Minuten schließt die strukturierende Sozialarbeiterin die Teamreflexion ab und übergibt der Beraterin wieder die Gesprächsführung. Diese fragt die Betroffenen, ob sie zu etwas von dem gerade Gehörten Stellung nehmen möchten; z.B.: Was war wichtig? Was war neu? Womit können wir etwas anfangen? Was bringt uns zum Nachdenken? Welche Ideen erscheinen uns sinnvoll? Gab es irgendetwas, über das das Team nicht hätte sprechen sollen oder dem wir gar nicht zustimmen können? Gibt es etwas, was uns gefehlt hat? (Andersen 1990: 145) Die zuhörenden Betroffenen entscheiden, wählen aus, welche Ideen ihnen wichtig sind und eine Bedeutung für sie bzw. die familiäre Beziehungsdynamik haben.

Ziel der zweiten Sequenz ist es herauszufinden, was der Familie helfen kann. Hierbei kann es darum gehen, alle Anwesenden nach ihren Wünschen und Vorstellungen für die Problemlösung zu fragen. Die zweite Beratungssequenz dauert etwa zehn bis fünfzehn Minuten.

Zweite Reflexionsphase des Teams

Die strukturierende Sozialarbeiterin leitet nun zur zweiten Reflexionsphase des Teams über. Die Teammitglieder äußern ihre Ideen bezüglich der Frage, welche Hilfe geeignet sein kann und stellen diese zur Diskussion. Es werden auch Bedenken thematisiert oder die Möglichkeiten und Chancen von einzelnen Hilfen bzw. anderen unterstützenden Mög-

lichkeiten und Ressourcen herausgestellt. Die Sozialarbeiterinnen sollten in dieser Phase zu einer Einigung kommen. Falls sich das Team nicht
einigen kann, muss die weitere Verfahrensweise besprochen werden,
z.B. die Festlegung einer erneuten Teamberatung zu einem anderen
Zeitpunkt oder vorerst weitere Gespräche mit der Familie. Die Diese
Phase dauert etwa zehn Minuten.

Dritte Beratungssequenz

Die Beraterin gibt den Betroffenen zunächst die Möglichkeit, noch mal
zum Gehörten Stellung zu nehmen, dann fasst sie alles zusammen und
handelt mit der Familie die Art und den Umfang der Hilfe aus.

Abschluss der Teamberatung

Die strukturierende Sozialarbeiterin fragt zuerst die Betroffen, dann
die teilnehmenden professionellen Helferinnen und anderen Gäste, wie
sie die Anwesenheit der Teammitglieder erlebt haben und ob es für sie
eher förderlich oder unangenehm war. Die Tatsache, dass Betroffene im
Anschluss die Beratungsqualität der Sozialarbeiterinnen innerhalb eines
Amtes beurteilen dürfen, ist eine durchaus ungewohnte Situation für
die Betroffenen, motiviert sie aber dennoch, die Möglichkeit einer ver-
balen Rückmeldung in Anspruch zu nehmen.

Evaluation der Teamberatung

Wenn die Klienten den Raum verlassen haben, führen die Teammitglieder eine kurze Selbstevaluation über den Ablauf der Teamberatung
durch, stellen fest, was gut und weniger gut gelungen ist und geben
sich gegenseitige eine Rückmeldung. Für jede Rolle wurde dazu gemeinsam im Team ein separater Evaluationsbogen erarbeitet. Diese
nach der Teamberatung stattfindende Evaluation ist mittlerweile ein un-
verzichtbarer Bestandteil geworden. Dafür ist grundsätzlich eine halbe
Stunde nach jedem Reflektierenden Team eingeplant. Für die Teamberatung selbst steht eine Stunde zur Verfügung.

Insgesamt lässt sich die Teamberatung mit dem Reflektierenden
Team als Kern, die Evaluation und die festgelegte Zeitstruktur als eine

neue Methode der ASD-Arbeit definieren und damit als inhaltlicher Beitrag zur Qualitätsentwicklung.

2.2.2 Anforderungen an die einzelnen Rollen innerhalb einer Teamberatung

Die einzelnen Rollen stellen unterschiedliche Anforderungen an die Personen, die sie ausfüllen.

- **Die zuständige Sozialarbeiterin:** Sie bereitet sich und die von ihr
  begleitete Familie gut auf das Gespräch vor, motiviert und ermu-
  tigt die Familie zum Kommen. Zudem wird gemeinsam mit der Familie abgesprochen, welche Informationen für das Team nötig und
  entscheidungsrelevant sind. Dies schon im Vorfeld abzuklären ist
  wichtig, denn die Betroffenen behalten dadurch die Kontrolle darüber, welche Informationen öffentlich gemacht und weitergegeben
  werden. Außerdem hat jede Informationsweitergabe auch Auswirkungen auf die Interaktionen/ Beziehungen der Beteiligten untereinander und zu den Mitgliedern der jeweiligen anderen sozialen
  Systeme. Das beeinflusst den Problemlösungs- und Veränderungsprozess. Die zuständige Sozialarbeiterin kann im Vorgespräch
  schon diesbezügliche, zirkuläre Fragen stellen. Damit hilft sie sowohl der Familie als auch dem ASD-Team, sich auf die Teamberatung und seine möglichen Folgen vorzubereiten. Darüber hinaus
  erarbeitet sie mit der Familie, welche Personen aus dem Umfeld
  von Bedeutung sind und eventuell mit eingeladen werden sollten.
  Dies können z.B. HelferInnen, LehrerInnen oder NachbarInnen sein.
  Auch die zusätzlich eingeladenen Personen müssen über das Anliegen und den Ablauf der Teamberatung informiert und evtl. e-
  benfalls durch ein Gespräch darauf vorbereitet werden.
  Zu Beginn der Teamberatung ist die zuständige Sozialarbeiterin
  angehalten die Familiensituation an Hand eines Geno- bzw. Sozio-
  gramms kurz und strukturiert vorzutragen. Die Tatsache, dass bei
  diesem Vortrag die Betroffenen die Darstellung ihrer Familiensituation miterleben dürfen, kann auf sie Transparenz und Vertrauen

fördernd wirken. Das heißt aber auch, dass die Kollegin ihre Sicht der Familie und ihrer aktuellen Problemlage ressourcenorientiert, wertschätzend und in geeigneter sprachlicher Form vorträgt und sich dabei auf gemeinsam mit der Familie erarbeitete Standpunkte bzw. Unterstützungsmöglichkeiten beschränkt. Des Weiteren ist die Offenheit der Sozialarbeiterin eine ganz wesentliche Voraussetzung, da sich die Sichtweisen des reflektierenden Teams durchaus auch von ihrer unterscheiden können und unter Umständen eine andere Lösung als die vorher mit der Familie besprochene entstehen kann. Die unmittelbare Beteiligung der Betroffenen macht jedoch die Nachvollziehbarkeit der entstandenen Lösung für sie transparent und sie haben zudem die Möglichkeit der Einflussnahme. Dadurch entfällt für die Sozialarbeiterin der Druck, die Entscheidung des Teams der Familie im Nachhinein erklären zu müssen.

- **Die strukturierende Sozialarbeiterin:** Sie ist für den Rahmen des Gesprächs verantwortlich, muss den Ablauf erklären, die jeweils neue Sequenz einleiten und evtl. kurz erklären. Da sie die Runde eröffnet, muss sie den Betroffenen das Gefühl vermitteln, willkommen zu sein. Sie hat im Verlauf der Teamberatung eine Doppelrolle: Sie muss einerseits den Prozess und die Dynamik verfolgen, andererseits den Rahmen des Ablaufs und die Zeit im Blick haben. Auch in der Runde des Reflektierendes Teams hat sie die Gesprächsführung. Des Weiteren hat sie die sehr schwierige Aufgabe, die anschließende Teamevaluation zu organisieren und zu strukturieren.

- **Die Beraterin:** Als wichtig wird der Beraterinnenwechsel im Team empfunden; die zuständige Sozialarbeiterin tauscht den Platz mit der Beraterin, die vorher im Reflektierenden Team gesessen hat und der Familie (möglichst) unbekannt sein sollte. Durch den Wechsel kann die zuständige Sozialarbeiterin „ihre" Familie außerhalb des Beratungssystems beobachten; die Familie dagegen erfährt eine Beratung durch eine unvoreingenommene Person, welche eventuell nicht im gewohnten Fragemuster der fallzuständigen Kollegin verbleibt. Für die Sozialarbeiterin ist diese Beobachtung wichtig, weil sie selbst aus dem System heraustreten und ohne Druck neue Sichtweisen erfährt. Die Beraterin hat in der Teamberatung die schwerste Aufgabe. Sie muss ein Gespräch mit einer ihr unbekannten Familie führen und wird dabei durch die Kolleginnen im Reflektierenden Team beobachtet. Das kann verunsichernd sein, hat aber einen hohen Qualifizierungseffekt für die anderen Sozialarbeiterinnen, da sie ihre eigene Gesprächsführung an der aktuellen Situation überprüfen und dadurch neue Impulse für die eigene Arbeit gewinnen können. Zudem muss sie das Gespräch so führen, dass die Kolleginnen einen möglichst umfassenden Eindruck von der Familiensituation bekommen.

Und sie muss den Betroffenen das Gefühl geben, dass sie alles sagen können, was ihnen wichtig ist, vor allem im Hinblick auf die gewünschte Unterstützung. Deshalb muss sie darauf achten, keine Meinung zu äußern, keine Position zu beziehen, keine Ratschläge und Interpretationen zu geben. Dies wäre eine unproduktive Verstörung des Familiensystems, weil dessen Fähigkeit zur Selbstorganisation und Ressourcenaktivierung missachtet würde. Gewünscht ist dagegen eine Haltung von Neugier, Respekt und Interesse an den Fähigkeiten und bisherigen Problemlösungsversuchen der Familie. Zu guter Letzt wird von ihr erwartet, das Gespräch mit einer Handlungsorientierung zu beenden, d.h. lösungsorientiert zu beraten.

- **Das Reflektierende Team:** Beim Reflektierenden Team hören die Teammitglieder und die Familienmitglieder sich gegenseitig zu und nehmen jeweils zum Gehörten Stellung, sprechen aber nicht miteinander. Da die Betroffenen nicht direkt angeredet werden, fühlen sie sich nicht aufgefordert, sofort zu reagieren um sich zu verteidigen, sondern haben Zeit, die gehörten Äußerungen auf sich wirken zu lassen, sich selbst neue Fragen zu stellen und damit neue Sichtweisen zu entwickeln. Die zuständige Sozialarbeiterin beobachtet und interveniert nicht von außen, sondern ist Teil des Reflektierenden Teams, also eines speziellen Systems, das sie mit konstruiert.

Dieser Form von Teamberatung liegt die Überlegung zugrunde, dass Veränderung optimal da entstehen kann, wo es „einen Freiraum für den

Gedankenaustausch zwischen zwei oder mehreren Menschen gibt", die unterschiedlichen Systemen angehören (hier Familie, Beratungssystem und ASD-Fachteam), „und ... die individuelle Integrität ... aller gesichert ist" (Andersen nach v. Schlippe/ Schweitzer 1996, S.199)

Die Sozialarbeiterinnen im reflektierenden Team haben die Aufgabe, ihre Einschätzung der Situation ehrlich, kurz und präzise zu äußern. Dabei sollten Wiederholungen vermieden werden. Hier ist es sehr wichtig, Bedenken und Unsicherheiten nicht zurückzuhalten. Dies ist zunächst schwierig, weil man evtl. fürchtet, die anwesende Familie zu verletzen. Dennoch muss über eine Hilfe entschieden werden und dies kann nur auf der Grundlage geschehen, dass alle ihre Meinung ehrlich sagen. Sie dürfen, so lange es sich nicht um Kindeswohlgefährdung handelt, nicht bewertend sein, sondern müssen auch bestärken und ermutigen.

3   Zusammenfassende Betrachtung

Als Ziele der Teamberatung mit dem „Reflektierenden Team" als Kern lassen sich festhalten:

- Die zuständige Sozialarbeiterin soll Anregungen und Orientierung für die weitere Arbeit mit der Familie erhalten und sich der Unterstützung des Teams gewiss sein.
- Die Partizipation der Familie an den Entscheidungen im Hilfeprozess soll gesichert werden. Das ermöglicht den Familienmitgliedern ein Gefühl der Selbstwirksamkeit und des Selbstwertes, was wiederum die Selbstorganisationskräfte des Systems stärkt.
- Die Beziehungsdynamik zwischen Sozialarbeiterin und Familie im Hilfesystem soll an den systemischen Grundhaltungen – Blick auf Ressourcen und Lösungen, Neugier und gegenseitigen Respekt – orientiert werden. Dann können die Betroffenen ihre festgefrorenen, defizitorientierten Fremd- und Selbstzuschreibungen aufgeben und sich als Menschen mit Optionen in der Zukunft erleben.

Die Entwicklungsprozesse, die sich auf diese Weise in menschlichen Systemen in Gang setzen lassen, sind nicht vorhersagbar, nicht planbar, dafür aber lebendig und an die Bedingungen des Rat suchenden Fami-

liensystems optimal angepasst. Die Betroffenen können Lösungen krea-
tiv mitgestalten und sind somit in hohem Maße motiviert eigene Ziele
umzusetzen, was langfristig die Aussicht auf Erfolg erhöht.

Die bisherigen knapp 8-jährigen Erfahrungen zeigten eine z.T. ver-
blüffende Aktivierung der Betroffenen bei der Entwicklung von Lösungen. Außerdem hat der ASD die überraschende Erfahrung gemacht,
dass allein schon die Tatsache eines hohen personellen Kräfteeinsatzes
während einer Teamberatung ausreicht, um die persönlichen Ressourcen zu aktivieren bzw. die Akzeptanz der ausgehandelten Lösungen bei
den Betroffenen zu stärken. Die unmittelbare Teilnahme der betroffenen Familienmitglieder fördert die Transparenz des Verfahrens, da die
Einschätzung durch die Teammitglieder in einem für sie offenen Austausch erfolgt. Die Familienmitglieder erfahren, dass es unterschiedliche
Deutungen und Einschätzungen der familiären (Problem-)Situation auch
unter den Fachkräften im Team gibt und Lösungen zwischen allen Beteiligten ausgehandelt werden müssen.

Durch die systemische Sichtweise und das systemisch orientierte methodische Handeln werden wichtige Prinzipien des SGB VIII verwirklicht:
Kooperation, Gleichberechtigung aller am Prozess Beteiligten, Transparenz des Geschehens, komplexe, differenzierte Problemanalyse als
Grundlage für ein auf die Bedürfnislage der Betroffenen zugeschnitte-
nes Hilfsangebot.

Die Reaktion der an der den Teamberatungen beteiligten Betroffenen (von 1997 bis 2003 insgesamt 920 Teamberatungen, davon 80,4 %
mit Betroffenen) wurden ausgewertet. Dies geschah u.a. auf einer Fach-
tagung der Evangelischen Hochschule für Soziale Arbeit Dresden im
Mai 2001, anhand von auf Video aufgenommenen Interviews mit Eltern,
Kindern und Jugendlichen, die an solchen Teamberatungen teilge-
nommen haben. Die Rückmeldungen waren überwiegend positiv und
bestätigten nochmals ausdrücklich die Wichtigkeit und Wirksamkeit der
Teilnahme für die Betroffenen (Neufeldt 2003).

Literatur:

Faltermeier, Josef/ Fuchs, Petra u.a. (1996): Hilfeplanung konkret, Frankfurt/ M.

Hekele, Kurt (o.J.): unveröffentlichte Fortbildungsunterlagen.

Neufeldt, Ingemarie (1997): Praxisforschungsprojekt der Ev. Hochschule für Sozialarbeit Dresden. Verbesserung des ganzheitlichen Hilfekonzeptes des ASD.

Neufeldt, Ingemarie (2003): Hilfeplan und Betroffenenbeteiligung – Die Methode des Reflektierenden Teams in der Teamberatung, Sonderdruck Jugendhilfe 1/ 2003, Neuwied.

Peiffer-Schaupp, Hans-Ullrich (1995): Jenseits der Familientherapie. Systemische Konzepte in der Sozialen Arbeit, Freiburg im Breisgau .

v. Schlippe, Arist/ Hargens, Jürgen (Hrsg.) (1998): Das Spiel der Ideen. Reflektierendes Team und systemische Praxis, Dortmund.

v. Schlippe, Arist/ Schweitzer, Jochen (1996): Lehrbuch der Systemischen Therapie und Beratung, Göttingen/ Zürich.

Wiesner, Reinhard/ Kaufmann, Ferdinand/ Mörsberger, Thomas/ Oberloskamp, Helga/ Struck, Jutta (1995): Kommentar zum Kinder- und Jugendhilfegesetz, München.

Thomas Drößler

Qualitätsentwicklung in den Erziehungshilfen in Sachsen – Streiflichter aus dem sächsischen Modellprojekt

1 Einleitende Bemerkungen

Im Oktober 2003 begann an der Arbeitsstelle für Praxisberatung, Forschung und Entwicklung e.V. an der Evangelischen Hochschule für Soziale Arbeit Dresden die Umsetzung des vom Freistaat Sachsen geförderten Landesmodellprojektes „Qualitätsentwicklung und -steuerung in den erzieherischen Hilfen". Das Modellprojekt hat die Entwicklung, Erprobung und Implementation von Strategien und Instrumenten der Steuerung und Qualitätsentwicklung im Bereich der erzieherischen Hilfen zum Gegenstand. An drei Modellstandorten, einer kreisfreien Stadt und zwei Landkreisen, wird seit dem 1. Januar 2004 an der konkreten Umsetzung der mit dem Vorhaben verfolgten Zielstellungen gearbeitet. Diese Zielsetzungen lassen sich überblicksartig folgendermaßen beschreiben:

- Qualifizierung der Hilfeplanung als fachlichen Schlüsselprozess bei Gewährung und Durchführung von Erziehungshilfeleistungen,
- Initiierung systematischer Lernprozesse als Fallverläufen,
- Entwicklung und Erprobung von Strategien und Instrumenten zur systematischen Verknüpfung von Hilfeplanung und Jugendhilfeplanung, also die systematische Berücksichtigung und Nutzung von Erkenntnissen und Erfahrungen der Einzelfallarbeit für die regionale Planung von Struktur und Leistungsprofil der erzieherischen Hilfen,
- Qualifizierung der Praxis bei Vereinbarungen gemäß §§ 78 a ff. SGB VIII in Verbindung mit der Entwicklung und Erprobung von Instrumenten zur Überprüfung dieser Vereinbarungen im Rahmen von Neuverhandlung/ Fortschreibung sowie

- Erarbeitung konzeptioneller Grundlagen für eine regionale Jugend-
berichterstattung.

Das Modellprojekt richtet sich, erstmals in Sachsen, explizit an den örtlichen öffentlichen Träger der Kinder- und Jugendhilfe und hier insbesondere an den ASD. Anliegen ist die Weiterentwicklung von
Strukturen und Prozessen der erzieherischen Hilfen mit dem Ziel, das
Zusammenwirken öffentlicher und freier Träger bei der bedarfsange-
messenen Beratung und Unterstützung von Kindern, Jugendlichen und
Familien zu optimieren, die Steuerungsmöglichkeiten des öffentlichen
Trägers der Jugendhilfe bei der Gewährung und Durchführung von Erziehungshilfen zu qualifizieren und auszubauen und nicht zuletzt Grundlagen zu schaffen für eine offensive Infrastrukturentwicklung, die über
die Ausgestaltung der fachlichen Leistungsfähigkeit der Beteiligten den
wirtschaftlichen Einsatz der für die Erziehungshilfen aufzuwendenden
öffentlichen Mittel sicherstellen soll.

2   Qualität und Qualitätsentwicklung

Qualität bzw. Qualitätsentwicklung in den erzieherischen Hilfen repräsentieren nach wie vor zwiespältige bzw. zwiespältig wahrgenommene
Themenstellungen. Wiewohl sich die Debatte hierüber nach der Aufre-
gung um das in seiner ersten Fassung sehr stark auf betriebswirtschaftliche Kriterien abhebende KGSt-Gutachten zur neuen Steuerung in der
Jugendhilfe schnell und merklich versachlicht und verfachlicht hat, so ist
der Verdacht einer ökonomischen Instrumentalisierung des Themas
nach wie vor präsent und auch nicht unbegründet. Joachim Merchel hat
in seinem Vortrag eingehend auf diese Ambivalenz aufmerksam gemacht, so dass an dieser Stelle nur noch einmal betont werden soll,
dass sich in Qualitätsentwicklung unseres Erachtens ein fachlicher Anspruch und Bestrebungen zu seiner praktischen Einlösung ausdrücken.
Qualitätsentwicklung in den erzieherischen Hilfen zielt auf die Entwicklung, Etablierung und Sicherung von Praxis als guter Praxis, wobei
„gut" zuallererst inhaltlich zu definieren und sodann freilich mit struktu-

rellen und wirtschaftlichen Kriterien in eine reflektierte, fachlich rückge-
bundene Beziehung zu setzen ist.

Die Notwendigkeit, fachliche Prozesse und Instrumente so weiter zu
entwickeln, dass sie auf der einen Seite die Verlässlichkeit von Planun-
gen, Entscheidungen und Leistungsverläufen steigern, so auf der anderen Seite die Praxis im Handlungsfeld – besser und selbstbewusster –
legitimieren können, und schließlich auch bislang nicht erkannte fachliche wie ökonomische Potenziale und Reserven erschließen und nutzen
helfen, kann als ausgemachter Konsens der fachlichen Qualitätsdebatte
angesehen werden. Weit weniger Einigkeit jedoch besteht darüber, was
Qualität in den erzieherischen Hilfen in diesem Sinne ausmacht, was also als orientierender Bezugspunkt gelten kann. Insbesondere auf der
praktischen Ebene erweist sich die Erarbeitung eines entsprechenden,
tragfähigen und *geteilten,* Verständnisses als ein gleichermaßen delika-
tes wie schwieriges, nichtsdestoweniger aber unerlässliches Unterfan-
gen. Aufgrund der Differenziertheit von Anforderungen und Geschehen
in den erzieherischen Hilfen, unter Verweis auf die prinzipielle Unlenk-
barkeit von Erziehungsprozessen und nicht zuletzt wegen der Vielzahl
der Beteiligten scheint das Ergebnis einer Qualitätsverständigung oftmals einen explizit oder implizit akzeptierten relativen Charakter zu besitzen. Ein Ausweg wird zumeist darin gesehen, einzelne Prozesse anhand der an sie gerichteten Anforderungen zu charakterisieren und
diese Charakterisierung mit Kriterien und Indikatoren zu unterfüttern.
Damit sind jedoch die genannten Probleme nur zum Teil gelöst und
zum anderen die Frage nach dem Zusammenwirken der so erarbeiteten
Konzepte nicht beantwortet.

Diese Aspekte haben die Diskussion um ein Verständnis von Qualität
in den erzieherischen Hilfen im Modellprojekt entscheidend mitbe-
stimmt. Unseres Erachtens realisiert sich Qualität in der Einhaltung und
Umsetzung fachlicher Maßstäbe auf allen Ebenen der Erziehungshilfepraxis sowie in deren Weiterentwicklung. Qualität in den Hilfen zur Erziehung bedeutet dann, dass Leistungen bei vorliegendem Bedarf

- rechtzeitig zur Verfügung gestellt,
- bedarfsgerecht geplant, durchgeführt und

- hinsichtlich ihres Verlaufes und ihrer Ergebnisse kontinuierlich evaluiert werden.

Qualität ist erreicht, wenn auf dieser Grundlage Leistungen so realisiert
wurden, dass für die NutzerInnen der Leistung wie für das Gemeinwesen ein nachhaltiger Nutzen, also eine Verbesserung der Lebenssituation der NutzerInnen und damit eine Entlastung für das Leben des Gemeinwesens erzielt wurde; und dies bei angemessenem Ressourcen-
einsatz.

Gegenstand und Ziel von Qualitätsentwicklung sind damit für die unterschiedlichen Ebenen und Beteiligten der Erziehungshilfepraxis in einem ersten Schritt umrissen. Der entscheidende Bezugspunkt ist die
Betonung fachlicher Grundsätze und Kriterien, also der Forderung nach
„guter Arbeit" in der Hilfeplanung, der Leistungserbringung, ihrer Auswertung und Evaluation, der Jugendhilfeplanung etc. Zudem sehen wir
hierin den Standpunkt verdeutlicht, dass eine isolierte Herangehenswei-
se an einzelne „Bestandteile" von Erziehungshilfepraxis im Rahmen von
Qualitätsentwicklung nicht nur in der Gefahr steht, zu kurz zu greifen,
sondern faktisch aufgrund der Komplexität des Feldes auch nur sehr
schwer gelingt.

3　Qualitätsentwicklung in der Hilfeplanung

Die Betonung der Einhaltung und Umsetzung fachlicher Maßstäbe auf
allen Ebenen der Erziehungshilfepraxis verlangt die Erarbeitung von
Praxis leitenden Qualitätskriterien für die hiermit angesprochenen Teil-
elemente und -prozesse im Rahmen von Hilfen zur Erziehung, womit
eine Konkretisierung dieser Tatbestände als – wiederum – „gute Tatbestände" gemeint ist. Hilfeplanung als fachlicher Schlüsselprozess und
zentrales Steuerungsinstrument im Einzelfall steht hier an erster Stelle
und muss demnach zuvörderst in fachlich qualifizierter Art und Weise
ausgestaltet werden, und zwar sowohl was ihre Inhalte, als auch was ihre strukturellen und institutionellen Rahmenbedingungen anbelangt.
Qualität in der Hilfeplanung macht sich fest an der Güte von Situations-

analysen, den Beschreibungen von Krisen und Belastungen und der Feststellung des erzieherischen Bedarfes im Rahmen von Klärungs- und Aushandlungsstrategien mit allen Beteiligten. Dies impliziert notwendigerweise die Beachtung und Einlösung einer ganzen Reihe von fachlichen Prämissen. Um dies zu unterstützen, sind im Rahmen des Projektes zehn Standards guter Hilfeplanung erarbeitet und mit Kriterien und Indikatoren ausgestattet worden. Entlang dieser nachfolgend dargestellten Standards wird die örtliche Praxis gestaltet, überprüft und weiterentwickelt.

1. **Kindeswohl**. Hilfeplanung orientiert sich am Wohl des Kindes. Dieses zu sichern ist unbedingter Maßstab und Anliegen jeglicher Hilfeplanung.

2. **Erziehungskompetenz der Eltern**. Hilfeplanung unterstützt die Eltern/ PSB/ Familien bei der Wahrnehmung ihrer Erziehungsverantwortung durch die gemeinsame, gezielte Suche nach Möglichkeiten Erziehungskompetenzen zu stärken bzw. wieder zu erlangen. Hilfeplanung benennt (komplementäre) Angebote/ Einrichtungen und unterstützt bei der Kontaktaufnahme.

3. **Transparenz**. Hilfeplanung richtet sich an die Adressaten/innen von Hilfe und Unterstützung und bezieht diese aktiv mit ein. Sie ist daher in ihrem Ablauf und in ihren Inhalten verständlich und transparent. Die AdressatInnen wissen nach Abschluss des Verfahrens was warum wann mit wem auf welchem Wege mit welchem Ziel zustande gekommen ist.

4. **Beteiligung**. Hilfeplanung nimmt ihren Ausgang in der Lebenssituation der AdressatInnen der Hilfen. Diese sind Partner und werden in ihren Einschätzungen Ernst genommen. Umfassende fachliche Beratung und Unterstützung im Vorfeld und während der Hilfe sind obligatorische Bestandteile der Arbeit des ASD.

5. **Gender Mainstreaming**. Hilfeplanung berücksichtigt die unterschiedlichen Lebensentwürfe und -perspektiven von Jungen und Mädchen, von Frauen und Männern. Sie versucht deshalb, Beratung und Hilfe auch auf dem Hintergrund geschlechtsspezifischer Bedürfnisse und Ressourcen zu entwickeln.

6. **Fachlichkeit**. Hilfeplanung legt den Grundstein für den Erfolg von Hilfe und Unterstützung. Ihr Ziel ist es Hilfen zu finden, die den AdressatInnen tatsächlich helfen. Fachliche Kompetenz bei der Klärung des Bedarfes sowie bei der Entscheidung über eine Hilfe bildet das Kriterium, an dem das Handeln ausgerichtet ist.

7. **Kooperation**. Hilfeplanung erfolgt im Zusammenwirken von ASD und Leistungsanbietern. Diese schaffen im kollegialen Fachaustausch die Grundlagen für Hilfeplanung und Hilfeerbringung und entwickeln diese gemeinsam weiter.

8. **Effizienz**. Für das Gemeinwesen wird gesichert, dass mit vertretbaren Kosten einerseits ausreichend Normalität gesichert und andererseits zuverlässige Nothilfe geleistet wird.

9. **Organisation**. Hilfeplanung braucht förderliche und stabile Rahmenbedingungen. Dies erfordert eine transparente institutionelle Organisation, klare Verantwortlichkeiten, verbindliche Entscheidungsstrukturen, eindeutige Zuständigkeiten und zuverlässige fachliche Kontrolle.

10. **Qualitätsentwicklung**. Eine fachliche qualifizierte Hilfeplanung erfordert die stete Befassung mit ihren fachpraktischen Grundlagen. Hilfeplanung und Hilfeplanungspraxis sind daher Gegenstand systematischer Reflexion und wird im Rahmen von Qualitätssicherung und -entwicklung kontinuierlich evaluiert und weiterentwickelt. Die beteiligten Fachkräfte tragen für den Ausbau ihrer fachlichen Fähigkeiten Sorge und werden dabei unterstützt.

Diese Standards stellen eine fachliche Orientierung für die Weiterentwicklung der Hilfeplanungspraxis, ihrer Grundlagen und ihrer Rahmenbedingungen in den Modellstandorten dar und sind insofern als Grundlage für fachliche, strukturelle und nicht zuletzt institutionelle Reflexions-, Evaluations- und Qualifizierungsprozesse gedacht.

Im konkreten Einzelfall wiederum rücken mit Blick auf das, was nach dem vorgestellten Verständnis als „hergestellte Qualität" betrachtet werden kann, die Ergebnisse von konkreten Leistungen ins Blickfeld. Das bedeutet u.a., dass Hilfeplanung im Einzelfall auf die Erarbeitung erzielbarer und im Rahmen von Fortschreibung und Beendigung – bei aller Klarheit über die fachliche und methodische Problematik – überprüfbarer Effekte einer konkreten Hilfe abhebt. Ein wichtiges Element der Entwicklungsarbeit im Rahmen des Projektes besteht daher in der systematischen Stärkung dieses Aspektes und seiner fachlichen Fundierung. Unter fachlichen wie fachpolitischen Gesichtspunkten spielt gerade die Frage nach den Effekten einer konkreten Erziehungshilfemaßnahme – ihrer Ergebnisqualität –, für das Hilfeplanverfahren operationalisiert nach dem Grad der Erreichung gemeinsam ausgearbeiteter Zielstellungen, eine bedeutende Rolle. Trotz der Bedeutung bspw. von Empowermentstrategien, Ressourcenaktivierung oder smart-Kriterien hat die Diskussion im Projektzusammenhang ergeben, dass die systematische Herausarbeitung erreichbarer und überprüfbarer Zielstellungen für eine konkrete Leistung als methodisch abgesicherter Bestandteil der Hilfeplanung gezielt zu qualifizieren und in der Praxis zu verankern ist.

Ziele spielen eine zentrale Rolle in der Hilfeplanung. In ihnen kommen das Anliegen der eigentlichen Hilfeleistung sowie die Schritte zu dessen Einlösung in operationalisierter Form zum Ausdruck. Fachlich betrachtet sind Ziele genuiner Bestandteil jeglicher Hilfeplanung im Einzelfall. Im Zuge der Qualitätsdebatte in den Erziehungshilfen kam es zu einer verstärkten Thematisierung der „Zielfrage" in der Hilfeplanung. Die wachsenden Forderungen an die Erziehungshilfen, ihre Leistungsfähigkeit nachzuweisen sowie Ressourcen effektiver und effizienter einzusetzen, führte zu einer stärkeren Akzentuierung der Zielbezogenheit von Hilfeplanung. Ziele sollten differenzierter, konkreter und überprüfbarer erarbeitet werden, nicht nur um den geforderten Leistungsnachweis zu erbringen, sondern ebenso um Einzelfallmaßnahmen gewissermaßen präziser auf ein avisiertes Ergebnis hin planen, steuern und hinsichtlich ihrer Effekte/ Wirkungen überprüfen zu können.

Dabei ist zu berücksichtigen, dass die Einführung qualifizierter Methoden der Zielentwicklung und -formulierung in die Praxis zum einen hohe Anforderungen an die fachlichen und methodischen Kompetenzen der beteiligten Fachkräfte stellt. Denn es ist nicht damit getan, scheinbar nahe liegende Zielstellungen – Beseitigung einer Problemkonstellation – zu formulieren, sollen erzieherische Hilfen erfolgreich verlaufen. Zum anderen gehen damit weit reichende Folgen für den Prozess der

Hilfeplanung und -durchführung einher; Konsequenzen, die weit über eine bloß methodische Betrachtungsweise hinaus reichen:

- Die Erarbeitung akzeptierter, problemangemessener und erreichbarer Wirkungs- bzw. Teilziele erfordert eine gründliche Klärung der Ausgangssituation und des Hilfebedarfs bei den AdressatInnen. Wirkungsziele können nur sinnvoll formuliert werden, wenn sich alle Beteiligten, insbesondere die AdressatInnen der Hilfeleistung, über die Situation im Klaren sind und darauf aufbauend Veränderungswünsche bzw. -erfordernisse benennen können. Den Fachkräften im ASD kommt hierbei eine umfassende Unterstützungsfunktion zu.
- Die Entscheidung für eine konkrete Maßnahme muss die Erfordernisse, die sich aus dem ermittelten individuellen Hilfebedarf und den erarbeiteten Wirkungs- und Teilzielen ergeben, angemessen berücksichtigen.
- Die gemeinsam mit den AdressatInnen als Anspruchsberechtigte und NutzerInnen der Hilfe erarbeiteten Zielstellungen operationalisieren gewissermaßen einen wesentlichen Teil des erzieherischen Bedarfes. Sie wirken strukturierend für den anschließenden Hilfeverlauf. Das bedeutet einerseits, dass die Leistungserbringer rechtzeitig an der Planung der Hilfe zu beteiligen sind.
- Für den Leistungserbringer hat das andererseits Konsequenzen für seine individuelle Erziehungsplanung, die in Konkretisierung der (ersten) Hilfeplanung in der Einrichtung zu leisten ist. Zwar erhält er nunmehr die – wie sich in den Ergebnissen einer im Rahmen des Vorhabens durchgeführten Trägerbefragung zeigte – vielfach angefragten konkrete(re)n Orientierungen für die Ausgestaltung der Hilfe. Die Leistung erbringende Einrichtung ist damit aber auch gehalten, ihre sozialpädagogische Arbeit im Zusammenwirken mit den AdressatInnen entsprechend zu planen, auszugestalten und zu überprüfen.
- Zielstellungen werden in der Regel für alle Beteiligten entwickelt (vgl. von Spiegel 2004, Schwabe 2006). Das bedeutet, dass die Leistungsperspektive explizit auf das soziale Umfeld, besonders die Herkunftsfamilie der Minderjährigen systematisch ausgeweitet

wird. Auch dies hat Konsequenzen für die konkrete Planung einer Hilfemaßnahme und ihre Realisierung.

Es wird deutlich, dass neben einer „nur" methodischen Weiterentwicklung der Verfahrensweisen Aspekte der Partizipation und Zusammenarbeit in erheblichem Umfange gestärkt und ausgeweitet werden, und zwar sowohl mit Blick auf die Arbeit in den ASD als auch bei den Leistungserbringern. Auf einer gewissermaßen formalen Ebene wurde u.a. zur praktischen Umsetzung der damit gegebenen fachlichen Anforderungen die Erarbeitung von Arbeitshilfen in Verbindung mit einer z.T. grundlegenden Modifikation von Dokumentationsverfahren vorgenommen, in deren Folge nunmehr eine partizipativ ausgerichtete, kooperative Zielformulierung zum Regelbestandteil des Verfahrens wird, der auf der Dokumentationsebene auch explizit eingefordert wird. Die weitere Hilfeplanung wird sodann vornehmlich in Verantwortung des Leistungserbringers an diesen Zielstellungen und ggf. formulierten Teilschritten ausgerichtet und schließlich bei Fortschreibung bzw. Beendigung einer Einzelfallhilfe überprüft. Hierfür sind in den ASD an den Modellstandorten Verfahren und Instrumente für ein fachliches Einzelfallcontrolling entwickelt und einer umfassenden Praxiserprobung unterzogen worden. Dessen Ziel ist es, den Hilfeverlauf systematisch in Hinblick auf die erarbeiteten Zielsetzungen bzw. deren Erreichung, den aktuellen erzieherischen Bedarf und seine Entwicklung im Einzelfall sowie letztlich die konkrete Hilfeform und deren Ausgestaltung zu überprüfen bzw. abschließend auszuwerten. Dabei wird neben der Leistungserbringung auch die diese fundierende Hilfeplanung in den Blick genommen.

Die Evaluation – u.a. standardisierte Aktenanalyse und Interviews mit Fachkräften von ASD und Leistungserbringern – hat hinsichtlich der Weiterentwicklung der Hilfeplanung folgende Ergebnisse gezeigt:

• Die systematische Verankerung fachlicher Standards der Hilfeplanung hat das Bewusstsein um deren Bedeutung für eine gelingende Praxis der Hilfeplanung bei den AkteurInnen vor Ort deutlich gesteigert.

• Der Aspekt der AdressatInnenbeteiligung und dessen Bedeutung in der Praxis konnten deutlich gestärkt werden mit dem Ergebnis, dass junge Menschen wie Eltern/ Personensorgeberechtigte sich ernst genommen fühlen. ASD-Fachkräfte und Einrichtungsmitarbei- terInnen berichten von einer gesteigerten Mitwirkung/ Mitwir- kungsbereitschaft bei den NutzerInnen von Erziehungshilfeleistun- gen, sowohl in Hinblick auf ihre Rechte, als auch auf ihre Pflichten.

- In engem Zusammenhang damit gelingt es im Rahmen von Hilfe- planung und Hilfeerbringung zunehmend Ressourcen der Adressa- tInnen freizulegen und zu nutzen. Insbesondere mit Blick auf Fami- lien und Eltern wird die Wahrnehmung eines stärkeren Bemühens um Veränderung bzw. Beteiligung an der Umsetzung einer Hilfe berichtet.

- Durch die Einführung neuer Arbeitshilfen und Dokumentationsver- fahren wurde die inhaltliche Praxis der Hilfeplanung deutlich ver- bessert. Die zweite Aktenanalyse zeigt, dass die Feststellung des erzieherischen Bedarfes, die darauf aufbauende Entscheidung über Gewährung, Form und Umfang einer Hilfe sowie die weitere Pla- nung ihrer Umsetzung an fachlicher Kontur gewonnen haben. Ins- besondere die verbesserte Ermittlung von Ausgangssituation, Er- wartungen, Ressourcen und Defiziten, vor allem aber des vor- liegenden erzieherischen Bedarfes führt zu einer begründeten Hil- feentscheidung und im weiteren Planungsverlauf zu ihrer passge- nau(re)en Konzeptuierung. Die Notwendigkeit von ggf. Zusatzleis- tungen wird auf einer systematisch-fachlichen Ebene beurteilt und begründet, das Subsidiaritätsprinzip damit bedarfsentsprechend angewandt.

- Die Einführung zielorientierter Methoden der Hilfeplanung ermög- licht es den ASD-Fachkräften, Ziele und damit auch Umfang einer Hilfe in Abstimmung mit AdressatInnen und Leistungserbringern bedarfsangemessen und damit präzise herauszuarbeiten. Den AdressatInnen wird das Anliegen der Maßnahme transparent. Dem ASD steht mit dem so erarbeiteten Hilfeplan ein wirksames Instru- ment der Überprüfung und Steuerung des Hilfeverlaufs zur Verfü- gung. Fachkräfte aus Einrichtungen konstatierten eine deutliche Verbesserung der Hilfepläne in ihrer Funktion als fachliche Grundlage für die konkrete Umsetzung einer Einzelfallhilfe. Die Hilfepläne haben merklich an Orientierungskraft gewonnen.

- Durch die Einführung des Einzelfallcontrollings und die Fortschreibung flankierender Verfahren der Kooperation konnte eine Verfachlichung der Zusammenarbeit von ASD und Leistungserbringer erreicht werden. Auf Basis von Hilfeplänen, Zuarbeitsempfehlungen für den Einzelfall und durch die Überarbeitung des Fortschreibungsverfahrens insgesamt hat sich die Qualität des Verfahrens im Besonderen und die der Kooperation im Allgemeinen nach Aussagen aller Beteiligten deutlich verbessert.

Unbedingt ist jedoch im Blick zu behalten, dass auch durch eine noch so sehr an methodischen und fachlichen Standards ausgerichtete Zielformulierung in der Hilfeplanung der eigentliche Hilfe- und Erziehungsprozess weder in Gänze geplant noch in seinen Ergebnissen abgebildet werden kann. Dies hat Konsequenzen insbesondere für die Ausgestaltung des Controllings von Einzelfallhilfen und die Bewertung der dort gewonnenen Erkenntnisse. Im Hilfeplanverfahren beteiligungsorientiert erarbeite Zielsetzungen repräsentieren eine mehr oder minder sinnvolle Operationalisierung (sozial-)pädagogischer Aspekte des Geschehens bzw. einer Bedarf erzeugenden Situation, stellen – mitunter kleine – Entwicklungsschritte dar, sind Ansatzpunkt für und Ausfluss von letztendlich sehr viel komplexeren Lebenssituationen und darauf bezogenen, ebenso komplexen und immer von (fundierten) Hypothesen geleiteten sozialpädagogischen Handlungsentwürfen. Insofern wirken sie zwar strukturierend, orientierend und im günstigen Falle motivierend für die Beteiligten, sichern den avisierten Erfolg der Hilfe aber in keiner Weise – was im Übrigen nicht automatisch bedeutet, dass die Hilfe bei „Zielverfehlung" erfolglos war. Das Gegenteil kann der Fall sein.

Bei der Überprüfung und Bewertung von Zielen im Rahmen von Fortschreibung und Beendigung ist daher bewusst zu halten, dass

- die vereinbarte Hilfeziele in keinem Falle der Komplexität des pädagogischen Geschehens gerecht werden können, weder bei der Planung, noch bei ihrer Auswertung,
- sie zwar Hilfestellung geben und ggf. Richtmarken für das Handeln der Akteure – AdressatInnen wie Fachkräfte – darstellen, sie aber

niemals den gesamten Hilfeverlauf strukturieren und/ oder mess- und bewertbar machen,

- die Ziele bzw. ihre Erreichung insofern keinen alleinig hinreichen- den Maßstab darstellen für Erfolg oder Misserfolg einer Hilfeleis- tung, weder in Hinblick auf den ASD, noch die Leistungserbringer oder die NutzerInnen.

Erarbeitung und Formulierung wie auch, und besonders, Überprüfung, Aus- und Bewertung von Zielen einer Hilfe erfordern mithin immer eine den Gesamtzusammenhang berücksichtigende sozialpädagogische Re- flexion, die die Dynamik individueller Entwicklung, die Veränderung von Bedarfslagen und den/ die die Hilfeerbringung beeinflussenden sozia- len Kontext(e) berücksichtigen muss.

4 Qualitätsentwicklungsvereinbarungen

Ein weiteres Aufgabenfeld des Modellvorhabens ist die Qualifizierung von Praxis und Praxisgrundlagen bei Vereinbarungen gemäß §§ 78a ff. SGB VIII. Bundesweite Diskussion, Praxisberichte und (wenige) empiri- sche Studien zeigen, dass vielfach entgegen der Betonung des Gesetz- gebers Qualitätskriterien eines Leistungsangebotes, sieht man von den unausweichlichen strukturqualitativen Elementen ab, nicht immer die ihnen zugewiesene Rolle bei der Festsetzung eines Entgeltes für er- brachte Leistungen spielen. Dies hat sicherlich eine Ursache in der Haushaltssituation der Kommunen, muss jedoch auch damit in Zusam- menhang gebracht werden, dass einerseits Schwierigkeiten bei der Ver- ständigung auf einen gemeinsamen Qualitätsstandpunkt nicht immer befriedigend gelöst werden konnten, und dass andererseits gerade mit Blick auf die Qualität eines Leistungsangebotes, deren Formulierung, Operationalisierung und Überprüfung bzw. Bewertung massive Schwie- rigkeiten bestehen. Dies hat freilich Auswirkungen auf die Möglichkei- ten der Beteiligten, Qualität als steuerungsrelevante Größe im Sinne der §§ 78 a ff. SGB VIII angemessen zu berücksichtigen.

Gestützt auf eine umfassende Untersuchung der Ausgangssituation sind in den Modellstandorten im Zusammenwirken mit örtlichen Leis-

tungsanbietern Raster für Leistungs- und Qualitätsentwicklungsvereinbarungen entwickelt worden, die neben einer grundlegenden Systema-
tisierung der Vereinbarungsinhalte, insbesondere unter den Aspekten
Qualität der Leistung, Gewährleistung der Qualität des Leistungsangebotes und den in § 78 b SGB VIII geforderten Grundsätzen und Maßstäben für die Bewertung der Qualität des Leistungsangebotes, An-
schlussstellen schaffen zu umfassenderen Vorgehensweisen bei Qualitätsbewertung und -entwicklung bei allen Beteiligten, insbesondere jedoch beim örtlichen öffentlichen Träger. Im Mittelpunkt stehen diesbezüglich die Qualitätsentwicklungsvereinbarungen als bislang am stärks-
ten vernachlässigte Steuerungsinstrumente im Bereich der erzieherischen Hilfen. Gerade Qualitätsentwicklungsvereinbarungen stellen
umfassende Möglichkeiten der Qualitätsentwicklung und -steuerung zur
Verfügung. Sie sind bei entsprechender Konzeptualisierung in der Lage,
die Ebenen des Einzelfalls, der Einrichtung/ des Dienstes und der Infrastruktur aus einer fachlichen Perspektive zu verbinden. Bezogen auf den
gesetzlichen Auftrag (vgl. § 78b Abs. 1 Punkt 3 SGB VIII) bedeutet das,
dass die Gewährleistung der Qualität eines Leistungsangebotes und deren Überprüfung und Bewertung auf den genannten Ebenen für dieses
konkrete Leistungsangebot in den Vereinbarungen festgeschrieben und
operationalisiert werden; Kriterien und Indikatoren der Qualitätsbewertung sind ebenfalls Inhalt der Vereinbarungen. Hinzu treten konkrete
Aussagen des Leistungsanbieters zu Bestrebungen der Qualitätsentwicklung im Leistungsangebot, die ebenfalls vereinbart und dann im
Rahmen der Neuverhandlung/ Fortschreibung hinsichtlich ihrer Umsetzung reflektiert und auf ihre Ergebnisse hin befragt werden. Die Entwicklungsarbeit im Modellprojekt zielt in diesem Sinne auf eine Qualifizierung der Qualitätsentwicklungsvereinbarungen zu einer zentralen
fachlich-reflexiven Schnittstelle zwischen ASD, Leistungsanbieter und
Jugendhilfeplanung. Kern ist neben der Konzeptualisierung und Umsetzung der Vereinbarung selbst das Verfahren, mittels dessen insbesondere die Bewertung der Qualität des Leistungsangebotes und die Einschätzungen zu den Qualitätsentwicklungsaktivitäten des Anbieters vorgenommen werden. Im Zentrum steht dabei ein Qualitätsdialog zwischen dem Leistungsangebot und den involvierten Akteuren auf Seiten

des örtlichen Trägers. Die Ergebnisse dieses Dialoges bilden gleichermaßen die Grundlage für die Fortschreibung der Leistungs-, Entgelt-
und Qualitätsentwicklungsvereinbarungen wie für fachliche und fachpolitische Steuerungs- und Entwicklungsprozesse vor Ort bzw. in der Region.

5   Nachbemerkung

Zum Schluss und in diesem Zusammenhang gilt es auf einen weiteren
Aspekt aufmerksam zu machen, der nicht nur die Arbeit im Projekt in
besonderer Weise bestimmt hat, sondern generell als grundlegende
Bedingung konkreter Qualitätsentwicklungsvorhaben angesehen werden muss. Die Rede ist von der im Projekt gegeben Möglichkeit der
standort-, institutionen- und trägerübergreifenden Kommunikation und
Kooperation im Rahmen eines gemeinsam angestrebten Praxisentwick-
lungsprozesses. Gemeinsame Fortbildungen zu unterschiedlichen fachlichen Themenstellungen der Hilfeplanung, in deren Gefolge unter Anderem die soeben kurz angerissenen Ergebnisse entstanden sind,
geben ein Beispiel hiervon. Die Kooperation mit Trägern und Einrichtungen von Beginn an sichert Transparenz, Praxisbezug und Relevanz
der im Prozess avisierten Zielstellungen und ermöglicht schließlich eine
optimale Nutzung unterschiedlicher fachlicher Ressourcen. Der regelmäßige fachliche Austausch ist dabei nicht nur in Hinblick auf die eigene Standortbestimmung von großem Wert. Er wirkt vor allen Dingen für
die fachliche Diskussion, die Entwicklung von Konzepten und auch hinsichtlich der Lösung struktureller Fragestellungen bei der Umsetzung
der erarbeiteten Ergebnisse äußerst belebend und damit fruchtbrin-
gend. Kommunikation und Kooperation über die konkrete Praxis zwischen den regionalen Erziehungshilfeakteuren ist – so hat dieses Projekt
gezeigt – eine unbedingte Voraussetzung von Qualitätsentwicklung und
an sich ein wichtiger, wenn nicht der wichtigste Schritt gemeinsamen
fachlichen Vorankommens.

Literatur

Schwabe, Mathias (2005): Methoden der Hilfeplanung. Zielentwicklung, Moderation und Aushandlung, Frankfurt/ M.

von Spiegel, Hiltrud (2004): Methodisches Handeln in der Sozialen Arbeit, München.

Barbara Reinmüller, Thomas Drößler, Susann Vollmer

Steuerung in den erzieherischen Hilfen

1 Einleitung

Maßgeblich für die in den vergangenen zehn Jahren forcierten Umsteuerungsvorhaben bzw. -forderungen war die prekäre Finanzsituation der örtlichen Träger der Kinder- und Jugendhilfe. Aufgrund der hierfür aufgewendeten Kosten(anteile) ist es nicht verwunderlich, dass die erzieherischen Hilfen recht schnell und kontinuierlich zu einer wichtigen „Position" wurden in einer Diskussion, die auf politischer Ebene sich nicht selten in rein kostenrelevanten Überlegungen und/ oder Forderungen erschöpfte. Jedoch sind neben diesen, angesichts eines zumindest in Westdeutschland bis 2004 andauernden Ausgabenanstiegs im Bereich der erzieherischen Hilfen, ja nicht unberechtigten Forderungen es auch und vor allen Dingen fachliche Aspekte, die eine offensivere Auseinandersetzung mit Überlegungen zur Steuerung von erzieherischen Hilfen einfordern.

- So ist auch sieben Jahre nach seiner gesetzlichen Einführung in der Praxis ein noch immer nicht vollständig vollzogener Paradigmenwechsel bei Steuerung und Finanzierung eines wesentlichen Teils der Erziehungshilfeinfrastruktur (§§ 78 a ff. SGB VIII) zu konstatieren.
- Der Gedanke der Hilfeplanung, Hilfen bedarfs- und ressourcenorientiert im Zusammenwirken mit AdressatInnen und Leistungserbringern zu planen und bei ihrer Umsetzung zu begleiten, ist nach wie vor nicht flächendeckend umgesetzt. Die fachlichen Grundlagen bei der Bedarfswahrnehmung im Einzelfall und nachfolgend

der Hilfeauswahl und -gestaltung sind (immer noch) sehr stark durch subjektive Einschätzungen geprägt.

- Forderungen hinsichtlich des Nachweises der Wirkungen/ Wirksamkeit von Einzelfallhilfen im Rahmen der Kinder- und Jugendhilfe und der Entwicklung entsprechend ausgerichteter Steuerungsstrategien werden nur sehr zögerlich angegangen.

Wenngleich mit Blick auf den letztgenannten Punkt Schwierigkeiten sichtbar werden, die vorrangig in methodischen Fragestellungen ihren Ursprung haben, so wird deutlich, dass vom öffentlichen Träger der Kinder- und Jugendhilfe eine offensive, fachlich qualifizierte Wahrnehmung seiner Steuerungsverantwortung angesichts der gesellschaftlichen und fachpolitischen Entwicklungen gefordert ist.

Die Stadt Braunschweig hat zu Beginn der aktuellen Dekade damit begonnen sich diesen Herausforderungen zu stellen. Im Mittelpunkt standen dabei Überlegungen, wie die offensive Wahrnehmung der Steuerungsverantwortung im Bereich der erzieherischen Hilfen durch den öffentlichen Träger der Kinder- und Jugendhilfe gelingen und wie dies geleistet werden kann, ohne dass die dabei unausweichlich auftretenden Konflikte zu nachhaltigen Beeinträchtigungen in der Kooperation der beteiligten AkteurInnen, vor allem aber bei der Qualität der Leistung, sich verfestigen.

Ausgehend von einer intensiven Auseinandersetzung mit der Situation in den erzieherischen Hilfen und im Gleichschritt mit der Erarbeitung einer neuen strategischen Zielplanung für diesen Bereich der Kinder- und Jugendhilfe wurde ein Qualitätsmanagement- und Steuerungssystem entwickelt und in der Praxis etabliert. Ausgegangen wurde dabei von dem Verständnis, dass Qualitätsmanagement bedeutet, alle Handlungen des Fachbereiches Kinder, Jugend und Familie unter Beachtung der verschiedenen Rahmenbedingungen systematisch auf ein Gesamtleitbild auszurichten. Qualitätsmanagement stellt einen Prozess ständiger Rückkopplung dar

- auf der Grundlage von klaren Zahlen,
- schrittweise,
- durch aktives Tun im Rahmen von Strukturen und Prozessen,

- unter fortlaufender Anpassung durch Erfahrung und Auswertung sowie
- unter Beteiligung der MitarbeiterInnen.

Im folgenden Beitrag wird die aus diesem Prozess hervor gegangene Praxis der Qualitätsentwicklung und -steuerung im Fachbereich Kinder, Jugend und Familie der Stadt Braunschweig kursorisch vorgestellt. Die Erfahrungen in den zurück liegenden Jahren haben dabei deutlich werden lassen, dass es unter bestimmten Voraussetzungen möglich ist, Steuerung zu realisieren, ohne dass erzieherische Hilfen verwehrt werden müssen oder nicht mehr bedarfsgerecht ausgestaltet werden können. Steuerung – auch vor dem Hintergrund der angespannten Haushaltssituation der örtlichen Träger der Jugendhilfe – impliziert mithin nicht automatisch, dass erzieherische Hilfen „zurückgefahren" werden. Voraussetzung dafür ist jedoch, dass sichergestellt ist, dass der gesetzliche Auftrag durch den öffentlichen Jugendhilfeträger verlässlich wahrgenommen wird, also bei Bestrebungen der Umsteuerung zum systematischen Ausgangspunkt genommen wird. Anders formuliert: Die Forderungen nach Einsparungen oder mindestens Haushaltskonsolidierung resultiert nicht vordergründig in der Frage, an welcher Stelle Mittel eingespart werden, sondern wie die vorhandenen effizienter eingesetzt werden können.

2 Hilfeplanung als Prozesssteuerung

Ein wesentlicher Ansatzpunkt für die Beantwortung der Frage, wie die Steuerungsverantwortung für den öffentlichen Träger offensiv wahrgenommen werden kann, bestand in Braunschweig u.a. in der Weiterentwicklung des Hilfeplanverfahrens. „Mit dem Hilfeplanverfahren nach § 36 SGB VIII verfügt die Kinder- und Jugendhilfe über ein Instrument zur koordinierten und kooperativen Entscheidung und Regelung von Einzelfällen, das den Menschen in den Mittelpunkt des öffentlichen Handelns stellt und ihn nicht zum Objekt behördlicher Fürsorge macht. Es kommt darauf an, diesen vorbildlichen Ansatz weiter zu entwickeln und überall einzusetzen" (BMFSFJ 2002, S. 52). Gleichzeitig ist Hilfeplanung ein Instrument zur fachlichen Steuerung von erzieherischen Hilfen im Einzelfall, zur Fundierung und Qualifizierung von Leistungsplanung und Leistungserbringung und nicht zuletzt zur fachlichen und wirtschaftlichen Legitimation sozialer Dienstleistungen gegenüber Politik und Öffentlichkeit (vgl. Wiesner 2005).

Eine Analyse der Praxis Ende der 90er Jahre hat ergeben, dass der sich hierin ausdrückende Paradigmenwechsel im Verhältnis zu den AdressatInnen und damit in Charakter und Intention sozialer Dienstleistungen auch in Braunschweig noch nicht umfassend realisiert war. Die Grundlagen der Bedarfsermittlung im Einzelfall waren häufig sehr stark durch subjektive Einschätzungen geprägt. Hilfeentscheidungen, Hilfeplanung und Hilfeverlauf orientierten sich an Defiziten und Verhaltensauffälligkeiten der AdressatInnen, ohne dass deren Ressourcen und Stärken systematisch und damit planerisch folgenreich in den Blick genommen wurden. Eingespielte Kooperationsbeziehungen zu Einrichtungen und Diensten der Erziehungshilfe, deren fachliche Grundlagen scheinbar nicht mehr hinterfragt werden mussten, präjudizierten Hilfeentscheidungen und führten nicht selten zu sehr langen Hilfeverläufen. Die Mehrzahl der stationären Hilfen gemäß § 34 SGB VIII wurde in Einrichtungen (weit) außerhalb von Braunschweig realisiert. Unter fachlichen wie fiskalischen Gesichtspunkten jedoch lässt sich eine solche Praxis nicht rechtfertigen.

Der Fachbereich Kinder, Jugend und Familie hat im Jahr 2001 eine Arbeitsgruppe Prozess- und Qualitätsmanagement (AG PQM) als zentrale Steuerungs- und Controllingsinstanz im Fachbereich Kinder, Jugend und Familie eingerichtet. Die Arbeitsgruppe war zu diesem Zeitpunkt als eigenständige Einheit der Abteilung Besondere Erziehungshilfen zugeordnet. Inzwischen ist sie Teil der Stelle Steuerung und Controlling innerhalb der Verwaltungsabteilung. Sie besteht aus zwei sozialpädagogischen MitarbeiterInnen und einer Verwaltungsfachkraft mit betriebswirtschaftlicher Qualifikation. Die AG PQM übernimmt im Hilfeplanungsprozess folgende Serviceleistungen für die Fachkräfte des ASD:

1. Bereitstellung und Pflege eines Einrichtungskatasters,
2. Erarbeitung von verbindlichen Vorschlägen zu Einrichtungen/ Trägern ambulanter und stationärer Hilfen zur Erziehung sowie die
3. Teilnahme an Hilfeplangesprächen
   - als Serviceleister mit der Suchrichtung auf geeignete interne/ externe Hilfeerbringer,
   - um Einfluss zu nehmen auf die Definition des Hilfebedarfs nach den Prinzipien der Bedarfssteuerung,
   - als teilnehmende Beobachter mit dem Ziel der Evaluation dieses Schlüsselprozesses.

Die Arbeitsgruppe Prozess- und Qualitätsmanagement ist somit die zentrale Schnittstelle für die Steuerung im Bereich der erzieherischen Hilfen. Ihre Funktion besteht in der Bündelung pädagogischer und wirtschaftlicher Kompetenzen zur Entwicklung und Sicherstellung von Qualität in den Hilfen zur Erziehung beim öffentlichen Träger. Gleichzeitig ist sie wichtige Scharnierstelle zwischen Fachbereich, ASD und den Leistungsanbietern. Im Hilfeplanverfahren übernehmen die MitarbeiterInnen der AG PQM konkret beratende und unterstützende, aber auch steuernde und Qualität sichernde Aufgaben.

Hilfeplanung umfasst im Wesentlichen die folgenden Aufgabenstellungen:

1. Kontakt herstellen, Situation erfassen, Ressourcen erschließen und Risiken für das Kindeswohl erkennen,
2. Erarbeiten, Aushandeln und Vermitteln von Situationsdeutungen, Entwicklungsprognosen und Problemeinschätzungen,
3. Prüfung sozialrechtlicher Leistungsansprüche und nachfolgend Gewährung oder Ablehnung von Leistungen,
4. kooperativ-partizipative Entwicklung und Abstimmung von Förderungs- und Hilfekonzepten und deren Umsetzung, Kontrolle und Evaluation ihrer Wirksamkeit,
5. Stiftung, Begleitung und Kontrolle von Arbeitsbündnissen und Geschäftsbeziehungen (vgl. BMFSFJ 2005, S. 7).

Um diese Anforderungen für die Praxis wirksam werden zu lassen, müssen sie verbindlich geregelt werden. In Braunschweig wurden dazu fachbereichsintern Festlegungen zur Einleitung, Begleitung und Überprüfung von Hilfen zur Erziehung im Rahmen des Hilfeplanverfahrens getroffen, die vor allen Dingen den Ablauf des Verfahrens regelten. Auf der fachlichen Ebene spiegeln sich die Anforderungen an die Qualifizierung der Hilfeplanung als wichtigstem Steuerungsinstrument bei erzieherischen Hilfen im Einzelfall in den folgenden Kriterien wider:

- möglichst frühe Einbeziehung von anspruchsberechtigten Eltern und Kindern,
- dialogische Verständigung auf den erzieherischen Bedarf,
- gemeinsame Formulierung von Zielen (S.M.A.R.T.-Kriterien) und entsprechenden Handlungsschritten,
- kurze Befristungen (u.a. unter Rekurs auf Erkenntnisse aus der Jugendhilfe-Effekte-Studie und der Therapiebegleitforschung),
- regelmäßige Überprüfungen des Betreuungsverlaufes und gemeinsame Feststellung des Zielerreichungsgrades.

Das Kriterium der Zielorientierung bildet dabei einen wesentlichen Bezugspunkt für die Steuerung von Erziehungshilfen im Einzelfall. „Steuern über Ziele" bedeutet in diesem Zusammenhang:

1. Die Entscheidung über Form und Umfang einer geeignet erscheinenden Hilfe im Einzelfall wird erst dann getroffen, wenn in der Hilfeplankonferenz *gemeinsam mit den AdressatInnen* auf der Grundlage des ermittelten erzieherischen Bedarfes die Ziele einer möglichen Hilfe herausgearbeitet, konkret formuliert und vereinbart worden sind.

2. Die im Hilfeplan vereinbarten Ziele werden im Rahmen der Fortschreibung gemeinsam (Leistungserbringer, AdressatInnen, fallverantwortliche Fachkraft) hinsichtlich ihres Erreichungsgrades überprüft und bewertet. Dabei steht auch der Prozess der Hilfeplanung, also die Basis von Zielerarbeitung und Hilfeentscheidung grundsätzlich zur Diskussion.

Bei der Hilfeplanüberprüfung festgestellte Mängel hinsichtlich der ursprünglich formulierten Ziele und erkennbare Schwierigkeiten bei ihrer Erreichung erfordern ggf. eine Korrektur der Ziele oder eine erneute Beratung über Unterstützungsbedarf und Hilfeform im Rahmen einer Fachkonferenz. Hierbei ist immer auch die Mitwirkungsbereitschaft der

AdressatInnen als Voraussetzung für das Gelingen einer Maßnahme zu berücksichtigen.

Auf der Grundlage des so erstellten Hilfeplanes wird durch die AG PQM eine Vorschlagsliste mit geeigneten Einrichtungen/ Diensten vorgelegt, die für die fallverantwortliche Fachkraft verbindlich ist. Dabei sind folgende Kriterien leitend für die Auswahl geeignet erscheinender Leistungsangebote:

- der erzieherische Bedarf im Einzelfall,
- das sozialpädagogische Leistungsprofil des Angebotes (Leistungsvereinbarung gemäß §§ 78 a ff. SGB VIII),
- das Verhältnis zwischen Kosten und Leistung,
- die Nähe zu Braunschweig sowie
- freie Kapazitäten.

Bereits im Vorfeld wurde durch die AG PQM eine mögliche Aufnahme des Kindes/ Jugendlichen in die Einrichtung/ den Dienst geklärt. Verbindlichkeit besitzt diese Liste insoweit, als dass die Leistungsberechtigten aus den vorgeschlagenen Einrichtungen eine für sie geeignete – i.d.R. nach einem Vorstellungstermin – auswählen. Ebenfalls hat die Einrichtung das Recht, ihr Anerbieten bei fachlichen Bedenken zurückzuziehen. Kommt eine Aufnahme nicht zustande bzw. werden die in Frage kommenden Leistungsanbieter durch die AdressatInnen abgelehnt, ist das durch die fallverantwortliche Fachkraft zu begründen. In diesem Falle erarbeitet die AG PQM kurzfristig eine neue Angebotsliste, was seit Einführung des Verfahrens im Jahre 2001 zweimal nötig gewesen ist.

Die Auswahl geeigneter Anbieter wird ausschließlich durch die AG PQM vorgenommen. Grundlage für die Auswahl im Einzelfall sind die konkreten eltern- und kindbezogenen Zielplanungen als Ergebnis des Hilfeplanverfahrens (Stadt Braunschweig 2005; Hekele 2001). Weiterhin bildet der individuelle Hilfebedarf, wie er sich aus dem Anspruch begründenden Bericht, ggf. ergänzenden Gutachten, der Lebensgeschichte und dem aktuellen Lebenszusammenhang der AdressatInnen ergibt, ein zentrales Auswahlkriterium. Auf der „Einrichtungsseite" werden Anbieter mit einer aktivierenden Ausrichtung, die der aktiven Befähigung der leistungsberechtigten Eltern Priorität einräumen und über ein differenziertes Leistungsspektrum bei Eltern- und Familienarbeit verfügen, bevorzugt in Anspruch genommen. Übergreifende Auswahlkriterien sind des Weiteren:

1. das Prinzip nah vor fern,
2. das Prinzip normal vor spezial,
3. das Preis-Leistungsverhältnis sowie
4. Ergebnisse des Wirksamkeitsdialoges zur Evaluation von Hilfen zur Erziehung.

Qualitätsentwicklung und Steuerung richtet sich bei Zugrundelegung dieser Prämissen auf die Durchsetzung grundsätzlicher fachlicher Maßstäbe eines modernen Verständnisses von erzieherischen Hilfen. Damit wird der Auftrag erzieherischer Hilfen im Einzelfall stärker konturiert. Ausgehend von der Leitlinie, dass Jugendhilfe Übergänge begleitet, bedeutet dies auf der fachpraktischen Ebene, dass die Anspruchsberechtigten eng und intensiv sowohl in die Hilfeplanung wie in die Ausführung der Hilfeleistung einbezogen werden, der Hilfeverlauf immer wieder mit Blick auf die zu erreichenden Ziele betrachtet wird und dass die Jugendhilfe irgendwann auch endet und somit die Familie die Chance hat, „die Jugendhilfe wieder los zu werden". Es wird generell angestrebt, Hilfen nach Möglichkeit ressourcenorientiert als zeitlich befristetes Unterstützungsarrangement in der Lebenswelt der AdressatInnen/ dem Sozialraum anzulegen und zu realisieren.

Zur Qualifizierung der Auswahl der Angebotsträger wurde ein nach Angebotstypen und -gebieten strukturiertes Einrichtungskataster angelegt, das durch die AG PQM regelmäßig fortgeschrieben wird. Um dessen Komplexität zu reduzieren und damit sowohl eine einfache Handhabung als auch eine standardisierte, vergleichbare Darstellung der Angebotsstruktur zu erreichen, werden in diesem Einrichtungskataster die aus Sicht des Casemanagements im Allgemeinen Sozialdienst wesentlichen Informationen konzentriert. Somit ermöglicht das Informationssystem, das den Fachkräften jederzeit zugänglich ist, einen systematischen Vergleich zwischen den Angeboten und schafft Transparenz über die aktuelle Angebotssituation in der Region sowie die Angebotsentscheidung der AG PQM.

2.1 Wirksamkeitsdialog durch Evaluation von erzieherischen Hilfen

Um die Umsetzung der Standards und deren Einhaltung in der Praxis zu überprüfen, werden systematische Evaluationen in allen Handlungsfeldern der erzieherischen Hilfen durchgeführt. Gerade hinsichtlich der angespannten Haushaltssituation der örtlichen Träger und vor dem Hintergrund der oftmals sozioökonomisch prekären Lebenslagen ihrer AdressatInnen (vgl. BMFSFJ 2002) ist die Kinder- und Jugendhilfe und sind hier insbesondere die Erziehungshilfen als rechtlich bewehrter Leistungsbereich gehalten, ihre Angebote und Dienste darauf hin zu befragen, ob sie die betroffenen Kinder und Jugendlichen und ihre Familien tatsächlich erreichen.

Die Evaluation soll Auskunft geben über die Voraussetzungen, die Prozesse, die Effekte und die Effizienz der Leistungserbringung in allen Bereichen der Erziehungshilfe. Die Evaluation bezieht systematisch alle erzieherischen Hilfen ein und überprüft dabei regelmäßig:

1. die Verweildauer in den Hilfen,
2. die durchschnittliche Anzahl der Fachleistungsstunden,
3. die Zielerreichungsgrade nach einzelnen Hilfen, Hilfearten und Hilfeerbringern sowie
4. die Nachhaltigkeit der Hilfe, gemessen am Indikator „Nachfolgehilfen".

Mit Blick auf den öffentlichen Träger (ASD, PKD) werden quartalsweise ausgewertet:

- die Vollständigkeit der Unterlagen, nach Teams und Leistungsarten,
- die Zielerreichung nach eltern- bzw. kindbezogenen Zielen, Hilfearten sowie Teams und
- die Frequenz der Hilfeplankonferenzen nach Leistungsarten und Teams.

Die Evaluationsperspektive richtet sich in Braunschweig mithin auf den Gesamtprozess einer Hilfe, nimmt also alle maßgeblich Beteiligten und Prozesse in den Blick und fragt nach der Einhaltung der fachlichen Standards. Wird die Evaluationspraxis im Gesamtkontext des Qualitätsmanagements im Bereich der erzieherischen Hilfen in der Stadt Braunschweig betrachtet, so sind letztendlich fünf zentrale Dimensionen der Beurteilung sozialer Dienstleistungen von Relevanz:

- die Angemessenheit der Zielsetzung (Fachlichkeit I), womit vor allen Dingen der Prozess der (Erst-)Hilfeplanung in den Blick genommen wird,
- die Umsetzung der Zielplanung (Effektivität), also der Prozess der zielorientierten Leistungserbringung,
- die optimale Mittelverwendung (Effizienz), womit neben der Prozessqualität als ganzer nach der Ergebnisqualität (Nachhaltigkeit) gefragt wird,
- die Einhaltung professioneller Standards (Fachlichkeit II), bezogen auf die Realisierung von Struktur- und Prozessqualität generell, sowie
- die Passung der Hilfen in vorhandene Kontexte und ohne unerwünschte Nebenwirkungen (Verträglichkeit) (vgl. Heil 2001, S. 32).

Damit ist ein Rahmen gesetzt für eine offensive Steuerung im Bereich der erzieherischen Hilfen, in der die einzelnen Elemente von Hilfe(planungs)prozessen nach fachlichen Kriterien, die mit Hilfe von Kennzahlen Indikatoren überprüft werden, aufeinander bezogen sind. Die für die Politik vordergründige und für die Kinder- und Jugendhilfe immer drängendere Frage, ob die für erzieherische Hilfen eingesetzten Finanzmittel so verwendet werden, dass die damit finanzierten Einzelfallhilfen in einem vereinbarten Zeitraum die gewünschten Wirkungen erzielen, kann so umfassend, differenziert, fachlich begründet und sozialpolitisch verantwortungsbewusst untersucht und beantwortet werden.

3 Qualitätsentwicklung und -steuerung als kooperativer Prozess von örtlichem Träger und Leistungsanbietern

Ein Umsteuerungsprozess im Feld der erzieherischen Hilfen gelingt so gut, wie sich der Umfang der Einbeziehung davon betroffener Systembeteiligter und der zwangsläufig eintretende fachliche Diskurs gestalten. Information über veränderte Gewährungspraxen und Steuerungsmechanismen sowie die kooperative Einbeziehung in die Entwicklung und Umsetzung bspw. von Bewertungsverfahren und deren Ergebnissen sichern die Grundlagen und damit den Erfolg der angestrebten Veränderungen.

Wichtigstes Steuerungsinstrument bei der institutionellen Zusammenarbeit von öffentlichem und freien Trägern der erzieherischen Hilfen sind Vereinbarungen gemäß §§ 78 a ff. SGB VIII. Sie bieten die Möglichkeit, die Ebenen Einzelfall, Einrichtung/ Dienst und Jugendhilfeplanung systematisch zu verbinden und so die Voraussetzungen zu schaffen für die Realisierung ausgemachter (Steuerungs-)Ziele. Die Verhandlungen und der Abschluss der Vereinbarungen werden in Braunschweig durch die AG PQM so geführt, dass auf eine den Leitzielen und den strategischen Zielen der Stadt Braunschweig entsprechende bedarfsgerechte Weiterentwicklung differenzierter Leistungsangebote Einfluss genommen wird. Dies sind für den Bereich der Hilfen zur Erziehung:

- Ausbau und Profilierung der ambulanten Erziehungshilfen,
- Stabilisierung des Umfangs stationärer Erziehungshilfen auf dem erreichten Niveau,
- Familie und deren Ressourcen als Ausgangspunkt von Förderung und Unterstützung,
- Stärkung sozialer Kompetenzen, eigener Potenziale sowie Selbsthilfeaktivitäten bei den AdressatInnen.

In Qualitätsentwicklungsvereinbarungen zwischen öffentlichem und freien Trägern werden entsprechend ausgerichtete fachliche Standards vereinbart und deren Umsetzung überprüft. Bisher wurden vereinbart:

- 2003: Standards für „Time out", einer auf drei Monate befristeten stationären Krisenintervention mit intensiver, aktivierender Elternarbeit mit 11 Trägern in Braunschweig und der Region;
- 2003: Standards „Elternschule/ Elterntraining/ Elternkurs" innerhalb der Hilfe gemäß § 32 mit den drei Trägern von Tagesgruppen in Braunschweig;
- 2004: Anbahnungsstandards für den Wechsel von Kindern aus stationärer Hilfe in eine Pflegefamilie und/oder Erziehungsstelle;
- 2005: Standards zum Kinderschutz;
- 2005: Standards zur Dokumentation.

Auf der strukturellen Ebene spielen Weiterentwicklung und Ausbau des ambulanten Angebots in Braunschweig eine wichtige Rolle. Im Zusammenwirken mit der Jugendhilfeplanung, die den Bedarf vor Ort feststellt, wird eine an den Prämissen des fachlich regulierten Qualitätswettbewerbes (BMFSFJ 2002; Böllert 2003) ausgerichtete Differenzierung dieses Leistungsbereiches in Braunschweig im Zusammenwirken mit den Trägern forciert und so die Existenz einer hinreichenden sozialen Infrastruktur gesichert.

Um Transparenz und Vergleichbarkeit der Kosten von Angeboten unterschiedlicher Träger ambulanter Leistungen zu ermöglichen wird das von der AFET vorgeschlagene Berechnungsmodell der Fachleistungsstunde allen Abschlüssen zugrunde gelegt (vgl. AFET 1999). Auf diesem Wege kann sichergestellt werden, dass die Daten, d.h. die Datenquellen und Definitionen, horizontal konsistent sind (KGSt 2005, S. 4).

Die Entwicklung wirksamkeitsorientierter Finanzierungssysteme wird fachöffentlich angemahnt, steht jedoch erst am Anfang (vgl. Struzyna 2003, S. 198 ff.). Als Ansatzpunkte wirkungsorientierter Finanzierungssysteme werden z.B. diskutiert

- Bonus – Malus – Regelungen,
- Erfolgsprämien, Zielerreichungszulagen,
- degressiver Entgeltsatz,
- modularer Entgeltsatz,
- nicht-materielle Anreize.

Zukünftig soll die Finanzierung erzieherischer Hilfen sich immer mehr auf erwünschte Wirkungen ausrichten. Es gilt von der Output- zur Outcomesteuerung zu kommen. Die Erforschung der Zusammenhänge zwischen Finanzierungssystem und Leistungserbringung und die Suche nach Wegen, aus diesen Zusammenhängen nutzvolle Effekte zu generieren, wird fortgesetzt (vgl. Struzyna 2004, S. 206; Rönnau/ Engel/ Fröhlich-Gildhoff 2006).

Die Erkenntnisse aus der Auswertung und damit das Wissen um die de facto erbrachte Leistung der Hilfeerbringer werden sowohl bei der Entscheidung zur Inanspruchnahme als auch in die ca. 50 Verhandlungen pro Jahr eingebracht. Mit diesem Wissen sollen zielgenauere und effektivere Hilfen entwickelt werden. Dabei spielen die Ergebnisse der angesprochenen Leistungsevaluation durch die AG PQM eine wichtige Rolle, die in regelmäßigen Qualitätsdialogen mit den einzelnen Leistungsanbietern ausgewertet werden. Die Überprüfung der Wirksamkeit im Rahmen der Evaluation ist ein grundlegender Schritt hin zu Erkenntnissen über Zusammenhänge und Wirkfaktoren.

Ebenso große Bedeutung hat in Braunschweig die Arbeitsgemeinschaft mit Vertretern der öffentlichen und freien Jugendhilfe nach § 78 SGB VIII. Diese vom öffentlichen Träger der Jugendhilfe gebildete Arbeitsgemeinschaft ist ein Fachgremium, das den öffentlichen Träger der Jugendhilfe gemäß § 79 SGB VIII bei der Wahrnehmung seiner Gesamtverantwortung für die Erfüllung der Aufgaben der Kinder- und Jugendhilfe unterstützt. Die Fach-AG greift vor dem Hintergrund der durch sie gebündelten Kompetenzen abzustimmende Themen erzieherischer Hilfen auf und erfüllt in erster Linie die Aufgabe, von verschiedenen Trägern geplante Maßnahmen aufeinander abzustimmen und in gut koordinierter Weise Angebote zu schaffen und weiter zu entwickeln, die vor Ort zur Erfüllung des Jugendhilfeauftrages nach dem SGB VIII benötigt werden.

4   Fazit

Praktische Versuche einer Profilierung von Qualitätsentwicklung und Qualitätssteuerung in den erzieherischen Hilfen rufen unter den gegenwärtigen politischen Bedingungen nicht selten ambivalente Reaktionen hervor. Gerade wenn sie vom öffentlichen Träger angegangen werden entsteht der Verdacht politischer Instrumentalisierung: Das Jugendamt hat den Auftrag (bekommen), eine Kostensteigerung u.a. bei den erzieherischen Hilfen zu vermeiden. Finanzpolitisch motivierte Veränderungen in Strukturen und Verfahrensweisen im Bereich der erzieherischen Hilfen erzeugen bei freien Trägern und anderen Leistungs-erbringern zunächst fast zwangsläufig (berechtigte) Sorgen hinsichtlich ihrer Auslastung, hinsichtlich der Leistungsentgelte, der Bewilligungspraxis und damit ihrer wirtschaftlichen Existenzgrundlagen, auch wenn der eigentliche Reformprozess deutlich von fachlichen Qualifizierungsbestrebungen geleitet ist.

Dem örtlichen öffentlichen Träger kommt daher die Verantwortung zu, Transparenz hinsichtlich der angestrebten Veränderungen, insbesondere mit Blick auf die für die Arbeit und die Strukturen der Leistungserbringer zu erwartenden oder eben intendierten Veränderungen herzustellen. In der Stadt Braunschweig geschah dies in mühsamen, zeitaufwändigen Einzelgesprächen mit Trägern. Gegenstand dieser Gespräche war die Vorstellung des veränderten Hilfeplanverfahrens und der sich daraus ergebenden Anforderungen an die künftige Leistungserbringung. Aufgrund ihres Schnittstellencharakters hängt der Erfolg von Hilfeplanung als fachlichem Steuerungsinstrument bzw. -prozess jedoch maßgeblich davon ab, inwieweit den (potenziell) betroffenen Leistungserbringern deutlich gemacht werden kann, dass angesichts eines eindeutiger und klarer formulierten Arbeitsauftrages die Ausgangssituation für die Leistungserbringung fachlich deutlich verbessert werden kann.

In der Rückschau hat sich zweierlei gezeigt: Die strategischen Ziele der Stadt Braunschweig im Bereich der erzieherischen Hilfen konnten erreicht werden, sowohl was die konkreten Einzelfallhilfen, als auch was die fachliche und strukturelle Profilierung der örtlichen Infrastruktur anbetrifft. Und die offensivere Steuerung von Maßnahmen der Erziehungshilfe hat der Kooperation mit den Leistungserbringern keinen Abbruch getan. Im Zusammenwirken ist es gelungen, eine funktionierende Praxis der Qualitätssicherung und -entwicklung in Braunschweig zu etablieren sowie wichtige und wirksame Impulse für die Weiterentwicklung und Differenzierung des Leistungsangebotes in der Stadt zu setzen.

Literatur

AFET (1999): Aktualisiertes Modell für die Berechnung der Fachleistungsstunde einer pädagogischen Fachkraft in: AFET-Rundschreiben Nr. 4/99.

BMFSJS (2002): Elfter Kinder- und Jugendbericht, Berlin.

BMFSFJ (2005): Innovation durch Kooperation. Abschlussbericht des Bundesmodellprojektes Hilfeplanung als Kontraktmanagement, München.

Böllert, Karin (2003): Fachlich regulierter Qualitätswettbewerb in: Sozialpädagogisches Institut im SOS-Kinderdorf e.V. (2003): Qualitätsentwicklung und Qualitätswettbewerb, München.

Heil, Karolus (2001): Ziele, Probleme und systematisch-methodische Gesichtspunkte der Evaluation sozialer Arbeit in: Evaluation sozialer Arbeit.

Hekele, Kurt (2001): Ziele präzisieren mit S.M.A.R.T. in: Arbeitspapier des VSE Celle.

KGSt (2005): Bericht 3/ 2005 Produktkritik: In drei Schritten zur strategischen Steuerung.

Rönnau, Maike/ Engel, Eva-Maria/ Fröhlich-Gildhoff, Klaus (2006): Inhalte, Strukturen, Finanzierung und Effekte der SPFH in Hessen und Baden-Württemberg, In: dies. (Hrsg.): Forschung und Praxis in den ambulanten Hilfen zur Erziehung, Freiburg i. Br., S. 63-82.

Stadt Braunschweig (2002): Regularien zur Zusammenarbeit in der Arbeitsgemeinschaft gemäß § 78 SGB für den Bereich der Stadt Braunschweig, verabschiedet am 7.August 2002.

Stadt Braunschweig (2005): Verfügung 'Hilfeplanverfahren' vom 4. Juli 2005 des Fachbereichs Kinder, Jugend und Familie der Stadt Braunschweig.

Struzyna, Karl Heinz (2003): Gibt es Perspektiven für eine Weiterentwicklung des Qualitätswettbewerbs? in: Sozialpädagogisches Institut im SOS-Kinderdorf e.V. (2003): Qualitätsentwicklung und Qualitätswettbewerb, München.

Struzyna Karl Heinz (2003): Wirkungsorientierte Finanzierungsformen – Teil 2 in: Verein für Kommunalwissenschaften e.V. (2003): Erste Erfahrungen bei der Umsetzung der Regelungen nach §§ 78 a-g SGB VIII und die wirkungsorientierte Gestaltung von Qualitätsentwicklungs-, Leistungs-, und Entgeltvereinbarungen, Berlin.

Struzyna Karl Heinz (2004): Entwicklungspotenziale der Vereinbarungen gem. §§ 78 ff. SGB VIII und Vorstellung des Modellprogramms des BMFSJS in: Verein für Kommunalwissenschaften e.V. (2004): Zusammenhänge und Wirkungen. Umsetzungsstand und Perspektiven der Regelungen gem. §§ 78 a bis g SGB VIII, Berlin.

Wiesner, Reinhardt (2005): Das Hilfeplanverfahren als Steuerungsinstrument in: Sozialpädagogisches Institut im SOS-Kinderdorf e.V.(Hg.) (2005): Hilfeplanung – reine Formsache?, München

Thomas Drößler

Qualität als Gegenstand von Vereinbarungen

1 Einleitung

Qualität, Qualitätsentwicklung, Steuerung und Effizienz bilden nicht erst in der gegenwärtigen fachlichen, insbesondere jedoch fachpolitischen Debatte in und um die erzieherischen Hilfen gewissermaßen von vornherein zusammenhängende Begriffe bzw. Konzepte. Steuerung in den erzieherischen Hilfen scheint aus den verschiedensten bekannten und anzuerkennenden Gründen notwendig. Insbesondere die Frage danach, wie die jedes Jahr hierfür aufgewendeten, nicht unbeträchtlichen öffentlichen Mittel verwendet werden und zu welchen Ergebnissen die damit finanzierten Sozialleistungen führen, spielt diesbezüglich eine große, wenn nicht die entscheidende Rolle.

Die Notwendigkeit zur (Um-)Steuerung in diesem Jugendhilfebereich ist aber unbestritten und ergibt sich nicht nur aus finanzpolitischen Erwägungen bzw. Zwängen, sondern ist ebenso gut fachlich zu begründen. Nun lassen sich aber Erziehungs- und Sozialisationsprozesse, auch wenn sie institutionell organisiert und professionell geplant und begleitet von Statten gehen, nicht lediglich nach Effektivitäts- oder Effizienzkriterien bewerten oder gar steuern. Nicht nur ist das Geschäft mit der Erziehung, vor allen Dingen in den erzieherischen Hilfen, zu kompliziert und unberechenbar. Vor allen Dingen kann Erziehung in professionellen Kontexten, also außerhalb der Herkunftsfamilie, nur dann gelingen, wenn die Fachlichkeit und mithin die Qualität ihres Betreibens und der dafür erforderlichen Rahmenbedingungen gegeben sind. Steuerung muss also, auch und gerade unter schwierigen finanzpolitischen Vorzeichen, bei der Sicherung und Optimierung von Fachlichkeit ansetzen.

Das im Elften Kinder- und Jugendbericht formulierte Konzept des fachlich regulierten Qualitätswettbewerbes bringt die enge Verflechtung von „richtigem", weil fachgerechtem Handeln und Effizienz auf den Punkt (vgl. BMFSFJ 2002; Böllert 2003).

Dies zu befördern hatten die 1999 eingeführten Regelungen in den §§ 78 a ff. SGB VIII zum Ziel, u.a. dadurch, dass die Qualität von Angeboten der (teil-)stationären Erziehungshilfen zum Steuerungskriterium gemacht wurde. In der Praxis jedoch sind die erhofften Effekte nicht oder in nur sehr unbefriedigendem Ausmaße eingetreten. Neben vielen anderen Faktoren wird einer der Gründe dafür darin gesehen, dass die in § 78 b SGB VIII geforderten Qualitätsentwicklungsvereinbarungen als das fachlich umfassendste Steuerungsinstrument bislang nicht in diesem Sinne erkannt und genutzt wurden.

Der nachfolgende Beitrag befasst sich mit diesem Aspekt. Nach einem knappen Aufriss der bisherigen Entwicklung und der sich dabei zeigenden Schwierigkeiten wird der Versuch einer systematisierenden Betrachtung der gesetzlich formulierten Anforderungen an Qualitätsentwicklungsvereinbarungen und deren konzeptionellen Konsequenzen unternommen. Anhand von Ergebnissen aus einer kleinen empirischen Untersuchung werden Schwierigkeiten wie Unzulänglichkeiten in der Praxis aufgezeigt. Schließlich werden abschließend überblicksartig einige Konsequenzen und Anforderungen an die Beteiligten bei der praktischen Umsetzung von vereinbarter Gewährleistung, Bewertung und Entwicklung von Qualität formuliert, wobei die zentrale These ist, dass eine gemeinsam fundierte Praxis umfangreiche Steuerungs- und Entwicklungsmöglichkeiten eröffnet, und zwar auf der Einzelfall-, der Einrichtungs- wie auf der Infrastrukturebene.

2 Qualitätsentwicklungsvereinbarungen in der Praxis

Mit der Einführung der Bestimmungen der §§ 78 a ff. SGB VIII im Jahre 1999 wurde eine Veränderung der Finanzierungsgrundlagen im Bereich stationärer Hilfen zur Erziehung, in Teilen der Jugendsozialarbeit sowie bei der Unterstützung von jungen Familien angestrebt und gesetzlich festgeschrieben. „Dabei [wurde] das bisher weitgehend praktizierte Selbstkostendeckungsprinzip durch ein System leistungsgerechter Entgelte abgelöst" (BT-Drucksache 13/10330, S. 17). Die mit der Regelung durch den Gesetzgeber verbundene Zielstellung bestand in der Dämpfung der Kostenentwicklung insbesondere im Bereich der teilstationären und stationären Leistungen sowie in der Steigerung der Transparenz von Kosten und Leistungen, womit eine Verbesserung der Effizienz der eingesetzten Mittel angestrebt wurde.

Nach mittlerweile mehr als sechs Jahren seit dem in Kraft Treten der Regelungen zeichnet sich jedoch immer noch keine einheitliche oder Vereinheitlichung ermöglichende Handhabung bei der Umsetzung dieser Bestimmungen in der Praxis ab. Zum einen wird in der Debatte und in Praxisberichten beklagt, dass den Leistungs- und insbesondere den Qualitätsentwicklungsvereinbarungen zu wenig Aufmerksamkeit entgegen gebracht wird. Entsprechende Berichte (insbesondere Struck 2003; Kröger 2003, vor allem aber Münder/ Tammen 2003) zeigen, dass in der Praxis zumeist den Entgeltvereinbarungen Priorität eingeräumt wird, Leistungs- und Qualitätsentwicklungsvereinbarungen hingegen in den Hintergrund treten. So kamen Münder/ Tammen in ihrer Analyse zu dem Ergebnis, dass Leistungsvereinbarungen oftmals keinen Vereinbarungscharakter besitzen, sondern vielmehr eine bloße Übernahme der von den Trägern vorgelegten Leistungsbeschreibungen darstellen. Steuerungsmöglichkeiten, bspw. durch die Jugendhilfeplanung, aber auch durch die Hilfeplanung werden somit vernachlässigt, die Konzentration vielmehr lediglich auf die Kosten eines Angebotes gerichtet.

Dies widerspricht den Intentionen des Gesetzgebers ebenso wie den konkreten Regelungen in den §§ 78a ff. SGB VIII, die auf eine *leistungsgerechte* Finanzierung von Leistungen in den genannten Bereichen abzielen. Eine solche jedoch ist ohne die systematische Einbeziehung der Leistungs- und Qualitätsentwicklungsvereinbarungen schlicht nicht zu erreichen. Vergleiche entlang des Preises für ein Leistungsangebot ignorieren, dass ohne einen Bezug zur Leistung und ihrer Qualität ein Vergleich nicht möglich, häufig gar nicht zulässig ist (vgl. Kröger 2003, S. 31). Insofern konterkariert die berichtete Praxis die mit der Einführung verbundene Hoffnung auf die Entwicklung und Etablierung neuer

Formen der Finanzierung der Kinder- und Jugendhilfe unter Betonung
der *Leistungsfähigkeit* und der *Qualität* der einzelnen Anbieter (vgl. als
„Gegenentwurf" zu dieser Praxis die Ausführungen zum fachlich regulierten Qualitätswettbewerb im Elften Kinder- und Jugendbericht,
BMFSFJ 2002, und bei Böllert 2003).

Zum anderen konnten, so die vorliegenden Forschungsergebnisse,
die Anforderungen an Inhalt und Struktur der Qualitätsentwicklungsvereinbarungen bislang nicht in zufrieden stellendem Maße geklärt
werden. Vielfach ist nicht klar, was unter Qualität und Qualitätsentwicklung verstanden werden kann bzw. soll. „Das Erfordernis der Qualitätsentwicklungsvereinbarung [...] bringt ganz offensichtlich die größten
Schwierigkeiten mit sich. [...] Qualitätsentwicklungsvereinbarungen in
dem Sinne, dass tatsächlich Instrumentarien zur Fortentwicklung der gegebenen Qualität vereinbart wurden, liegen allenfalls rudimentär vor.
Die meisten Vereinbarungen beschränken sich entweder darauf, den
Begriff in die Überschrift aufzunehmen, ohne ihn später wieder aufzu-
greifen, oder fassen unter ihm alles zusammen, was in dem Vertrag zu
qualitativen Aspekten geregelt wird" (Münder/ Tammen, 2003, S. 51).
Unklarheit besteht diesbezüglich auf beiden Seiten, sowohl bei den örtlichen öffentlichen als auch bei den freien bzw. privat-gewerblichen
Trägern.

Die Ursachen für diese Schwierigkeiten werden in der Spezifik des
Qualitätsbegriffs in der Kinder- und Jugendhilfe sowie in den Regelungen der §§ 78a ff. SGB VIII selbst lokalisiert. Zwar wurde den Problemen
bei der Bestimmung und Definition dessen, was unter Qualität in der
Kinder- und Jugendhilfe zu verstehen ist, auch vom Gesetzgeber Rechnung zu tragen versucht: „Bei dem Bemühen um Entwicklung und Gewährleistung qualitativer Standards im Bereich der Jugendhilfe ist zu
bedenken, dass ihre Arbeit durch einen höheren Grad an Komplexität
gekennzeichnet ist als z.B. die produktbezogenen Sichtweisen der In-
dustrie. [...] [Qualität] in sozialpädagogischen Handlungsfeldern [ent-
steht] aus einem komplexen Bedingungsgefüge [...], in dem verschiedene Faktoren in einer Wechselwirkung stehen und bei denen auch
schwer fassbare subjektive Faktoren eine wichtige Bedeutung haben.
Aufgrund dieser Komplexität erscheinen sozialtechnische Erwartungs-

muster, die darauf abzielen, Qualität durch sorgfältigen Instrumenteneinsatz in den Griff zu bekommen, für das Handlungsfeld der Jugendhilfe verfehlt. 'Qualitätssicherung' setzt darüber hinaus eine bereits definierte Qualität voraus. Demgegenüber verfügt der Bereich der Sozialen Arbeit über kein allgemein anerkanntes Verständnis von Qualität bzw. die dafür maßgeblichen Faktoren. Angemessen erscheint deshalb der Begriff 'Qualitätsentwicklung', der deutlich zum Ausdruck bringt, dass die Sicherung von Qualität im Bereich der Sozialen Arbeit ein ständiger Prozess der (Weiter-)Entwicklung ist" (BT-Drucksache 13/10330, S. 17). Allein die Einführung des Begriffes der Qualitätsentwicklung wie auch der konkrete Inhalt der Regelungen in den §§ 78a ff. SGB VIII, insbesondere in den §§ 78 b und c SGB VIII, bringen jedoch wenig Klarheit darüber, was der spezifische Gegenstand einer Qualitätsentwicklungsvereinbarung sein soll bzw. sein muss. Kaufhold/ Gottlieb/ Thomsen (2003) und andere Autoren problematisieren in diesem Zusammenhang zudem, dass Aussagen zur Qualität sowohl für die Leistungsvereinbarung als auch für die Qualitätsentwicklungsvereinbarung eingefordert werden. Die Tatsache, dass in der Leistungsvereinbarung Angaben zur Qualität der Leistung, in der Qualitätsentwicklungsvereinbarung „Grundsätze und Maßstäbe für die Bewertung der Qualität der Leistungsangebote sowie [...] geeignete Maßnahmen zu ihrer Gewährleistung" (§ 78b Abs. 1 Ziffer 3 SGB VIII) benannt werden sollen, erscheint auf den ersten Blick sinnvoll, führt in der Praxis und auch in der entsprechenden Debatte in der Kinder- und Jugendhilfe jedoch mitunter zu beträchtlichen Abgrenzungsschwierigkeiten (vgl. bspw. Wiesner 2004, S. 145 f.). Nicht selten werden Aussagen zur Qualität daher vor allem oder auch lediglich in den Leistungsvereinbarungen getroffen, ohne dass damit die Intention der Qualitätsentwicklungsvereinbarung eingelöst würde. In der Konsequenz jedoch geräte diese in den Hintergrund und ihr Anliegen damit im doppelten Wortsinne systematisch aus dem Blick.

3 Qualität in Leistungs- und Qualitätsentwicklungsvereinbarungen

3.1 Aussagen zur Qualität der Leistung (Leistungsvereinbarungen)

Die Unbestimmtheit des Qualitätsbegriffs in der Kinder- und Jugendhilfe verlangt nach einer Diskussion zwischen den Vertragspartnern. Auf der inhaltlichen Ebene gilt es zunächst zu klären, was unter der Qualität einer Leistung zu verstehen ist. In der Fachdebatte besteht hinsichtlich der Leistungsvereinbarungen weitgehende Übereinstimmung dahingehend, dass die Vereinbarungen Aussagen über die Qualität der Leistungserbringung sowie zu fachlichen Standards des Leistungsangebotes zum Inhalt haben sollten. Die Bundesarbeitsgemeinschaft der Landesjugendämter fokussiert diesbezüglich auf die Strukturqualität: „Es geht dabei darum, ob der Träger im vereinbarten Umfang Fachpersonal mit entsprechend festgelegten Mindestqualifikationen beschäftigt, welches Personal mit welchen Aufgaben im gruppenübergreifenden Bereich beschäftigt wird, ob die festgelegten Gruppengrößen eingehalten werden, die Anzahl der auf dem Heimgelände angesiedelten Gruppen und die Anzahl der Außengruppen, welche baulichen Rahmenbedingungen vorhanden sein sollen, die Existenz bzw. Nicht-Existenz von besonderen Angeboten wie z.B. Therapie, spezifische Freizeitangebote, besondere schulische Angebote o.a. als Regelangebot der Einrichtung, das Vorhandensein von geschlechts- und/ oder altersspezifischen Differenzierungen – solche und ähnlich Kriterien für Strukturqualität werden im Mittelpunkt der Vereinbarungen stehen" (BAG LJÄ 2000, S. 6). Abgesehen davon, dass hier Kontrollaspekte ins Spiel kommen – bspw. hätte die Prüfung der räumlichen Vorraussetzungen und der Einhaltung der Gruppengrößen auf Basis der Betriebserlaubnis zu erfolgen, was in Sachsen gem. § 29 LandesjugendhilfeG vom Landesjugendamt zu leisten wäre –, erscheint eine Beschränkung der Qualitätsaussagen in den Leistungsvereinbarungen auf den Strukturaspekt verkürzt.

Kaufhold/ Gottlieb/ Thomsen greifen daher unter Verweis auf die Unterschiedlichkeit von Qualitätsdefinitionen in ihrer Analyse von Rahmenverträgen gemäß § 78 f SGB VIII weiter aus. „So nimmt der Rahmenvertrag Brandenburgs (völlig zu Recht) in der Leistungsvereinbarung und nicht in der Qualitätsentwicklungsvereinbarung nähere Ausführungen zu Struktur-, Prozess- und Ergebnisqualität vor. Qualität im Sinne der Leistungsvereinbarung kann danach die Eigenschaften oder die Beschaffenheit nennen, die Leistungsangebote *immer* aufweisen, also die Standards aufzeigen, denen die Leistung genügt (vgl. § 78 c Abs. 1 SGB VIII). Ferner können auch Prozesse, mit deren Hilfe (gute) Ergebnisse erzielt werden (z.B. Partizipation von Eltern, Kindern und Jugendlichen), festgelegt werden. [...] Zudem können auch Werte und Normen, die hinter dem Leistungsangebot stehen (z.B. Leitlinien und Konzepte), als Qualitätskriterien betrachtet werden" (vgl. dies. 2003, S. 110; Hervorhebung T.D.). Die Einbeziehung von Aussagen zur Prozess- und mittelbar auch zur Ergebnisqualität in die Leistungsvereinbarung scheint in jedem Falle erforderlich. Für eine fachlich fundierte Entscheidung über eine erzieherische Hilfe im Rahmen des Hilfeplanverfahrens bspw. können strukturqualitative Aspekte allein nicht ausreichen, lassen sie doch nur einen mehr oder weniger abgesicherten Schluss zu auf die Art und Weise, in der sozialpädagogische Leistungen (prinzipiell) erbracht werden können. Ein entscheidungsrelevantes Gesamtbild entsteht aber nur, wenn auch prozessqualitative Merkmale angeführt sind.

Eine kleine empirische Studie, in der letztlich 23 von insgesamt 31 vorliegenden Leistungs- und Qualitätsentwicklungsvereinbarungen in einer teilstandardisierten, qualitativen Inhaltsanalyse untersucht wurden, förderte die folgenden Angaben zum Aspekt der Qualität der Leistung zu Tage (Tabelle 1). Des Weiteren wurden vereinzelt genannt: therapeutische Angebote, begleitetes Aufnahmeverfahren, klare und transparente Zuständigkeitsregelungen in Einrichtung/ Dienst/ Träger sowie Probezeiten. Die Ergebnisse zeigen, dass struktur- und prozessqualitative Aspekte und nicht zuletzt einige fachlicher Standards, teilweise präzisiert durch konkretisierende Angaben, genannt wurden. Dabei handelt es sich um Merkmale, Aktivitäten und Instrumente, die eine fachgerechte Leistungserbringung erwarten lassen und bei entsprechender Anwendung bzw. Umsetzung gewährleisten können.

Tabelle 1: Angaben zur Qualität des Leistungsangebotes (Nennungen)

Instrument/ Methode/ Merkmal	Anzahl der Nennungen
Mitwirkung an Hilfeplanung/ Fortschreibung	16
Individuelle Erziehungsplanung/ Betreuungspläne	15
Erfahrungsauswertung/ Selbstreflexion/ Entscheidungsreflexion (Fachkräfte)	12
Teamberatungen/ Fallbesprechungen (turnusmäßig, formell, informell)	12
Zielerarbeitung/ Zielprüfung mit den AdressatInnen	11
Supervision (Einzel- und Gruppensupervision)	11
Dokumentation/ Einzelfallberichte	9
Fachkräftegebot/ Fort- und Weiterbildung	9
Vor- und Nachbereitung Hilfeplan-/ Fortschreibungsgespräch	9
Praxisberatung	8
Zusammenarbeit mit Familie/ Elternarbeit (nur benannt)	8
Diagnostik	7
Bezugserzieher-/ -betreuersystem	7
Kooperation mit Jugendamt/ ASD	6
Konzeptentwicklung	5
Partizipation/ Beteiligung (Hausordnung, Regeln)	4
Evaluation	4

Bei einigen der angeführten Tatbestände handelt es sich folgerichtig um Sachverhalte, die einem fachlich fundierten und entsprechend praktizierten Hilfeprozess in Einrichtungen und Diensten der Erziehungshilfen immanent sind. Hierzu zählen die Mitwirkung im Hilfeplanverfahren sowie die Vor- und Nachbereitung von Hilfeplangesprächen. Einen ebensolchen fachlichen Stellenwert hat die Erstellung individueller Erziehungs- bzw. Betreuungspläne sowie deren Auswertung, wie sich dies bei den Items „Zielerarbeitung und -reflexion" andeutet. Strukturqualitative Elemente, die jedoch erheblichen Einfluss auf die Prozessqualität haben und ebenfalls zu den grundlegenden Voraussetzungen fachlichen Arbeitens in den Hilfen zur Erziehung zu zählen sind, repräsentieren die

Items „Elternarbeit", „Kooperation mit dem Jugendamt", der Einsatz von Fachkräften und deren Fort- und Weiterbildung. Entsprechende Aussagen repräsentieren den Kern dessen, was als „Qualität der Leistung" gem. § 78 b Abs. 1 Ziffer 1 SGB VIII angesehen werden kann und muss. Darüber hinaus fanden sich Maßnahmen zur Qualifizierung des Angebotes oder der Leistung bzw. solche, die auf entsprechende Ansatzpunkte verweisen. Hierunter fallen bspw. Konzeptentwicklung und Praxisberatung. Aber auch eine systematisch betriebene Evaluation hat die kritische Auseinandersetzung mit Strukturen, Verfahren etc., u.a. mit dem Ziel der Ermittlung von Verbesserungs- und Qualifizierungsmöglichkeiten, zum Gegenstand. Dieser Befund verweist auf die Bedeutung, der Qualitätssicherung und -entwicklung sowie entsprechenden Verfahren und Instrumenten von Seiten der Leistungserbringer mittlerweile zugemessen wird.

Einschränkend ist jedoch auch zu sagen, dass sehr selten differenziertere bzw. differenzierende Aussagen zu den in Rede stehenden Tatbeständen getätigt wurden. So wurde Elternarbeit/ Zusammenarbeit mit den Eltern/ Personensorgeberechtigten in der Regel lediglich als Leistungsmerkmal angegeben, mitunter als Zusatzleistung, ohne dass genauer darauf eingegangen wurde, wie genau Elternarbeit in der Einrichtung oder dem Dienst erfolgt. Auch ging bspw. die ohnehin nur recht spärliche Thematisierung der Kooperation mit dem Jugendamt/ ASD kaum über eine bloße Erwähnung hinaus. Ausnahmen bildeten Angaben zur Partizipation, wo bisweilen recht ausführlich über Beteiligungskonzepte und -möglichkeiten informiert wurde, Teamberatungen sowie die Möglichkeiten und Aktivitäten zu interner und externer Fortbildung.

3.2 Qualitätsgewährleistung

Die Komplexität und Differenziertheit der Qualitätsfrage in der Kinder- und Jugendhilfe und die damit einher gehende Unsicherheit bei der Bestimmung und Definition dessen, was Qualität letztendlich ausmacht, verkompliziert bei den Qualitätsentwicklungsvereinbarungen die Praxisprobleme weiter. Die Forderung einer Formulierung von Grundsät-

zen und Maßstäben zur Bewertung der Qualität der Leistungsangebote
sowie von geeigneten Maßnahmen zu ihrer Gewährleistung setzt ein
elaboriertes und verbindliches Qualitätsverständnis voraus. Hinzu tritt
die Frage, wie diese Grundsätze und Maßstäbe beschaffen sein müssen,
denn auch hierüber gibt die laufende Debatte bislang keine umfassend
befriedigende Auskunft. Zudem ist die Regelung in sich widersprüch-
lich, fordert sie doch bei enger Auslegung entgegen der Gesetzesbe-
gründung scheinbar lediglich Aussagen zu Aktivitäten, die geeignet
sind, die Qualität des Leistungsangebotes zu *sichern*. Die Wahl des
Terminus „Qualitätsentwicklungsvereinbarung" jedoch macht deutlich,
dass Qualität in der sozialen Arbeit nicht objektiv messbar ist und auch
keinen statischen Zustand annehmen kann. Selbst wenn man sich also
auf ein enges Verständnis der Regel zurück ziehen wollte, bliebe zu bedenken, dass Qualitätssicherung in der Kinder- und Jugendhilfe aufgrund der Dynamik des Handlungsfeldes und der dieser nicht unwesentlich zu Grunde liegenden Dynamik der gesellschaftlichen Entwicklung, die stets neue Anforderungen hervorbringt, *immer* einen entwick-
lungsbezogenen Impact aufweisen muss. Das wiederum macht unmiss-
verständlich klar, dass Qualitäts*entwicklung* einen wichtigen Stellenwert
besitzt und mithin einen eigenen Handlungsauftrag darstellt. Denn
Qualitätsentwicklung im „Nachgang" ist fachlich schlicht nicht denkbar.

In der Praxis scheinen jedoch kaum klare Vorstellungen darüber zu
bestehen, was Qualitätssicherung, Qualitätsbewertung und letztlich
Qualitätsentwicklung in den Erziehungshilfen im Rahmen der Vereinbarungen gemäß §§ 78 a ff. SGB VIII konkret ausmacht, wie dies zu operationalisieren bzw. zu fassen ist, und folglich *was* in *welcher Form* in eine
Qualitätsentwicklungsvereinbarung hinein gehört. Wiesner fokussiert
unter Rekurs auf diese Problematik auf ein Verständnis, das dem Wesen
von Qualitätsentwicklungsvereinbarungen grundsätzlich prozesshaften
Charakter zuweist, und darüber hinaus – sozusagen ergänzend – die kritische Auseinandersetzung mit dem bisher Erreichten betont: „Während im Rahmen der statischen Leistungsvereinbarung insbesondere die
Aspekte der Struktur- und Prozessqualität im Vordergrund stehen, ist
Thema der Qualitätsentwicklungsvereinbarung auch die Ergebnisqualität. Dabei geht es allerdings nicht um das Ergebnis eines individuellen

Hilfeprozesses, sondern – allgemein – um Rahmenbedingungen, die dazu beitragen die jeweilige Hilfeleistung, also zum Beispiel Heimerziehung, erfolgreich durchzuführen" (ders. 2004, S. 146). Die enge Verzahnung der Qualitätsentwicklungsvereinbarung mit der Leistungs- und der Entgeltvereinbarung wird hier ebenso deutlich sichtbar, wie die doppelt zu bestimmende Funktion der Qualitätsentwicklungsvereinbarung bzw. des dahinter liegenden Prozesses als einen, der als rekursiv und reflexiv angelegter *Diskussions*prozess Schlussfolgerungen zieht aus der Analyse vorhandener Bedingungen und Aktivitäten und somit von vornherein ein Entwicklungsziel in den Blick nimmt. Dabei spielt neben der von Wiesner eingeforderten Auseinandersetzung mit den Rahmenbedingungen einer Hilfeleistung im Einzelfall *auch* die Beschäftigung mit dem Prozess der Leistungsrealisierung im Einzelfall eine wichtige Rolle, und zwar sowohl für Leistungsgewährer als auch für Leistungserbringer. Die BAG LJÄ rückt diesbezüglich unter Verweis auf die Debatte „bestimmte Schlüsselprozesse (z.B. Aufnahme- und Hilfeplanverfahren, Erziehungsplanung, Zusammenarbeit mit den Eltern)..." in den Mittelpunkt, „...die sicherstellen, dass Qualität erhalten und weiterentwickelt werden kann" (vgl. 2000, S. 6). Mithin hat es um die fachliche Ausgestaltung von Schlüsselprozessen zu gehen, welche erst die Qualität der Leistung gewährleistet.

In der erwähnten Untersuchung finden sich dort unter Qualitätsentwicklung (Einzelvereinbarungen, Abschnitte, Verweise in Leistungsbeschreibung) die folgenden Angaben (Tabelle 2). Daneben wurden von Trägern, Einrichtungen bzw. Diensten in den Vereinbarungen Angaben gemacht zu Anliegen und Zielstellungen von Qualitätsentwicklung in Hinblick das eigene Leistungsangebot, die den Gewährleistungsaspekt zumindest in der Theorie aufgreifen und perspektivisch „verlängern" können. Neben Bezugspunkten wie Ergebnisorientierung, die Betonung von Kooperation, das Vorhandensein von Qualitätsstandards in der Einrichtung/ dem Dienst oder die Verpflichtung auf ein Leitbild konnten die folgenden Qualitätsziele beobachtet werden (Tabelle 3).

Tabelle 2: Maßnahmen der Qualitätssicherung/ Qualitätsentwicklung (Nennungen)

Maßnahmen	Anzahl der Nennungen
Teamberatung/ Dienstberatung	20
Fort- und Weiterbildung (intern)	19
Fort- und Weiterbildung (extern, Möglichkeit)	17
Fallbesprechungen	14
Supervision	13
Hilfeplanung/ Erziehungsplanung	13
Prozess- und Zielprüfung im Einzelfall	12
Mitarbeitergespräche (Leitung)	12
Dokumentation	12
Feedbackinstrumente/ -strategien	10
Gemischte Fachteams (themenspezifisch)	9
Einzelfallauswertung	9
Evaluation	9
Beschwerdemanagement	8
Selbstevaluation	8
Projektgruppenarbeit (Einrichtung/ Träger)	7
Entlassungsanalyse/ -statistik	5
Coaching	5
Leitungskonferenzen	5
Mitarbeit in externen Arbeitsgruppen	5
Flexible Arbeitszeitgestaltung	3
Initiierung von Qualitätsdialogen	2
Elternarbeit	2
Berichtswesen	1

Tabelle 3: Qualitätsziele, Qualitätsentwicklung (Nennungen)

Qualitätsziel	Häufigkeit
Vervollständigen der Konzeption/ Konzeptentwicklung	24
Sicherung fachlicher Kompetenz	4
Überprüfbarkeit der Leistung erreichen	2
Schaffung familienähnlichen Charakters	1
Sicherung und Ausbau der fachlichen Strukturen	1
Anpassungsfähigkeit an Bedarfslagen sichern	1
Bedarfsorientierung gewährleisten	1
Personalentwicklung	1
Sicherung bzw. Steigerung von Effizienz	1

Letztlich muss jedoch einschränkend festgehalten werden, dass trotz des umfangreichen Kataloges an Aktivitäten und Prozessen ein begründeter bzw. nachvollziehbarer Bezug auf Leistungsangebot und Leistungserbringung oder eine Darstellung dessen, warum, wofür und in welchem Umfang etwas unternommen wird, also was zur Gewährleistung von Qualität beiträgt oder beitragen soll und warum dies so ist, in den allermeisten Fällen nicht erfolgte. Ebenso wenig wurde der Versuch unternommen, die zur Einlösung der genannten Qualitätsziele angezeigten Erfordernisse systematisch herauszuarbeiten und in konkrete Handlungsschritte zu übersetzen, womit sie durchgehend auf einer programmatischen Ebene verblieben. Dies resultiert in einem Mangel an Konzepten oder konzeptionellen Überlegungen sowie in der Folge an geeigneten Handlungsschritten. In der Zusammenschau zeigt sich eine Situation, wie sie auch von Johannes Münder und Britta Tammen in ihrer Untersuchung von Vereinbarungen gem. §§ 78 a ff. SGB VIII für Qualitätsentwicklungsvereinbarungen festgestellt wurde: „Vergleichbare Ausführungen zum Thema Qualität finden sich unter den Begriffen 'Qualitätsentwicklungsvereinbarung', 'Qualitätsentwicklungsbeschreibung', 'Maßnahmen der Qualitätssicherung', 'Qualitätssicherung und Controlling', 'Qualitätsmerkmale', 'Qualitätssteuerung', 'Qualitätsstandards' und 'Qualitätsmanagement'. [...] Die Unsicherheit der Vertragsparteien zeigt sich auch bei den Inhalten zu diesen Themen. In vielen Fällen scheint es, dass die Vertragspartner – zumeist die Leistungsanbieter, auf deren Leistungsbeschreibung Bezug genommen wird – über ein Grundwissen zum Thema Qualität und insbesondere über die Kriterien Struktur-, Prozess- und Ergebnisqualität verfügen. Inwiefern konkret diese Kriterien bei der Leistungserbringung Berücksichtigung finden sollen, bleibt zumeist unklar" (dies. 2003, S. 51 f.).

3.3 Bewertung der Qualität eines Leistungsangebotes

Einen weiteren wesentlichen Aspekt von Qualitätsentwicklungsvereinbarungen bilden die in § 78 b Abs. 1 Ziffer 3 SGB VIII geforderten Grundsätze und Maßstäbe zur Bewertung der Qualität des Leistungsangebotes. Die Bewertung der Qualität des Leistungsangebotes bzw. die hierbei ermittelten Ergebnisse sind eine zentrale Voraussetzung, soll die mit der Regelung verbundene Intention leistungsgerechter Entgelte in der Praxis eingelöst werden. Wenn die Bundesarbeitsgemeinschaft der Landesjugendämter für die Entscheidung über eine Hilfe im Einzelfall mit Blick auf Qualitätsentwicklungsvereinbarungen feststellt, dass, „um für die örtliche Entscheidungspraxis eine Vergleichbarkeit zu erreichen, [...] ein Rahmen für die Qualitätsentwicklungsvereinbarungen, d.h. Klarheit über die Inhalte von Qualitätsentwicklungsvereinbarungen, anzustreben [ist]" (BAG LJÄ 2000, S. 6), so gilt dies umso mehr für die Bewertung der Qualität eines Leistungsangebotes.

Die aus der Debatte um Ergebnisqualität, -messung und Wirkungsforschung bekannten Schwierigkeiten zeigen sich auch in den untersuchten Vereinbarungen, welche keinerlei Aussagen zur Bewertung der Qualität des Leistungsangebotes beinhalteten. Für die praktische Umsetzung hält es Emanuel für hilfreich, die Aspekte „Grundsätze und Maßstäbe für die Bewertung von Qualität" und „geeignete Maßnahmen zu ihrer Gewährleistung" unabhängig voneinander zu betrachten: „Grundsätze und Maßstäbe für die Bewertung von Qualität impliziert z.B. die Entwicklung von Standards, die Prüfung, Messung und Beurteilung von Qualität. Demnach ist Qualitätsbewertung eher punktuell und statisch orientiert. Die Gewährleistung von Qualität hingegen ist ganzheitlich und prozessual orientiert. Beide Vorgehensweisen sind untrennbar miteinander verbunden und stehen in ständiger Wechselwirkung" (ders. 2001, S. 138), wenn Qualitätsbewertung Auskunft gibt über den erreichten Stand der Gewährleistung von Qualität und damit wertvolle Informationen und Impulse zu ihrer Weiterentwicklung beisteuert.

In Bezug auf die Gewährleistung der zugesicherten Leistungsqualität wird in der Diskussion auf Kriterien und Indikatoren hingewiesen, die Auskunft über den Grad der Gewährleistung geben können. Da in der Kinder- und Jugendhilfe Qualitätsbeurteilungen grundsätzlich auch subjektiv gefärbt sind, muss hierüber Einvernehmen zwischen *allen* Beteiligten hergestellt werden, soll die geforderte Vergleichbarkeit erreicht werden. In der Fachdebatte wird dieses Thema weniger unter Bezug-

nahme auf Qualitätsentwicklungsvereinbarungen als in Hinblick auf die
Messung von Ergebnisqualität diskutiert. Dennoch finden sich Anre-
gungen für entsprechende Kriterien und Indikatoren, die bisweilen bis
auf die Ebene einzelner Handlungsvollzüge bzw. deren Ausgestaltung
und Überprüfbarkeit reichen (vgl. BAG LJÄ 2000). Zu nennen sind hier:
- auswertbares, klar strukturiertes Berichtswesen,
- Vereinbarung eines Dialoges zwischen den Partnern,
- Vereinbarung von Evaluationsverfahren,
- evtl. geeignete Zertifizierungsverfahren
- Fort- und Weiterbildung der MitarbeiterInnen,
- Selbstevaluation,
- Supervision,
- Transparenz von Zuständigkeiten und Entscheidungsstrukturen,
- fachliche Vernetzung,
- Teamberatung,
- Praxisberatung extern/ intern,
- Beschwerdemanagement.

All diese *Instrumente* finden sich in vielen der vorliegenden Vereinbarungen. Im Gegensatz zum Standpunkt der BAG LJÄ ist jedoch zu be-
tonen, dass es sich dabei in vielen Fällen nicht schon an sich um Indikatoren handelt (zum Kriterium kann in diesem Sinne dann ohnehin nur
gemacht werden, dass diese Instrumente angewendet werden), denn
das würde bedeuten, dass ihre bloße Anwendung schon für einen Qua-
litätsbeleg genommen wird, tatsächlich jedoch z.T. der Beschreibung
der (prinzipiellen) Qualität der Leistung dient. Es handelt sich also neben einigen Ausnahmen (Supervision, Selbstevaluation, Teamberatungen) um Tatbestände, die, um als Indikatoren gelten zu können, eines
konkreten fachlichen Rückbezuges auf die vereinbarten Qualitätsgrundsätze und schließlich auf das konkrete Angebot bedürfen. Zudem sind
handlungsfeldbezogene Aspekte zu beachten. Fort- und Weiterbildung
z.B. macht im Zusammenhang mit Qualitätsentwicklung nur einen Sinn,
wenn die Themen relevant sind für das konkrete Arbeitsfeld (und wenn
Fort- und Weiterbildung die Handlungspraxis tatsächlich beeinflussen).
Selbiges gilt für Zuständigkeiten und Entscheidungsstrukturen oder für
das Beschwerdemanagement, welche in unterschiedlichen Leistungsbe-

reichen völlig verschiedenen Anforderungen genügen müssen und mitunter komplett anders zu organisieren sind. In diesem Sinne ist auch Vernetzung eine fachlich unerlässliche, deswegen aber noch lange keine universelle Größe.

Weniger Klarheit besteht darüber, wie Kriterien beschaffen sein können, die Qualitätsentwicklungsbestrebungen bzw. -möglichkeiten anregen bzw. aufzeigen und ggf. mit Hilfe geeigneter Indikatoren überprüft (zu allererst durch die Leistungsanbieter selbst) werden können. Ein bloßer Bezug auf fachliche bzw. gesellschaftliche Entwicklungen hilft hier nicht weiter. Wesentlich scheint jedoch, dass fachliche und konzeptionelle Ziele formuliert werden, die für eine Profilierung des Angebotes stehen und dabei die regionalen Bedingungen und Anforderungen (Sozialentwicklung, Jugendhilfeplanung) im Blick behalten. Gemeinsam getragenen und verbindlichen Qualitätsmaßstäben kommt hier eine wichtige Orientierungsfunktion zu. Denn in diesen ließen sich auch die Fixpunkte festlegen, denen bspw. Strategien der Fort- und Weiterbildung von MitarbeiterInnen, möglicherweise mit dem Ziel der fachlichen Weiterentwicklung ganzer Angebotsstrukturen (Flexibilisierung?), folgen könnten.

4   Fazit

Die vorangegangenen Ausführungen verdeutlichen, dass Qualitätsbewertung, -gewährleistung und -entwicklung im Sinne der mit § 78 b Abs. 1 Ziffer 3 SGB VIII verfolgten Intentionen (vgl. BT-Drucksache 13/10330) einen intensiven Diskussions- und Verständigungsprozess der beteiligten Akteure vor Ort erfordern. Werden die zentralen Anforderungen an eine Qualitätsentwicklungsvereinbarung ernst genommen, dann ist zu allererst eine Verständigung über gemeinsame Qualitätsmaßstäbe zu leisten, auf deren Grundlage die Kriterien zu erarbeiten sind, welche Aussagen darüber erlauben, wann bzw. in welcher Form Maßnahmen und Instrumente *geeignet* sind zur praktischen Einlösung dieser Qualitätsmaßstäbe. Gleichzeitig sind Zuständigkeiten und Verfahren für eine Prüfung der Umsetzung der in den Qualitätsentwicklungsvereinbarungen getroffenen Aussagen zu diskutieren und zu vereinbaren. Das bedeutet für die Leistungsanbieter „interne oder externe Kontrolle, Fehlerbeseitigung und -vermeidung" (Kaufhold/ Gottlieb/ Thomsen 2003, ebd.). Hierbei geht es also um kontinuierliche, ggf. externe Qualitätsprüfungen.

Essenziell ist jedoch der kritische Dialog zwischen den Beteiligten, in dem eine Verständigung über Qualitätsstandards, -kriterien, -indikatoren und -ziele erfolgen muss, und zwar sowohl mit Blick auf das konkrete Angebot als auch auf die gesamte HzE-Infrastruktur und deren Weiterentwicklung in der Region. Eine wesentliche Kritik an der Praxis besteht nun aber darin, dass die Aufgabe der Qualitätssicherung und -entwicklung (zu) einseitig den Leistungserbringern angelastet wird bzw. die örtlichen öffentlichen Träger selbst eher selten über elaborierte Strategien für die Praxis der Qualitätsentwicklungsvereinbarungen und die damit verbundenen inhaltlichen Fragen verfügen. Alfons Wissmann kommt zu dem Schluss, „...dass viele Jugendämter in der Vergangenheit eine Auseinandersetzung fachlich-inhaltlicher Art über Standards in den Leistungen in Ausübung ihrer oft von außen zugeschriebenen, aber auch verinnerlichten Rolle als Kostenträger vermieden hatten und insbesondere für das Feld der stationären Hilfen mehr oder weniger voll auf die vorhandenen – oder möglicherweise auch weniger vorhandenen – fachlichen Kompetenzen der Einrichtungsträger vertraut haben" (ders. 2003, S. 52). Diese „Delegation" an die Leistungserbringer kann unter Steuerungsgesichtspunkten mittelfristig nicht im Interesse der Jugendämter und Fachbereiche liegen, da die Partikularität der entsprechenden Bemühungen kaum systematische Entwicklungseffekte (Stichwort: *fachlich* regulierter Qualitätswettbewerb) erwarten lässt.

In gemeinsamer Diskussion und Entwicklungsarbeit ist zu klären, was Qualitätsentwicklungsvereinbarungen für Leistungserbringung, Angebot und Angebotsstruktur bringen können bzw. müssen. Voraussetzung dafür ist in erster Linie ein geteiltes, tragfähiges Verständnis von Qualität in den erzieherischen Hilfen. Um hier Grundsatzdebatten zu vermeiden und der Doppelfunktion der Qualitätsentwicklungsvereinbarungen zugewiesenen gerecht werden zu können, sind die verschiedenen Ebe-

nen des Zustandekommens und der Umsetzung einer Leistung der erzieherischen Hilfen sowie deren Rahmenbedingungen in den Blick zu
nehmen. Für diese sind Qualitätskriterien zu formulieren, die als Maßstab für die weitere Entwicklung der Erziehungshilfeinfrastruktur sowie
als fachliche Bezugsfolie für die Evaluation der bestehenden Angebote
und ihrer Arbeit *und* der des örtlichen öffentlichen Trägers fungieren.

Die Entwicklung von Grundsätzen und Maßstäben für die Bewertung
der Qualität der Leistungsangebote zielt auf die kritische fachliche
Überprüfung der Leistung des Anbieters bei der Umsetzung von Erzie-
hungshilfemaßnahmen. Ein Schwerpunkt sollte dabei auf die zunächst
fachliche Evaluation und Bewertung der Leistung im Einzelfall sowie die
damit erzielten Wirkungen gelegt werden. Hier geraten Hilfeplanung
und Maßnahmeverlauf in den Blick, für deren Evaluation Indikatoren
und Instrumente zu entwickeln sind, welche in einem abgestimmten,
verbindlichen und Gleichbehandlung sichernden Verfahren zur Anwendung gebracht werden. Dieses Verfahren und die damit verbundenen
Intentionen und Konsequenzen sowie die zur Anwendung kommenden
Instrumente sollten gemeinsam erarbeitet werden und Bestandteil der
Qualitätsentwicklungsvereinbarung zwischen öffentlichem Träger und
(allen regionalen) Leistungsanbietern sein (vgl. Weihrauch/ Evermann
2004).

Für die wirtschaftliche Überprüfung und Steuerung von Erziehungshilfen (im Einzelfall) ist die Schnittstelle zwischen fachlicher Leistungserbringung und den hierfür aufgewendeten Kosten von besonderem
Interesse. Dabei ist dem Grundsatz zu folgen, dass nur eine erfolgreiche
Maßnahme eine wirtschaftliche Maßnahme darstellt. Schwerpunkt des
wirtschaftlichen Controllings muss mithin die methodisch abgesicherte
und transparente Operationalisierung des Verhältnisses von Fachlichkeit
(Effektivität) und Kosten sein, da nur aus der Bestimmung dieses Verhältnisses valide Aussagen zur Effizienz einer Leistung im Einzelfall abgeleitet werden können. Das bedeutet den steuernden Blick zu wenden
von der Gewährungspraxis hin zur systematischen Untersuchung der mit
der gewährten Hilfe erzielten Effekte. Das wiederum bedeutet aber freilich nicht, die Praxis der Gewährung von Hilfen im Einzelfall im Rahmen
der Hilfeplanung der kritischen Analyse vorzuenthalten. „Hilfeplanung

ist auch hier das Umsetzungsgelenk, die Verbindung zwischen Leistungsvereinbarung und Leistungserbringung – allgemeiner ausgedrückt:
zwischen vertrag und Vertragserfüllung (=Dienstleistung)" (Dedekind
2003, S. 22). Hinzuzufügen ist, dass Hilfeplanung bzw. ihre Ausgestaltung wichtige Voraussetzung ist für die Erfolgsaussichten der Leistungserbringung. Insofern muss dafür Sorge getragen werden, dass Maßstäbe und Grundsätze der Bewertung einer Leistung immer auch die der
eigentlichen Leistungserbringung vorausgehenden Prozesse in den
Blick nehmen. Entsprechende Vereinbarungen sollten daher auch für
den ASD erarbeitet werden.

Ein weiterer Aspekt betrifft die Aufforderung zur fachlichen Weiterentwicklung des verhandelten Leistungsangebotes. In der Qualitätsentwicklungsvereinbarung sind Aussagen zu treffen, die über die Perspektive der Angemessenheit der aktuellen Strukturqualität sowie die
Betrachtung der Prozess- und Ergebnisqualität (im Einzelfall) die fachliche und konzeptionelle Perspektive des Angebotes als Ganzes in den
Blick nimmt. Hierfür ist die Erarbeitung eines Entwicklungsleitbildes erforderlich, welches gewissermaßen als Rahmenkonzept die Formulierung von Zielen und die Planung von Schritten zu ihrer Erreichung ermöglicht. Dies betrifft in erster Linie die konkrete Einrichtung, den
Dienst bzw. den Träger des Angebotes. Die Ergebnisse der Einzelfall-
evaluation liefern dabei wichtige Anregungen für die Entwicklung der
Arbeit im Konkreten sowie daraus sich ergebende Impulse für eine konzeptionelle Qualifizierung des Angebotes. Darüber hinaus ist der Träger
gut beraten in diesem Zusammenhang die Aussagen der Jugendhilfeplanung und die fachlichen und fachpolitischen Vorgaben für die Jugendhilfe auf kommunaler Ebene (Leitbild) systematisch zu berücksichtigen.

Voraussetzung ist auch hier der kritische Dialog zwischen örtlichen öffentlichen und freien Trägern der Erziehungshilfe zu Fragen der gegenwärtigen und zukünftigen Anforderungen an die fachliche Struktur des
Handlungsfeldes in der Region. Dies setzt Klarheit über bestehende
bzw. zu erwartende Entwicklungs*anforderungen* (Jugendhilfeplanung)
voraus, für die in der Folge die fachlichen und strukturellen Entwicklungs*aufgaben* zu bestimmen sind. Qualitätsentwicklung, die – gemein-

sam betrieben – hier ansetzt, sichert die Voraussetzungen für eine fachlich effektive und wirtschaftlich effiziente Entwicklungsarbeit. Mittels gezielter Verständigung über einrichtungsbezogene Qualitätsziele (bspw. Qualifikation von MitarbeiterInnen), deren Umsetzung und turnusmäßige Überprüfung wird eine fachliche Profilierung der Angebote eingefordert, deren im Effekt gewachsene Leistungsfähigkeit den Einzelnen, der Infrastruktur und nicht zuletzt dem Jugendhilfehaushalt zu Gute kommt.

Literatur

Becker, Patric N. (1999): Welche Qualität haben Hilfepläne? Bundesweite Strukturanalyse und Konzeption eines Handlungsleitfadens, Frankfurt/ Main.

Böllert, Karin (2003): Fachlich regulierter Qualitätswettbewerb, In: Sozialpädagogisches Institut im SOS-Kinderdorf e.V.: Qualitätsentwicklung und Qualitätswettbewerb, München.

Dedekind, Marion (2003): Stellenwert des Hilfeplanes im Rahmen der Qualitätsentwicklung, In: AFET Mitglieder-Rundbrief Nr. 3/ 2003, S. 20-28.

Deutscher Bundestag 13. Wahlperiode (1998): Beschlussempfehlung und Bericht des Ausschusses für Arbeit und Sozialordnung vom 01.04.1998, Bundestagsdrucksache 13/10330, Bonn.

Gottlieb, Hans-Dieter/ Kaufhold, Susanne/ Thomsen, Monika (2003): Rahmenverträge nach § 78 f SGB VIII, In: Verein für Kommunalwissenschaften e.V./ AFET e.V.: Die Vereinbarungen nach §§ 78a ff. SGB VIII. Bestandsaufnahme und Analyse der Leistungs-, Entgelt- und Qualitätsentwicklungsvereinbarungen sowie der Rahmenverträge, S. 83-155, Berlin.

Gottschalk, Ingo/ Rudolf, Heike (2004): Die §§ 78a ff. SGB VIII und Jugendhilfeplanung, In: Verein für Kommunalwissenschaften e.V.: Zusammenhänge und Wirkungen: Umsetzungsstand und Perspektiven der Regelungen nach §§ 78a bis g SGB VIII, Berlin.

Kröger, Rainer (2003): Leistungs-, Entgelt- und Qualitätsentwicklungsvereinbarungen als Einheit oder unterschiedliche Verfahren? In: Sozialpädagogisches Institut im SOS Kinderdorf e.V.: Qualitätsentwicklung und Qualitätswettbewerb, München.

Kröger, Rainer (1999): Umsetzung der §§ 78 a-g SGB VIII. Aktueller
Stand in den einzelnen Bundesländern in: Jugendhilfe, Jg. 37, Heft 3/
1999, S. 173-182.

Kurz-Adam, Maria (2004): Fachlichkeit, Recht und Ökonomie – Herausforderungen an modernes fachliches Handeln im Jugendamt in:
Nachrichtendienst des Deutschen Vereins, Heft 8/ 2004, S. 269 – 276.

Landkreis Gotha, Jugendamt/ Planungsgruppe Petra e.V. (2004): „Modellprojekt 'Partizipation in der Hilfeplanung', Abschlussbericht", o.O.

Landschaftsverband Westfalen-Lippe (o.J.): Qualität durch Beteiligung
in der Hilfeplanung nach § 36 SGB VIII. Ergebnisse und Anregungen
aus einem Modellprojekt durchgeführt in Kooperation mit den Jugendämtern Siegen, Paderborn und dem Kinder haben Rechte e.V.,
o.O.

Modellprogramm Fortentwicklung des Hilfeplanverfahrens (2003): Hilfeplanung als Kontraktmanagement? Erster Zwischenbericht des For-
schungs- und Entwicklungsprojekts 'Hilfeplanung als Kontraktmanagement', Koblenz.

Münder, Johannes/ Tammen, Britta (2003): Die Vereinbarungen nach §§
78a ff. SGB VIII. Eine Untersuchung von Leistungs-, Entgelt- und Qualitätsentwicklungsvereinbarungen, In: Verein für Kommunalwissenschaften e.V./AFET e.V.: Die Vereinbarungen nach §§ 78a ff. SGB VIII.
Bestandsaufnahme und Analyse der Leistungs-, Entgelt- und Qualitätsentwicklungsvereinbarungen sowie der Rahmenverträge, S. 11-82,
Berlin.

Thomas Drößler

Struck, Norbert (2003): Qualitätsentwicklungsvereinbarungen. Von der Intention des Gesetzgebers zum Gebrauchswert für die Praxis, In: Stadt Nürnberg/ Regionale Kommission Kinder- und Jugendhilfe Franken/ Bayer. Staatsministerium für Arbeit und Sozialordnung, Familie und Frauen/ xit GmbH forschung.planung.beratung: Qualitätsentwicklungsvereinbarungen in den teilstationären und stationären Hilfen zur Erziehung. Dokumentation eines Fachgespräches der freien und öffentlichen Jugendhilfe Franken, Nürnberg.

Wiesner, Reinhard (2004): Einschätzungen des Umgangs mit den Regelungen nach §§ 78a ff. SGB VIII in der Praxis und ihrer Wirkungen, gespiegelt an den Intentionen des Gesetzgebers in: Verein für Kommunalwissenschaften e.V.: Zusammenhänge und Wirkungen: Umsetzungsstand und Perspektiven der Regelungen nach §§ 78a bis g SGB VIII, Berlin.

Weihrauch Bodo/ Evermann, Friedhelm (2004): Die §§ 78a ff. SGB VIII und der Zusammenhang von Finanzierung sowie Leistungs-, Entgelt- und Qualitätsentwicklungsvereinbarungen – Dortmunder Kommentare in: Verein für Kommunalwissenschaften e.V.: Zusammenhänge und Wirkungen: Umsetzungsstand und Perspektiven der Regelungen nach §§ 78a bis g SGB VIII, Berlin.

Wissmann, Alfons (2003): Die Rolle der Jugendämter in Theorie und Praxis in: Verein für Kommunalwissenschaften e.V.: Erste Erfahrungen bei der Umsetzung der Regelungen nach §§ 78a bis g SGB VIII und die wirkungsorientierte Gestaltung von Qualitätsentwicklungs-, Leistungs- und Entgeltvereinbarungen, Berlin.

Hartmut Mann

Qualitätsentwicklung in Kooperation von öffentlichen und freien Trägern der Jugendhilfe

1 Was motiviert zur Qualitätsentwicklung?

Die Qualitätsentwicklung in der Jugendhilfe ist gemäß § 78 b SGB VIII in das Vereinbarungsverfahren für die stationären und teilstationären Jugendhilfeeinrichtungen eingebunden. Der Abschluss einer Qualitätsentwicklungsvereinbarung ist Voraussetzung für die Kostenübernahme durch den öffentlichen Träger der Jugendhilfe.

Die Entwicklung der Qualität von Jugendhilfeleistungen war und ist nicht allein an diese gesetzliche Normierung gebunden. Grundsätzlich ist davon auszugehen, dass jede Organisation – und damit auch jeder Träger der Jugendhilfe – Interesse an guter Qualität in der Wahrnehmung der wesentlichen Aufgaben und Funktionen hat. Die Leitung und die Mitarbeiterinnen und Mitarbeiter von öffentlichen und freien Trägern wollen die wesentlichen Organisationsziele erreichen, für die Art und Weise ihrer Aufgabenerfüllung – letztlich also für gute Arbeit – anerkannt werden. Ob nun Jugendamt oder freier Träger der Jugendhilfe, die Wahrnehmung von Nutzerinnen und Nutzern, von (politischen) Entscheidungsträgern sowie die öffentliche Meinung, dass dort gute Arbeit geleistet wird, ist von großer Bedeutung. Je mehr der Fortbestand einer Organisation von dieser Wahrnehmung abhängt, desto mehr kommt zur vorhandenen Eigenmotivation die zielgerichtete Darstellung guter Qualität als wesentliche Organisationsaufgabe hinzu.

Qualitätsentwicklung in der Jugendhilfe begann nicht mit der Einführung der §§ 78 a ff. SGB VIII zum 01.01.1999 und sie ist keineswegs auf den Katalog stationärer und teilstationärer Leistungen, für den das dort geregelte Vereinbarungsverfahren gilt, beschränkt. Die Regelung hat

jedoch Ausstrahlungseffekte auf ambulante Leistungen der Erziehungshilfe, auf neue ambulante Maßnahmen der Jugendgerichtshilfe und in
einigen Gebietskörperschaften auch auf Jugendsozialarbeit bis hinein in
die offene Kinder- und Jugendarbeit.

Ausgehend von der Annahme, dass Qualitätsentwicklung kein solitä-
rer Prozess ist, sondern nur als Teil einer Gesamtentwicklung tatsächlich
funktionieren und Wirkung entfalten kann, ist der Blick auf die Ziele und
Folgen der Einführung der §§ 78 a ff. SGB VIII von Bedeutung.

Die Gesetzesnovelle ersetzte den § 77 SGB VIII durch ein komplexes
Vereinbarungsverfahren zu Leistung, Qualität und Entgelt. Die Novellierung war deutlich auch von wirtschaftlich bzw. ökonomisch orientierten
Motivlagen bestimmt. Freie Träger wollten die Aufhebung der Kosten-
deckung erreichen, die eine Refinanzierung der Gestellungskosten
nicht mehr zuließ. Die öffentlichen Träger wollten eine Anpassung an
die viel stärker ökonomisch orientierten Regelungen des §§ 93 ff.
BSHG. Die Bundesregierung begründete die Novelle mit dem Ziel der
Kostensenkung. Es sollte eine stärkere Leistungs- und Kostentranspa-
renz durch differenzierte leistungsgerechte Entgelte ermöglicht werden. Das Vereinbarungsverfahren verbindet pädagogische Zielsetzungen mit den wirtschaftlichen Fragen der Umsetzung. Der Begriff der
„Qualitätsentwicklung" wurde als offene prozessorientierte Formulie-
rung in Abgrenzung zu Wirtschaftlichkeit und Qualitätssicherung im
BSHG – inzwischen gemäß § 76 Abs. 3 SGB XII - gewählt. (vgl. Struck in
Fieseler/ Schleicher/ Busch (Hrsg.): Gemeinschaftskommentar SGB VIII;
Vorbemerkungen zu den §§ 78 a-g, Neuwied, Kriftel).

Es verwundert nicht, dass sich die auf wirtschaftliche Aspekte fokus-
sierten Motivlagen auch in der Praxis vor Ort wieder finden. Die Erfahrung der letzten Jahre zeigt, dass auch in Sachsen die Aushandlung von
unmittelbar entgeltwirksamen Leistungsmerkmalen und von Entgelten
im Vordergrund stand. Tatsächlicher Verhandlungsgegenstand mit Bezug zur Qualitätsentwicklung sind vor allem die Aufwendungen für Weiterbildung und Supervision. Mit der Unterzeichnung der Qualitätsentwicklungsvereinbarungen wurde oft einfach nur den gesetzlichen Anforderungen Genüge getan. Einzelne Gebietskörperschaften, die meist
auf Anregung von Akteuren aus den Reihen der freien Träger, den Qua-

litätsentwicklungsvereinbarungen erhöhte Bedeutung beimessen, erlassen Rahmenvorgaben für die Darstellung von Qualitätsentwicklung freier Träger und geben differenzierte Rückmeldungen zu den vorgelegten Qualitätsentwicklungsbeschreibungen.

Für die Träger von Einrichtungen und Diensten haben die Fachstandards zur Personal- und Sachausstattung und zur Beschreibung wesentlicher pädagogischer Prozesse große Bedeutung. Die Standards sind als Merkmale der Strukturqualität in die Vereinbarungen eingebunden. Die Hierarchieebene der öffentlichen Träger, die nicht unmittelbar mit Erziehungshilfe befasst ist, strebt eine Öffnung der Standards nach unten an, offenbar um die Kosten pro Tag und Platz zu senken. Für die freien Träger von Einrichtungen und Diensten ist dies eine bedrohliche Entwicklung. Sie sehen ein Szenario, in dem öffentliche Träger die Leistungen mit individuellem Rechtsanspruch regelmäßig zu Preisen unterhalb der Gestellungskosten einkaufen, dabei auf für Kinder, Jugendliche und das Personal riskante Ausstattungsbedingungen drängen und die Träger in Fragen der Haftung und der Arbeitgeberpflichten zum Agieren in rechtlichen Grauzonen zwingen. Die Entwicklung wird also weiterhin von den Themen Leistungsumfang und Entgelt bestimmt. In den Städten mit einer vielfältig entwickelten Trägerlandschaft werden Qualität und Wirkung von Jugendhilfeleistungen als Kriterien des Wettbewerbs um die Inanspruchnahme von Einrichtungen und Diensten durch das Jugendamt diskutiert.

Letztlich steht die Frage, wie Qualität entwickelt wird, ob durch Eigenmotivation, also das Interesse an der kontinuierlichen Verbesserung der eigenen Leistung, durch den Dialog zwischen öffentlichem und freiem Träger oder durch Formen des Wettbewerbs zwischen den freien Trägern.

2 Was heißt hier Kooperation?

Bei der Kooperation von Organisationen geht es um eine Zusammenarbeit zum gegenseitigen Nutzen. Eine wesentliche Voraussetzung gelingender Kooperation ist daher die Klarheit der Partner über die jeweils eigenen Ziele und ihre eigenen Möglichkeiten der Zielerreichung. Darauf aufbauend kann vereinbart werden, was der jeweils andere zur Erfüllung des von beiden Seiten identifizierten gemeinsamen Zieles in die Kooperation einbringt. Die Zusammenarbeit zum gegenseitigen Nutzen hat im besten Fall eine gegenseitige Stärkung der Partner zur Folge, aber auch Machtpositionen und Abhängigkeiten sind in den Blick zu nehmen: Geht es um eine Zusammenarbeit von Gleichen oder ist ein Partner systemdominant und der andere von ihm abhängig? Geht es um die Erfüllung zentraler Aufgaben und damit um echte gegenseitige Abhängigkeit oder handelt es sich um eine Zusammenarbeit in randständigen bzw. ergänzenden Bereichen?

Der öffentliche Träger hat die Verantwortung für das Gesamtsystem der Jugendhilfe. Er ist für die jugendpolitische Strategie und die Planung zuständig. Das Jugendamt steuert und kontrolliert die Verwendung der materiellen Ressourcen. Freie Träger sind in einer regionalisierten Jugendhilfe von diesem wichtigsten Partner und Hauptauftraggeber stark abhängig. Das durch die Reduzierung von öffentlichen Mitteln gegenwärtig bestehende Kapazitätsüberangebot verstärkt diese Abhängigkeit. Damit hat der öffentliche Träger die Auswahl. In den großen Städten gibt es einen vor allem an Leistung und Preis pro Tag bzw. Stunde orientierten Wettbewerb um Aufträge und Zuschüsse. Im ländlichen Raum sind diese Prozesse eher verdeckt vorhanden.

Kinder, Jugendliche und selbst Eltern als Nutzerinnen und Nutzer haben bestenfalls die Möglichkeit von Wunsch und Wahl, jedoch kaum direkten Einfluss auf das Jugendhilfesystem.

Das Jugendamt ist wirtschaftlich gesehen systemdominant und bestimmt damit wesentlich die tatsächlichen Kooperationsbedingungen mit den freien Trägern. Die Gesamtverantwortung des öffentlichen Trägers stellt aber auch umgekehrte Abhängigkeit her. Er braucht die freien Träger als Partner für die Gewinnung von planungsrelevanten Informationen und ist auf die zuverlässige Leistungserbringung in guter Qualität angewiesen um die gesetzten Ziele erreichen und um Planung und Mittelverwendung auch politisch legitimieren zu können.

Der Gesetzgeber hat in § 4 SGB VIII den öffentlichen Träger zur Partnerschaftlichkeit und Respektierung der Eigenständigkeit der freien

Träger der Jugendhilfe verpflichtet. Eine im Sinne des gemeinsamen Zieles produktive Kooperation hat die Aufgabe, nicht die wirtschaftliche Abhängigkeit, sondern die notwendigen Kommunikationsprozesse im Dialog von öffentlichem Träger und freien Trägern der Jugendhilfe zielgerichtet zu organisieren. Die größere Verantwortung zur Ausgestaltung zum gegenseitigen und zum gemeinsamen Nutzen für die örtliche Jugendhilfe kommt dem öffentlichen Träger zu.

Die systematische Weiterentwicklung von Ergebnisqualität bzw. der Versuch, über Wirkung von Leistungen zu steuern, ist ohne die in der Kooperation abgestimmten Prozesse schlicht nicht möglich.

3　Wer bestimmt eigentlich, was Qualität ist?

Die Qualität in der Kinder- und Jugendhilfe macht sich an den Merkmalen ihre Angebote und Leistungen fest. Einige Grundsätze bzw. Merkmale hat der Gesetzgeber im SGB VIII, zum Beispiel in den §§ 1, 3, 4, 5, 8 und 9, vorgegeben. Der Bezug zu den Qualitätsgrundsätzen und den Maßstäben einer Qualitätsbewertung in § 78 b SGB VIII ist durchaus kompatibel mit der technisch orientierten Definition in der DIN EN ISO 9000/ 2000, dass Qualität der „Grad in dem ein Satz inhärenter (innewohnender) Merkmale Anforderungen erfüllt" ist.

Eine an kontinuierlicher Qualitätsverbesserung interessierte Organisation wird die Einschätzung zur Erfüllung der Qualitätsmerkmale ihrer Dienstleistung bei den wesentlichen Partnern bzw. den Nutzerinnen und Nutzern der Angebote und Leistungen erheben. Im sozialrechtlichen Dreiecksverhältnis ist für den freien Träger die Einschätzung von Kindern, Jugendlichen und Eltern sowie von Politik und Verwaltung beim öffentlichen Träger relevant. Die Verwaltung des Jugendamtes würde ihrerseits die Erfüllung von Qualitätsmerkmalen bei den Nutzerinnen und Nutzern, in der Lokalpolitik und bei den freien Trägern der Jugendhilfe nachfragen.

Der unterschiedliche Systemeinfluss der Partner führt tendenziell dazu, dass die freien Träger Rückmeldungen zur Qualität ihrer Angebote und Leistungen erhalten. Eine Bewertung der Dienstleistungsqualität des öffentliche Trägers hingegen wird angesichts seiner Entscheidungskompetenz über die Ressourcenverteilung in der Jugendhilfe und über die Inanspruchnahme von Einrichtungen und Diensten nicht stattfinden oder ungehört verhallen, sofern die Kooperationspartner nicht gemeinsam eine Dialogkultur zur Qualitätsentwicklung entwickelt und etabliert haben. Ein tatsächliches Verständnis von Einschätzung bzw. Bewertung, nicht als Abwertung, sondern als Unterstützung zur Entwicklung, ist grundlegend wichtig. Qualität beginnt von oben. Je klarer der Vorstand bzw. die Gesellschafter und die Geschäftsführung eines freien Trägers an der systematischen Qualitätsentwicklung interessiert sind, desto höher sind die Möglichkeiten der zielgerichteten Umsetzung. Gleiches gilt für den öffentlichen Träger: Ist die Qualitätsentwicklung allein das Anliegen des sozialen Dienstes, während Amtsleitung oder Dezernatsleitung nach anderen Prämissen entscheiden, so kann diese keine wirkliche Gestaltungskraft entwickeln.

Angebote und Leistungen in der Jugendhilfe haben immer eine spezifische Qualität. Dies gilt sowohl für die Beratung und die Hilfeplanung des sozialen Dienstes im Jugendamt und die professionelle Beratungsleistung eines freien Trägers als auch für die ehrenamtlich geführte Spielplatzbetreuung einer Elterninitiative. Die Qualitätsgrundsätze sind den jeweiligen Bedingungen entsprechend unterschiedlich intensiv umzusetzen.

4   Wie entwickelt sich Qualität in der Kooperation?

Der Jugendhilfeausschuss hat die Aufgabe, die Qualitätsgrundsätze und -maßstäbe auf der Ebene örtlich strategischer Planung zu definieren. Die Verwaltung hat den Auftrag, diese im Zusammenwirken mit den freien Trägern zu konkretisieren und das Vereinbarungsverfahren für die einzelnen Angebote und Leistungen auszugestalten. Freien Trägern stehen eine Reihe von systematischen Modellen der Qualitätsentwicklung bzw. -sicherung zur Verfügung. Ein lebendig geführter Entwicklungsprozess bei jedem einzelnen Träger unter Einbeziehung der Mitarbeiterinnen und Mitarbeiter ist dabei ungleich wertvoller als der Einkauf eines vorgefertigten Qualitätshandbuches.

Meist werden zentrale Prozesse identifiziert, um Qualität zu definieren, Merkmale zu bestimmen und Entwicklungsverfahren zu etablieren. Dazu gehören

- Konzeptentwicklung/ örtliche Jugendhilfeplanung,
- Personalentwicklung,
- Individuelle Hilfeplanung/ Fallsteuerung,
- Betreuung in Einrichtungen und Diensten mit Aufnahmeverfahren, Betreuungsplanung, Alltagsgestaltung und Einzelförderung, Elternarbeit und Abschlussverfahren,
- Beteiligung/ Mitbestimmung/ Beschwerdemanagement,
- Förderung von altersgemäßer Eigenständigkeit/ Verselbständigung.

Die Darstellung und Vereinbarung von Qualitätsentwicklung soll sich an den Qualitätsdimensionen Struktur, Prozessgestaltung und Ergebnis orientieren, ohne ihnen immer stereotyp folgen zu müssen.

Grundsätzlich gilt, dass eine zielgerichtete Qualitätsentwicklung nicht zum Nulltarif zu haben ist. Sie bindet Zeitressourcen bei beiden Partnern. Wer dies nicht einplant, kann auch wenig konkrete Ergebnisse erwarten.

Die Kinder- und Jugendhilfe hat mit Ausnahme der Kindertagesbetreuung angesichts der Haushaltssituation der öffentlichen Hand und der gegenwärtig stattfindenden Veränderung des Sozialstaates offenbar ein politisches Legitimationsproblem. Es wird sich zeigen, ob die Suche nach Lösungen für eine ergebnisbezogene bzw. wirkungsorientierte Steuerung diese Legitimation verbessern kann oder ob sie lediglich der Ausdruck fehlenden politischen Rückhalts ist.

Die vor allem über Ausstattung und Strukturqualität definierte Entwicklung von Angeboten und Leistungen kann offenbar auch ohne dialogische systematische Qualitätsentwicklung auskommen. Die zielgerichtete Prozessentwicklung kommt nicht ohne die Schnittstellen Jugendhilfeplanung und individuelle Hilfeplanung bei Leistungen mit individuellem Rechtsanspruch aus. Das zeigen die bisher vorliegenden Ergebnisse des Landesmodellprojektes. Die systematische Entwicklung der Ergebnisqualität ist als allein von den freien Trägern getragene Entwicklung nicht möglich. Sie kann letztlich nur durch den Dialog beider Partner in den einzelnen Hilfeplanverfahren beeinflusst werden.

5 Dialogische Qualitätsentwicklung in der Kinder- und Jugendhilfe

Aus welchen Gründen ist Qualitätsentwicklung sinnvoll:
1. Zielorientiert qualitativ gute Leistungen für junge Menschen,
2. den Wert der eigenen Arbeit verständlich machen, nach außen legitimieren,
3. Sicherheit und Klarheit in eigenen Strukturen und Prozessen,
4. Ressourcen optimal nutzen/ qualitative Entscheidungsgrundlagen nutzen.

Dabei ist immer bewusst zu halten, dass eine wirksame Qualitätsentwicklung im Dialog zwischen öffentlichem Träger und freien Trägern entsteht.

Kooperative Jugendhilfeplanung: Die Qualitätskriterien/Fachstandards im Ergebnis der dialogischen Qualitätsentwicklung werden im Jugendhilfeplan und ggf. in Förderrichtlinien verankert.

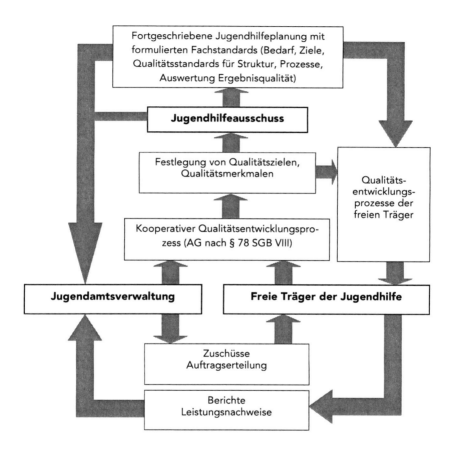

Klaus Roth

Hoffnungen und Täuschungen in der Erziehungshilfe. Leistungs- und Qualitätsentwicklungsvereinbarungen

Hoffnungen und Täuschungen in der Erziehungshilfe

Leistungs- und Qualitätsentwicklungsvereinbarungen

1. Ausgangslage oder warum das alles?

2. Bundesweite Realität – Bitter ist´s !

3. Warum es nicht sein soll !

4. Wie es gehen könnte!

1.Ausgangslage oder warum das alles?

Kostenanstieg der gesamt Ausgaben der HZE in den Jahren 1991-1994 bundesweit im stationären Bereich um 48% (erheblich durch die Einführung des gewollten §41).

Steigerung der stationären Hilfe in Westdeutschland um 35,5% in Ostdeutschland um 119%. (Statistisches Bundesamt – Vermutliche Untererfassung 1991 insbesondere im Bereich §41. Steigerung West 38,9%, Ost 598%).

Tatsächliche Steigerung der Kosten pro vorgehaltenem Platz 1991 -1994 um 34,7%. Tatsächliche Kosten von 2,3 Mrd. DM zu 3,4 Mrd. DM!

Ziel war eine Kostenreduzierung!

Lösung :

Die Veränderung des § 77 am 1. August 1996 rückwirkend (wenn noch keine Pflegesätze bis 23. Mai 1996 verhandelt waren)!

1. Schritt: Deckelung der Pflegesätze im Westen auf Steigerung von 1% im Osten auf 2% des Vorjahres bis zum 31.12. 1998 für Leistungen nach § 32, § 34 und §41 in Verbindung mit §34.

2. Schritt: Die Einführung einer bereits 1994 in den §93 BSHG eingeführten Pflicht zur Vereinbarung leistungsgerechter Entgelte zu einem an marktwirtschaftlichen Regeln ausgerichtetem Preis/Leistungssystem ab 1999.

Dies führt zu der Veränderung des §77 in §§ 78 a bis g SGB VIII in

Leistungsvereinbarung

Entgeltvereinbarung und

Qualitätsentwicklungsvereinbarung.

2. Bundesweite Realität – Bitter ist´s!

Die Vereinbarungen existieren in der Regel nicht als drei Vertragswerke.

Die Vereinbarungen umfassen überwiegend 2 bis 3 Seiten. Nur ca. 12% umfassen mehr als 20 Seiten.

Die Vereinbarungen bestehen aus vorformulierten Texten und nehmen nur in Ausnahmefällen die Form eines individuellen Textes an.

Die vorgesehene gesetzgeberische Zielsetzung; die Umstrukturierung des Leistungserbringungsrechtes unter Marktwirtschaftlichen Bedingungen bildet sich nur bedingt ab.

Die Dokumente nennen sich zwar Vereinbarungen, aber sie sind nicht Ergebnis eines gleichberechtigten Aushandlungsprozesses zweier Vertragspartner.

Leistungsvereinbarungen sind vom Anbieter dominiert und werden entweder als Anlage oder mit Deckblatt übernommen, selten ausgehandelt.

Über Entgelte wird entschieden, zum Teil auf Antrag. Dieser Teil ist von der öffentlichen Seite dominiert, es findet kein marktwirtschaftliches Verhandeln statt.

Es fehlen häufig Aussagen über die Fälligkeit des Entgeltes, Zinsaufschläge, Schlechtleistungsregelungen, Sonderkündigungsvereinbarungen....

Qualitätsentwicklungsvereinbarungen liegen meist nur als Fragmente vor. Häufig als Absatz in den anderen Vereinbarungen.

Es ist häufig ein unbestimmtes Verfahren nebelig in Worthülsen gefasst ohne klare Begriffsbestimmung, Verfahrens- Bewertungs- und Konsequenzvorgaben.

Leistungskataloge, wie sie von Landesjugendämtern gern gemacht und präsentiert werden, sind wenig hilfreich, zuweilen gar kontraproduktiv.

Entgelte werden an den Vereinbarungen vorbei, individuell ausgehandelt.

Warum es nicht sein soll

Gedankensplitter:

Qualität kostet Geld! Geld ist nicht vorhanden! Das Ziel ist zu streichen, Kosten sind in den Griff zu bekommen! Aber bitte nicht intelligent. Betriebswirtschaft – Volkswirtschaft, aber da gibt's doch noch die gute alte Kameralistik.

Es soll alles so (gut?) bleiben, wie es ist. Bitte Ruhe, keine Auseinandersetzung und schon gar nicht politischen Streit. Veränderungen setzen Konflikte voraus.

Teile und herrsche! Oder das Spiel mit der Allmacht!

Soziale Dienstleistung ist nicht messbar! Viel zu technokratisch und bitte nicht den Markt einziehen lassen.

Wer nicht richtig bestellt, muss auch auslöffeln was Er / Sie sich eingebrockt hat. Verantwortung ist nicht nur Freiheit.

Steuerung setzt Planung und Konzepte und Instrumente voraus, aber wer hat die schon?

Neid hilft nicht weiter!

Wie es gehen könnte!

Gemeinsame Vereinbarungen über den Qualitätsbegriff zwischen Träger und Jugendamt.

Vereinbarungen im Jugendhilfeausschuss zum Konzept der Jugendhilfe.

Entwicklung eines regionalen Controllings über Grundsätze, Verfahren, Kommunikation sowie Lob und Tadel und eines gemeinsamen (nie allein) Qualitätsentwicklungsprozesses zwischen Trägern und Jugendamt (z.B. Brandenburg, Halle).

Soziale Dienstleistungen verabreden und Leistungen überprüfen! Das bedeutet subjektorientierte Bewertung insbesondere durch die Co – Produzenten.

Systematische Erfassung von Leistungen und Auswertung der Daten.

Konsequente Nutzung der Ergebnisse und Übernahme der Steuerungsverantwortung durch den ASD.

Josef Koch

Integrierte und flexible Erziehungshilfen im sozialen Nahraum – Konzepte, Erfahrungen, offene Fragen aus dem INTEGRA-Projekt

1   Vorbemerkung

Im Folgenden möchte ich Sie einladen zur Diskussion über die Reichweite, die Erfahrungen und Nebenfolgen von integrierten und sozialräumlichen Erziehungshilfen. Den Rahmen für diese darzustellenden Erfahrungen bilden die Arbeit der IGfH-Fachgruppe Integrierte Erziehungshilfen (Ausrichter der Bundestreffen Integrierte Erziehungshilfen) und vor allem der Modellverbund INTEGRA. Der INTEGRA-Projektverbund verstand und versteht sich seit 1995 unter der Schirmherrschaft der IGfH als Netzwerk von Regionen bzw. politisch und fachlich Verantwortlichen, die neue Wege zu einer integrativen, nicht-ausgrenzenden Jugendhilfe ausprobieren wollen.

Im Herbst 1998 hatte sich der Verbund unter Federführung der IGfH in Form eines Modellprojekts INTEGRA eine einheitliche Projektstruktur gegeben und gemeinsame Zielvorhaben definiert (vgl. Koch u.a. 2002, S. 35 ff.). Zu Projektbeginn verband die Regionen, dass die jeweiligen öffentlichen Träger aufgrund kommunalpolitischer Beschlusslagen die Erziehungshilfen in Richtung auf eine stärker präventive, stärker integrative, flexible, regionalisierte und nicht ausgrenzende Hilfestruktur reformieren wollten, was in den Regionen zumindest einige freie Träger auch unterstützten. INTEGRA wurde 1998 bis 2003 als mehrstufig angelegtes Modellprojekt der IGfH, der beteiligten Städte Celle, Dresden, Erfurt, Frankfurt (Oder) und des Landkreises Tübingen durchgeführt und primär gefördert durch Mittel des Bundeskinder- und Jugendplans sowie aus Komplementärmitteln der beteiligten Länder und Kommunen und der IGfH. Das Erprobungsprojekt stellte als Modell der Kooperation eines Fachverbandes mit kommunalen Gebietskörperschaften als „Vertragspartner" eine Novität dar.

2   Perspektivenwechsel auf dem Weg zu einer integrierten, flexiblen Jugendhilfeinfrastruktur

Das Bundesmodellprojekt INTEGRA hatte zum Ziel, die eben beschriebene Flexibilisierung, Integration und sozialräumliche Ausrichtung der Erziehungshilfestruktur in fünf Modellregionen zu befördern, zu qualifizieren und hieraus überregional bedeutsame Erkenntnisse zu generieren (vgl. Koch u.a. 2002, S. 11 f. und 35 ff.). INTEGRA zielte somit auf eine neue *Strukturqualität, und damit verbunden auf die Gestaltung einer bedarfsgerechten und flexiblen regionalisierten Jugendhilfe* und *nicht* auf die Entwicklung eines neuen Angebotstypus innerhalb einer nach Leistungsformen differenzierten Angebotsstruktur.

Die häufig im Praxisalltag (und manchmal auch in Veröffentlichungen) synonym verwendeten Begriffe „Flexible Hilfen" bzw. „Integrierte Hilfen" meinen kein spezifisches Angebot neben anderen, sondern bezeichnen *eine Richtung*, in die die *gesamte* Infrastruktur umzugestalten ist. Die Verständigung über grundlegende Qualitätsstandards flexibler und integrierter Hilfen bezieht sich folglich nicht allein auf die Ebenen des professionellen Handelns, der Gestaltung von Hilfesettings oder einer Einrichtung, sondern es geht grundlegender um die Gestaltung einer tragfähigen Jugendhilfestruktur mit ihren dafür notwendigen Instrumenten. Dazu gehören bspw. die Etablierung eines zugleich gemeinsam getragenen, aber auch für Innovationen hinreichend offenen Programms, eine sozialräumlich orientierte Jugendhilfeplanung, eine vernetzte Organisationsentwicklung, eine kooperative Qualitätsentwicklung usw. Erst dieses Verständnis flexibler, integrierter und sozialräumlicher Hilfen als übergreifendes Strukturprinzip einer regionalen Jugendhilfe ermöglicht und befördert die Weiterentwicklung lebensweltorientierter Angebote und bedarfsgerechter flexibler Hilfesettings im konkreten Einzelfall. Die Reformprojekte intendieren gleichsam einen

Perspektivenwechsel in der Jugendhilfe, der durch nachstehendes Schaubild zusammenfassend veranschaulicht wird:

Abbildung 1: Perspektivenwechsel in der Jugendhilfe

Ebenen der Jugendhilfe			Strukturmerkmale
Strukturebene	Versäulung der Jugendhilfe	Lokales Versorgungskonzept	Dezentralisierung/ Regionalisierung
Organisation	Institutionell-organisatorische Eigenlogik	„lernende" Organisation	Entinsitutionalisierung
Professionalität	Expertokratisch verstandene Fachlichkeit	Reflexives Professionalitätsverständnis	Entspezialisierung
Hilfeerbringung	Vorhalten von Angeboten	Induktive Ableitung von Arrangements	Individualisierung

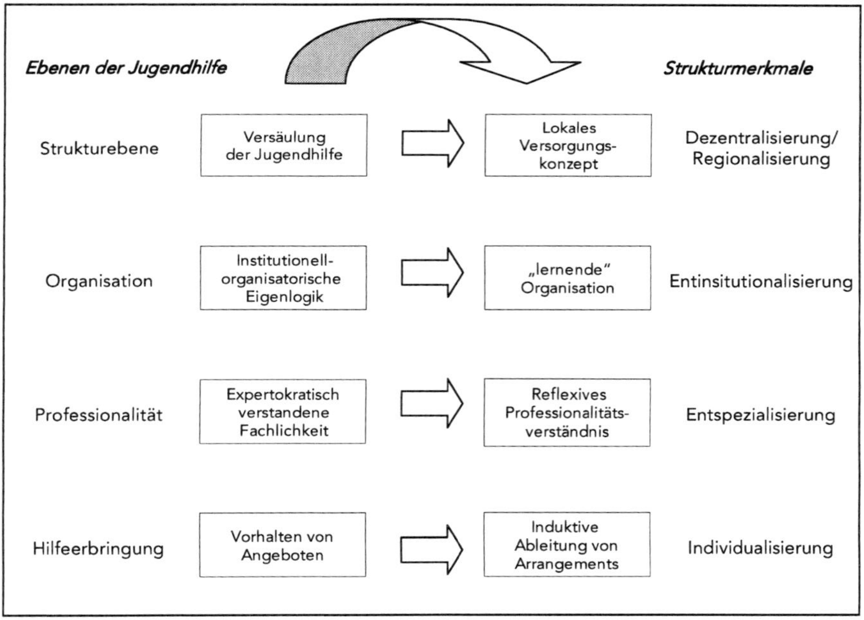

Quelle: Rosenbauer 2002

Wenn man INTEGRA in den Zusammenhang mit anderen Reformprojekten in der Jugendhilfe setzen will, so zeichnet sich der Ansatz des Projekts dadurch aus, dass er einerseits umfassender und weiter angelegt ist. Andererseits erfuhr das Projekt in seinem Verlauf eine spezifische Beschränkung. Umfassender und weiter ist es insofern, als in fünf Regionen auf *allen Hierarchie-Ebenen* und *sowohl auf Seiten des Jugendamts wie auf Seiten der freien Träger zugleich* ein Reformanstoß gegeben wurde, der von der oben kurz umrissenen Idee der Flexibilisierung, Integration und Sozialraumorientierung der Jugendhilfe getragen war. In der fünfjährigen Projektlaufzeit wurde das Programm immer weiter bis in die konkrete Praxis z. B. der Hilfeplanung im Einzelfall oder der

sozialräumlich orientierten Arbeit ausformuliert, erprobt und institutio-
nalisiert. Eine spezifische Einschränkung ergab sich bei INTEGRA in der
praktischen Umsetzung hingegen dadurch, dass – trotz teilweise anders
lautender Intentionen am Anfang – insbesondere die Erziehungshilfen
und hier noch einmal spezifischer die ambulanten Hilfen im Reformprozess primär Berücksichtigung fanden bzw. finden konnten.

INTEGRA konzentrierte seine Reformstrategien auf die folgenden
Spannungsverhältnisse bzw. Relationen, die gleichzeitig und gleichwer-
tig zu beachten sind (vgl. ausführlicher Deutschendorff/ Hamberger/
Lenz/ Koch/ Peters 2005).

1. *AdressatInnen, Sozialraum und Profession:* Erziehungshilfen werden
   dadurch bedarfsgerecht gestaltet, dass ihr Setting sich an der Lebenswelt der AdressatInnen orientiert, erprobte und qualifizierte
   Methoden der Initiierung von Hilfen und der weiteren Planung und
   Gestaltung zur Anwendung kommen und die sozialräumliche Einbettung des Falles reflektiert einbezogen wird.

2. *Organisation und Profession:* Erziehungshilfen werden dadurch
   professionell koordiniert, dass sowohl Organisationen selbst als
   auch deren Kommunikation und Kooperation, sich an der professionellen Arbeit ausrichten und zugleich diese durch Qualifizierungs-
   strategien weiterentwickeln. Allgemeiner gesprochen ist es Ziel,
   Strukturen aufzubauen und zu befördern, die kreative Potentiale
   freilegen und individuelle Hilfearrangements generieren können.
   Die organisatorische Wandlungsfähigkeit bedarf dabei einer entsprechend flexiblen und kompatiblen Finanzierungsform.

3. *Sozialraum und Infrastruktur(-politik) für die Jugendhilfe:* Erziehungshilfen werden – in Alternative zur „Neuen Steuerung" und
   anderen marktorientierten Modellen – dadurch modernisiert, dass
   eine kooperative Steuerung und sozialräumlich-regionalisierte Orientierung (der strikt sozialinklusiven Planung und Angebotsstruktur)
   befördert wird, die eine nachhaltige und tragfähige soziale Jugend-
   hilfe-Infrastruktur für Kinder, Jugendliche und Familien zum Ziel
   hat.

3 Merkmale von flexiblen, integrierten Hilfen im Sozialraum

Integrierte, flexible Erziehungshilfen unterscheiden sich – bei aller Verbundenheit und geteilter Geschichte – aber grundlegend vom bisherigen Angebotsmodell durch eine strikte Nachfrageorientierung.

Stichwort: Angebots- versus Bedarfsorientierung
Schematisch lässt sich der Unterschied zwischen traditionellen erzieherischen Hilfen und integrierten, flexiblen Hilfen in zwei „Modellen" verdeutlichen:

Abbildung 2: Modell A - Angebotsorientierung/Orientierung an bestehenden Hilfesettings

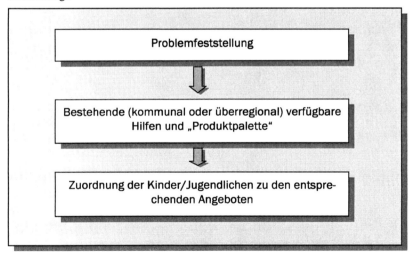

Die hier vereinfacht dargestellte Angebotsorientierung hat zur Folge, dass i.d.R. für jede der in §§ 27 ff. SGB VIII genannten Hilfearten eigenständige Einrichtungen/ Dienste vorgehalten werden. Diese sind angewiesen auf eine kontinuierliche Belegung und müssen, um sich rechnen zu können, mit einem definierten Auslastungsgrad arbeiten. Das Angebot befördert so die Nachfrage; die jeweils mögliche Hilfe ergibt sich aus den bestehenden und verfügbaren Angeboten. Gibt es in der regionalen Angebotspalette ein Hilfeangebot nicht, so wird andernorts (überregional) ein Angebot gesucht.

Das wichtigste fachliche Anliegen integrierter und flexibler Hilfen ist dagegen, sich an den individuellen Bedarf anzupassen, im Lebensfeld der AdressatInnen angesiedelt zu sein und auf eine möglichst rasche Integration in Regelangebote hinzuarbeiten. Diese Orientierung am Bedarf bringt mit sich, dass nicht eigenständige Institutionen für verschiedene Hilfearten gebraucht und vorgehalten werden müssen, sondern vielmehr flexible Organisationen, die in der Lage sind, die gemeinsam erarbeiteten Hilfeoptionen und notwendigen Unterstützungsleistungen individuell für den jeweiligen Einzelfall zu realisieren und sich dafür auch zuständig sehen. Dabei werden vor allem Ressourcen (der Lebenswelt und des Sozialraums) aktiviert. Auf Seiten der Hilfeorganisationen und deren MitarbeiterInnen setzt dieses ein hohes Maß an Kenntnis lebensweltlicher und sozialräumlicher Bezüge voraus.

Modell B veranschaulicht den Prozess der Generierung flexibler Hilfearrangements im Bild. Idealiter werden für jeden Einzelfall, für jede Problemstellung die angemessenen und notwendigen Ressourcen bereitgestellt.

Abbildung 3: Modell B - Nachfrageorientierung/Orientierung an Problemen

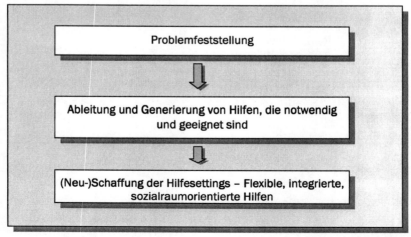

Für die Fachkräfte und Träger bedeutet dies, jeweils aufs Neue im konkreten Fall und Bedarf ein Hilfesetting zu kreieren. Dies erfordert ein hohes Maß an Professionalität (eine klare Aufgabenabgrenzung *und* vertrauensvolle Kooperation) und stellt hohe Anforderungen an das Zusammenwirken von Fachkräften im Jugendamt und der freien Träger mit den Eltern, Kindern und Jugendlichen.

Flexibilisierung: von der Angebotsorientierung zu reflexiven Qualitätsstandards

Mit der Forderung nach einer Flexibilisierung der Erziehungshilfen ist zunächst gemeint: Statt eines Festhaltens an vergleichsweise starren, den beispielhaft in den §§ 27 ff. SGB VIII benannten Hilfen entsprechenden institutionalisierten Angebotsformen, sollen Erziehungshilfen sich an den jeweiligen Problem- und Ressourcenkonstellationen des Falles und seiner Einbindung in das soziale Feld orientieren. Die Flexibilität ist in diesem Zusammenhang selbstredend nicht allein in der „Hilfeinstallation" gefordert, sondern bezieht sich auf den gesamten Prozess der Hilfe. Es ist ein selbstverständlicher Vorgang, dass sich während einer Hilfe Schwerpunkte verlagern, neue Probleme hinzutreten, anders definiert werden oder sich verändern – daher ist eine Veränderung des Hilfearrangements häufig unerlässlich.

Integration und Vernetzung

Mit der Forderung nach einer Integration von Erziehungshilfen ist gemeint: Statt der Bearbeitung von Fällen mit Hilfe von ausdifferenzierten Angebotsformen (z. B. Hilfen zur Erziehung nach §§ 28 ff. SGB VIII), stehen integrierte Hilfen für einen Einbezug aller (methodischen) Zugangsweisen und Unterstützungsleistungen (finanziell, materiell, ideell). Der stärker in den Blick geratene „Grenznutzen" der Differenzierung (in der Jugendhilfe während der letzten 20 Jahre) wird über eine reflektierte Flexibilität und Integration von Arbeitsansätzen aufgehoben. Integration und Vernetzung von Hilfen sind angewiesen auf eine organisierte und institutionalisierte Jugendhilfe, die sich in einer Weise umweltoffen erweist, dass sie diesen professionellen Anforderungen gerecht werden kann.

Sozialraumorientierung: die Verbindung von qualifizierter Fallarbeit und einer Jugendhilfestrukturpolitik

Die Orientierung der Jugendhilfe und ihrer Planung an Sozialräumen ist eine methodische Prämisse mit einem zentralen Stellenwert in der Diskussion und Praxis von integrierten und flexiblen Erziehungshilfen (vgl. auch Merchel 2003 zur Prozessqualität von flexiblen Hilfen). Sie stellt die vermittelnde Variable zwischen einer qualifizierten Fallarbeit und dem Aufbau einer tragfähigen Jugendhilfeinfrastruktur dar, die auch politisch um- und durchgesetzt werden muss.

Abseits aller Unterschiede in der Ausformung der Umsetzung schlagen wir vor dem Hintergrund der Erfahrungen aus dem INTEGRA-Projekt folgende Arbeitsdefinitionen für den Begriff der flexiblen, integrierten und sozialraumorientierten Erziehungshilfen vor (vgl. auch Peters/ Koch 2004, S. 49 ff.): Flexible, integrierte und sozialraumorientierte Erziehungshilfen...

- ...sind Hilfearrangements, die am individuellen Bedarf orientiert und flexibel für jeden Einzelfall ausgerichtet werden.
- ...setzen eine Grundhaltung des Sich-Zuständig-Erklärens voraus, so dass Probleme nicht mit Verweis auf institutionelle Zuständigkeiten abgewiesen werden.
- ...sind grundsätzlich sozialräumlich ausgerichtete Hilfen. Die Nutzung der Ressourcen des Sozialraums, wie auch: fallunspezifische und fallübergreifende Arbeit im Gemeinwesen, sind grundlegende Handlungsansätze.
- ...beinhalten eine grundsätzliche Inklusionsoption (dies beinhaltet auch „Regeleinrichtung vor besonderen Hilfen") und das Festhalten an der sozialpolitischen Idee sozialer Gerechtigkeit.
- ...basieren auf einer verbindlichen Arbeit im Team, das um die Kommunikation und Flexibilität zu befördern eine angemessene Größe haben muss. Kollegiale Beratung bildet ein grundlegendes Prinzip.
- ...setzen eine (sozialräumlich organisierte verbindliche) Kooperationskultur zwischen öffentlichem und freien Trägern voraus, die das Prinzip der Regionalisierung erzieherischer Hilfen durchsetzt und verfahrensmäßig (kontraktuell) absichert.

- …bedürfen einer flexiblen Organisation der Einrichtung und/ oder Dienste („lernende Organisation").
- …basieren auf einer flachen Hierarchie der Organisation, Entscheidungen werden weitgehend dezentral gefällt.
- …bedeuten selbstverantwortliche Arbeit sozialräumlich verantwortlicher, gemeinsamer Teams von MitarbeiterInnen des öffentlichen Trägers (in der Regel des ASD) und freier Träger. Ein abgegrenztes und transparentes Rollenverständnis der beiden Partner ist dafür unerlässlich (auf der einen Seite Recherche, Koordination, Kontrolle, auf der anderen Seite konkrete und flexible Durchführung der Hilfe).
- …benötigen entsprechend flexible und bezogen auf die fachlichen Zielstellungen kompatible Finanzierungs-, Controlling- und auch Dokumentationsformen.

4 Strukturelemente für eine „erfolgreiche" Umsteuerung – Integration und Flexibilisierung als Strukturelemente der Kinder- und Jugendhilfe

4.1 Modellregionen (in den Regionen) versus Umbau der Gesamtstruktur

Die Erfahrungen des INTEGRA-Projektes haben gezeigt, dass eine zunächst kleinräumige Implementation von Reformabsichten („Modellregion" in der Region) mehr Nach- als Vorteile zeitigt. Will man eine Veränderung der Gesamtstruktur erreichen, sollte der Umbauprozess von vornherein den Gesamtbereich einbeziehen (vgl. zu diesen und anderen Schlussfolgerungen auch den Abschlussbericht des Projektes: IGfH 2003).

An mehreren INTEGRA-Standorten: Celle (allerdings *vor* Beginn der Projektlaufzeit), Erfurt, Frankfurt/ Oder und (mit anderer Vorgabe – Beteiligung von drei Ortsamtsbezirken) Dresden wurden Veränderungen zunächst nur in Modellregionen innerhalb der Modellstandorte umgesetzt. Obwohl aus Sicht der örtlichen ReformprotagonistInnen Gründe für dieses Vorgehen sprechen (z. B. zunächst mit den motiviertesten MitarbeiterInnen zu beginnen, um demonstrieren zu können, dass eine reformierte Praxis Erfolge zeigt; um zunächst unter den scheinbar am leichtesten zu bewegenden äußeren Bedingungen zu beginnen; um Erfahrungen zu sammeln und dann eine „bewährte" Entwicklung zu übertragen; nichtintendierte Nebenfolgen nächst einmal zu minimieren usw.), gestalten sich die Übertragungsprozesse auf die Gesamtkommune und die Gesamtstruktur als schwierig. Gründe hierfür sind u.a., dass bestimmte Bereiche der Jugendhilfe (z. B. stationäre Hilfen) sich „abgekoppelt" fühlen können, dass sich Widerstand organisiert, dass zentrale Bereiche der Jugendhilfe den Reformprozess ignorieren, allgemeine Regelungen (Verfahren) nicht zustande kommen, die Selektivität der Praxis zeitweilig erhöht wird, die Reformbereiche u.U. überlastet werden, der Reformprozess insgesamt zu langsam verläuft, motivierte MitarbeiterInnen sich nicht beteiligt fühlen u.V.m.

4.2 ModeratorInnen

Der Einsatz von RegionalmoderatorInnen hat sich im INTEGRA-Projekt eindeutig bewährt und sollte bei komplexen Reform- bzw. Praxisentwicklungsprojekten, zumal in solchen, bei denen unterschiedliche Interessen und (fach-)politische Ebenen betroffen sind, weiter entwickelt werden.

Grundsätzlich wäre die Praxisentwicklung in den Regionen, ohne den Einsatz solchermaßen bezahlter „Change agents" bzw. ohne die ModeratorInnenfunktion mit ihren unterschiedlichen Facetten nicht in dem Maße entwickelt worden, wie sie sich jetzt darstellt. Einer stärkeren Klärung hätte die Rolle der ModeratorInnen hinsichtlich ihrer Beteiligung an der Gesamtevaluation bedurft.

4.3 Verbindliche Kommunikation/Regelungen

Bei Projekten, die einen komplexen Praxisentwicklungsprozess initiieren sollen, ist eine klare, verbindliche (vertragliche) Regelung der wechselseitigen Rechte und Pflichten, insbesondere über einzuhaltende Kommunikationen (inkl. Datenaustausch und Statistik) von vornherein anzustreben.

Im INTEGRA-Projekt gab es zwar vertragliche Regelungen zwischen der IGfH und den beteiligten Kommunen, doch diese erwiesen sich im Verlauf des Projekts als zu wenig konkret gefasst (Absichtserklärungen), so dass die Bundesstelle u.a. bezüglich der Evaluationsanteile des Projekts zunehmend als Mahner und im Einzelfall als Initiator der Aufrechterhaltung des Austausches auftreten musste, wodurch sich Reibungsverluste einstellten.

4.4 Kooperationskultur zwischen öffentlichen und freien Trägern

Entwicklung einer tragfähigen und verbindlichen Kooperationskultur und -struktur zwischen öffentlichen und freien Trägern ist Garant des Gelingens von Reformen in der Jugendhilfe. Ohne ein gleichberechtigtes Engagement beider bleiben Reformen auf der Strecke.

Eine verbindliche und tragfähige Kooperationskultur umfasst mindestens folgende Aspekte

> 1. *Der öffentliche Träger muss seine Verantwortung für die Gestaltung des Reformprozesses wahrnehmen. (Das verlangen auch die freien Träger sowohl auf Leitungs- wie auf MitarbeiterInnenebene.)*

Ohne dass der öffentliche Träger seine – ja auch gesetzlich so vorgesehene – Letztverantwortlichkeit wahrnimmt, kommt kein durchgreifender Reformprozess zustande. Freie Träger alleine können dies aus strukturellen Gründen, u.a. wegen der Abhängigkeit des Gesamtprozesses von politischen Entscheidungen oder Nichtentscheidungen, und wegen ih-

rer latenten Konkurrenz untereinander sowie der (auch finanziellen) Eingebundenheit in eine gesamtkommunale „Strategie" nicht leisten bzw.
stellvertretend übernehmen. Freie Träger können den Gesamtprozess
aber durch vielfältige fachliche und advokatorische bzw. auf Beharrung
zielende Aktivitäten beeinflussen.

*2. Der öffentliche Träger muss seine Reformabsichten (oder auch
„Nicht-Absichten") deutlich darstellen.*

Der öffentliche Träger muss seine Absichten deutlich äußern; es muss
für alle Beteiligten erkennbar sein, ob und welche Reformen gewollt
oder nicht gewollt sind. Sind auch Personen identifizierbar, die für die
Sache stehen, erleichtert dies anstehende Reformen.

*3. Kooperation und verlässliche (ggf. vertragliche) Beziehungen sind
geeignet, fachliche Innovationen auch dann zu fördern, wenn freie
Träger schwerpunktmäßig für die Erbringung von Hilfen zur Erziehung in einem Planungsraum eine praktische Verantwortung tragen[1].*

Entgegen manchen Behauptungen sind planungsräumliche Verantwortungsstrukturen nicht (zumindest nicht an sich) innovationsfeindlich. Das
Gegenteil ist der Fall. Eine verlässliche Kooperation bei klarem, gemein-
samem Leitbild oder gemeinsam erarbeiteten fachlichen Entwicklungs-
zielen, ggf. unterstützt durch vertragliche Regelungen, setzt – auch aufgrund der damit verbundenen Sicherheiten für Träger wie MitarbeiterInnen – fachliche (und personale) Entwicklungspotentiale frei.

---

1 Im Weiteren wird von „gemeinsamen planungsräumlichen Verantwortungsstrukturen" gesprochen. Das bedeutet selbstverständlich nicht, dass der öffentliche
   Träger seine Letztverantwortung abgibt – das kann er schon rein rechtlich betrachtet nicht. Es geht hier um eine praktische Verantwortung durch die Schwer-
   punktsetzung des öffentlichen Trägers.

4. *Planungsräumliche Verantwortungs- und Entscheidungsstrukturen (von Stadtteilteams bis zu Träger(-verbund-)verantwortlichkeiten) sind der Umschlagpunkt, wo Reformen praktisch werden*

Für MitarbeiterInnen entscheidend ist, dass Verantwortlichkeiten heruntergestuft und sozialräumlich organisiert werden; erst so erfahren sie Reformen praktisch und die Reformziele werden für sie das Reformziel erleb- und handhabbar, sodass sie sie in der Regel dann auch als fachliche und persönliche Herausforderung annehmen. Die Förderung bzw. Etablierung von Teamstrukturen und -verantwortlichkeiten ist dabei unhintergehbar.

5. *Reformen gelingen nachhaltiger, wo über Personen und Verfahren zugleich gesteuert wird und wo (frühzeitig) alle Ebenen inkl. der politischen Entscheidungsebene beteiligt sind*

Wenn über Personen und Verfahren zugleich gesteuert wird (und wo auch frühzeitig und die politische Entscheidungsebene wie die Verwaltungsspitze in den Reformprozess involviert ist), gelingen Reformen nachhaltiger und effektiver. Die politische und personale Ebene ist entscheidend für die Legitimation und Identifikation mit den anvisierten Reformen, während institutionelle Veränderungen und Verfahren dem Umstrukturierungsprozess Dauer und Beständigkeit verleihen – auch gegenüber politischem und personellem Wechsel –und Handlungssicherheiten erhöhen.

5   Zentrale Elemente im Umbauprozess in Richtung integrierter, flexibler Erziehungshilfen im sozialen Nahraum

5.1 Jugendhilfeplanung

Umgestaltungsprozesse in Richtung flexibler, integrierter Erziehungshilfen müssen in eine partizipativ und sozialräumlich angelegte Jugendhilfeplanung eingebettet werden. Für die Erkundung und Bewertung der Beschaffenheit und Qualität sozialer Infrastruktur ist es notwendig, dass die Projekte integrierter Erziehungshilfen eng mit der Jugendhilfeplanung kooperieren. Die Jugendhilfeplanung muss dafür wiederum enger mit den lokalen Kooperationsgremien der öffentlichen und der freien Jugendhilfe zusammenarbeiten bzw. zur Kooperation angeregt werden. Im Einzelnen haben sich vor allem folgende Elemente bewährt:

- Regionale Erreichbarkeit von Jugendhilfeangebote sowie niederschwellige, offene Zugänge zu Hilfen und transparente Informationen über Hilfemöglichkeiten stehen für AdressatInnen in direktem Zusammenhang mit den wahrgenommenen Chancen zur Entwicklung von individuellen passgenauen Hilfen. Aus diesem Grunde bilden z.B. *sozialräumliche Erkundungsprojekte mit Kindern, Jugendlichen und Familien* eine Chance zur Feststellung von Belastungsgrößen und sozialräumlichen Ressourcen. Eine solche qualitative Datenerhebung sollte ergänzt werden durch kleinräumige statistische Bedarfs- und Belastungserhebungen.
- Stadtteilrunden oder sozialraum- bzw. planungsraumbezogene Fachkonferenzen sind sinnvoll nutzbar als ein zentrales Element der kleinräumigen Jugendhilfeplanung. In Anlehnung an § 80 (3) SGB VIII sind diese Foren geeignet eine kooperative, kleinräumige Jugendhilfeplanung unter frühzeitiger Beteiligung der freien Träger auch unterhalb der Ebene der Jugendhilfeausschüsse zu etablieren. Die vertraglich abgesicherte Einbindung örtlicher Organisationseinheiten für integrierte Erziehungshilfen (Jugendhilfestationen, Jugendhilfeeinheiten etc.) in die Jugendhilfeplanung kann frühzeitig Bedarfe, Belastungen und Ressourcen sichtbar machen.

- Gremien und Orte der kooperativen Steuerung der Jugendhilfe (AGs nach § 78 ff. SGB VIII, stadtweite Arbeitsforen zur Entwicklung flexibler Hilfen etc.) müssen durch die Moderation der Jugendhilfeplanung mit regional ausgerichteten dezentralen Kooperationsgremien verknüpft werden (konsequenter Einbezug der lokalen Kooperations- und Steuerungsebenen in den Reformprozess).

5.2 Hilfeplanung

Die Veränderung des Hilfeplanverfahrens (nach § 36 SGB VIII) und dessen Realisierung ist für MitarbeiterInnen als Einstieg in Veränderungsprozesse zur Umgestaltung erzieherischer Hilfen ebenso von besonderer Bedeutung wie die Etablierung planungsräumlicher Verantwortungsstrukturen (wie beispielsweise in kooperativ zusammen gesetzten Sozialraumteams). Auf die Ausgestaltung dieses Prozesses sollte besonderes Augenmerk gelegt werden. Bewährt haben sich im INTEGRA-Projekt organisatorische wie inhaltliche Veränderungen schon bei der Hilfeplanung (vom Setting, den Orten, an denen Hilfeplangespräche stattfinden, den Beteiligten bis hin zu den administrativen Verarbeitungs- und Dokumentationsformen) und dann natürlich auch bei der Hilfegewährung und -ausgestaltung durch Integration, Flexibilisierung und Nutzung sozialräumlicher Ressourcen, um eine höhere Responsivität der erzieherischen Hilfen zu erreichen und den subjektiven Hilfeerwartungen und -plänen seitens der Betroffenen stärker zu entsprechen. Hervorzuheben sind folgende Elemente

1. Ein frühzeitiger Einbezug der MitarbeiterInnen der freien Träger im Rahmen des Hilfeplanverfahrens hat sich bewährt, um das Falleingangsverfahren zu qualifizieren, Perspektivwechsel und sozialräumliches Verweisungswissen von unterschiedlichen Professionellen zu nutzen.

2. Eine Verschränkung von sozialräumlicher und biografischer Orientierung bietet für Betroffene wie MitarbeiterInnen eine realistische Perspektive, an Veränderungen zu arbeiten. Aus professioneller Perspektive sind die Veränderung des Hilfeplanverfahrens und die

verstärkte Ressourcenorientierung dabei nicht voneinander zu trennen. In diesem Zusammenhang werden stützende, strukturierte Verfahren (z.B. zur kleinschrittigen Zielbestimmung mit AdressatInnen) zwar als qualifizierend in der Fallarbeit von MitarbeiterInnen erlebt. Sie sind aus Sicht der AdressatInnen aber nur dann förderlich, wenn die Verfahren zum eigenen Anliegen passen und sie sich auf Problemkonstellationen beziehen, die darüber „erreicht" werden und die „veränderbar" sind.

3. Die AdressatInnen erleben den Hilfeplanungsprozess eher als formellen Akt. Für sie sind die Transparenz des Verfahrens, die Verhandelbarkeit der Hilfe und die Passgenauigkeit von sozialpädagogischen Hilfen bzw. die Stützung ihrer Lebenssituationen sowie die Übereinstimmung der fachlichen Hilfeplanung mit ihren subjektiven Hilfeplänen zentral. Aus diesem Grunde muss die Beteiligung im Rahmen der Hilfeplanung als „Empowermentstrategie" angelegt werden; ferner muss eine ständige Reflexion auf die Responsivität zwischen Hilfe und Anliegen der Betroffenen sowohl im Team als auch mittels ausgewiesener Methoden des Fallverstehens gewährleistet werden.

5.3 Verändertes Fallhandeln und Infrastrukturaufbau

Ein verändertes partizipatives professionelles Handeln im Rahmen der Hilfeplanung und Hilfedurchführung (fallbezogen) wird erfolgreich gestützt durch den Aufbau einer niederschwelligen Jugendhilfeinfrastruktur (fallübergreifend und fallunspezifisch) und erleichtert so den AdressatInnen Art und Umfang der Hilfe sowie den Zeitpunkt für die Kontaktaufnahme zu staatlichen und privaten Hilfeinstitutionen mit zu bestimmen.

Der Aufbau von verlässlichen Strukturen und Vertrauen scheint entscheidend für den Erfolg von Hilfen, die eine selbst bestimmte Lebensbewältigung unterstützen. Die Förderung von Verlässlichkeit über eine Betreuungs- und Ansprachekontinuität jenseits der Hilfeintensitäten und -formen im Einzelfall und über eine leicht erreichbare und verlässliche

Hilfeinfrastruktur erhöht die Chance bei AdressatInnen eigene Handlungsmöglichkeiten im Hilfeverlauf (neu) zu entdecken und die Option auf ein tragfähiges Arbeitsbündnis von AdressatInnen und Professionellen. Der Rückhalt über eine Infrastruktur von flexiblen, integrierten Erziehungshilfen im Sozialraum bedeutet aus Sicht der AdressatInnen eine wichtige Stütze und verändert das Bild der Jugendhilfe, auch wenn Jugendhilfeleistungen nicht in Anspruch genommen werden.

5.4 Niederschwelligkeit – Informiertheit – Beschwerdechancen

Bei der Weiterentwicklung von Erziehungshilfen müssen Informationsangebote über Jugendhilfe und speziell über Formen und Möglichkeiten der Hilfen zur Erziehung verbessert werden. Den Reformprozess qualifizieren würde der Aufbau von amts- und trägerbezogenen Systemen des Beschwerdemanagements.

Im Zusammenhang mit dem niederschwelligen Zugang und der Beteiligung zu Hilfebeginn muss darauf verwiesen werden, dass potentielle AdressatInnen zu wenig über das Angebot (insbesondere ambulanter) erzieherischer Hilfen informiert sind. Wo Informationsangebote an Schulen, Jugendzentren, Kindertagesstätten und durch lokale Jugendhilfezentren und Selbsthilfegruppen im sozialen Nahraum intensiviert werden, verändert sich die Einstellung zur Jugendhilfe positiv, wie die Ergebnisse Im Projekt zeigen (vgl. auch die Anregungen zur sozialräumlichen Fall- und Feldarbeit bei Finkel/ Reinl 2004).

Neben Transparenz, Information und Öffentlichkeitsarbeit müssen Möglichkeiten geschaffen werden, dass sich Kinder, Jugendliche und Eltern bei staatlich unabhängigen Stellen beschweren können, wenn ihnen eine Hilfe und Unterstützung verweigert wird. In Zeiten zunehmender finanzieller Schwierigkeiten der Kommunen besteht die Gefahr, dass der individuelle Rechtsanspruch der AdressatInnen auf eine angemessene *und* zeitnahe Hilfe keine Berücksichtigung findet. Da die Leistungserbringer (freie Träger) vom öffentlichen Träger (als Auftraggeber) häufig abhängig sind, besteht die Gefahr, dass bestimmte AdressatIn-

nengruppen (z.B. solche, die sich nicht in der gewünschten Weise ko-
operationswillig zeigen) sich ohne Fürsprecher oder rechtlichen Bei-
stand wieder finden.

Gleichzeitig stellt sich im Kontext niederschwelliger, im Sozialraum
angebotener Hilfen aber die Frage, ob sie nicht auch die Zugriffsmög-
lichkeiten der öffentlichen Jugendhilfe auf die Bürger und Bürgerinnen
innerhalb eines Stadtteils oder einer Gemeinde erhöht. Hier müssen
klare Regelungen des Datenschutzes (z.B. bei kooperativen Gremien im
Kontext der Hilfeplanung) vereinbart werden und die Beteiligung von
Fachkräften an der Hilfeberatung muss für die AdressatInnen transparent bleiben.

Ferner scheint es sinnvoll und notwendig zu sein – wie im Gesund-
heits- und Altenpflegebereich in Ansätzen geschehen – ein internes
amts- und trägerbezogenes Beschwerdemanagement auf- und auszubauen sowie die Möglichkeit einzuräumen, sich bei Unzufriedenheiten
bezüglich der Hilfeplanung und Hilfegestaltung an unabhängige Ver-
trauensleute wenden zu können (vgl. näher Forum Erziehungshilfen Nr.
4 (2003)).

5.5 MitarbeiterInnenbeteiligung

MitarbeiterInnenbeteiligung ist ein unhintergehbarer Bestandteil jeglicher Reformprozesse, aber in besonderem Maße bei einer Etablierung
neuer Handlungs- und Professionsorientierungen. Dies gilt umso mehr,
wenn es darum geht, Verantwortlichkeiten herabzustufen oder sozialräumliche Verantwortungsstrukturen zu implementieren sowie integrierte, flexible Hilfen gegen bislang als bewährt geltende fachliche Standards durchzusetzen. Die MitarbeiterInnen müssen die neue Hilfephilosophie mittragen.

Zur MitarbeiterInnenbeteiligung haben sich folgende Elemente bewährt.

* *Gemeinsame (regionalisierte) Fortbildungen von MitarbeiterInnen
  freier und öffentlicher Träger* (inklusive ASD und wirtschaftliche Jugendhilfe), da hier ein wechselseitiges Verständnis (incl. Abbau von

gegenseitigen Vorurteilen) aufgebaut werden, Kooperation ge-
probt und erlebt werden und in fachlicher Hinsicht (und in Bezug
auf eine neue „Philosophie") ein Ab- und Angleich von fachlichen
Vorstellungen und Problemsetzungen stattfinden kann.

- *Planungsräumliche Verantwortungs- und Entscheidungsstrukturen*
  (von Stadtteilteams bis zu Träger(verbund)-Verantwortlichkeiten),
  da hier Verantwortlichkeiten heruntergestuft und planungsräumlich
  organisiert werden und so Reformziele erleb- und handhabbar
  werden, so dass sie als fachliche und persönliche Herausforderung
  angenommen werden können. Insbesondere die Beteiligung an
  Prozessen kleinräumiger Jugendhilfeplanung (z.B. in Stadtteilrunden mit dem ASD) fördert das Mittragen der Gesamtphilosophie.
- *Die Förderung bzw. Etablierung von Teamstrukturen und -verant-
  wortlichkeiten* stellt ein zentrales Element der MitarbeiterInnenbeteiligung dar, da hierüber die höheren Anforderungen an das Re-
  flexions- und Organisationsvermögen des Einzelnen und der Organisation mit einem subjektiv erlebten Zuwachs an Kompetenzen
  und Handlungsmöglichkeiten zusammengebracht werden können.
- *Die sichtbare, verlässliche Präsenz vor allem der mittleren Lei-
  tungsebene* bei der Fall- und Fachberatung erhöht neben der Etablierung von konkreten Verfahren zur Fall- und Sozialraumarbeit die
  aktive MitarbeiterInnenbeteiligung.
- *Flexible und ausgehandelte Arbeitszeitmodelle* (Arbeitszeitkorrido-
  re, Jahreskonten etc.) stärken den persönlichen Handlungsspiel-
  raum von MitarbeiterInnen. Sie werden als hilfreich im Kontakt mit
  Betroffenen erlebt und steigern so die aktive Mitarbeit beim Reformprozess.

5.6 Weiterbildung und Qualifizierung des Personals

Eine regionalisierte (sozial- bzw. planungsraumbezogene) und gemeinsam (kooperativ) organisierte Qualifizierung von MitarbeiterInnen öffentlicher und freier Träger hat sich als wichtig für die Entwicklung einer
neuen Fachlichkeit und die Nachhaltigkeit integrierter, flexibler und so-

zialräumlich orientierter Hilfen erwiesen und sollte bei komplexen Reformvorhaben systematisch (als Steuerungsmedium) genutzt werden.

Ein institutionelles Reformprojekt bedarf aus zumindest vier – sich allerdings aspektuell überschneidenden – Gründen einer begleitenden, systematischen Weiterbildung der MitarbeiterInnen.

Der *erste* Grund betrifft die *Ausbildung von MitarbeiterInnen und jegliche Reformprogrammatik*, weil nur darüber beruflich-professionelle Deutungsmuster sich ändern können.

Der *zweite* Grund ergibt sich, wenn wir die Ebene *„Organisationsstruktur-Organisationsprogramm"* betrachten. Jegliche organisatorische und programmatische Veränderung innerhalb des Typs Organisation, dem erzieherische Hilfen sowohl bei öffentlichen wie freien Trägern angehören, eröffnet hinsichtlich der Frage einer veränderten Gestaltung von Arbeits- und Handlungsvollzügen ein doppeltes Kontingenzproblem und damit umfangreiche Handlungsspielräume für das entsprechende Personal: Versuche der alternativen Gestaltung von Arbeitsprozessen können nämlich sowohl auf der Transformationsebene zwischen allgemeiner Funktions- und Aufgabenbestimmung (Erbringung erzieherischer Hilfen) und ihrer organisationellen Realisierung ansetzen als auch auf der Ebene zwischen definierten Aufgaben und ihrer Erfüllung im Handlungsvollzug der Beschäftigten, so dass gerade hier unterschiedliche Typen von Professionalität sich herausbilden und Leistungen deutlich beeinflussen können.

Drittens wird damit auch sichtbar, dass eine *lebensweltbezogene, auf integrierte, flexible und sozialräumliche Orientierung setzende professionelle Ausrichtung* weder schlicht unterstellt noch „angeordnet" werden kann, sondern sich z.T. entgegen liebgewordenen einzelfallorientierten Sichtweisen erarbeitet werden muss.

Schließlich dienen Weiterbildungsmaßnahmen dazu, den Verlust gesicherter Handlungsvollzüge, der sich durch die Umorganisation erzieherischer Hilfen ergeben hat, zu kompensieren.

In den INTEGRA-Regionen hat es sich als vorteilhaft erwiesen – und dies scheint verallgemeinerbar zu sein – zunächst Orte (Foren) und Zeiten für eine Träger übergreifende Verständigung der Fachkräfte über notwendige Veränderungen in Bezug auf Fallarbeit, Beratung, Hilfeplangestaltung, Partizipation Betroffener, Dokumentation und Formen des Wirkens im Sozialraum, Erkennen und Nutzen von Ressourcen und Netzwerken (Fall übergreifende und fallunspezifische Arbeit) zu schaffen, um sich gegenseitig – auch über das, was als „Qualität" gilt – zu verständigen. So gewonnene, kooperativ zwischen freien und öffentlichem Träger erarbeitete Standards, Verfahren und methodische Schritte erbringen in den o.g. Dimensionen ganz offensichtlich eine neue Qualität – jedenfalls in der Wahrnehmung der Professionellen und z.T. der NutzerInnen.

In den INTEGRA-Regionen fanden überall Fortbildungsveranstaltungen nach dem obigen Muster: gemeinsam organisiert, kooperativ, sozialraumorientiert und Träger übergreifend statt. Neben der Auseinandersetzung um eine veränderte Professionalität, die letztendlich einen veränderten professionellen Habitus generieren soll, geht es darum, die Dimensionen des Handlungsfeldes als Ressourcen enthaltende Netzwerke zu erschließen und nutzen zu lernen In dieser Hinsicht ging es teilweise „schlicht" um Training (wie z.B. Ressourcentraining, Formen der Fallbearbeitung, kollegiale Beratung etc.), da Wissen alleine nicht ausreicht, sondern sich ergänzen muss um die praktische Dimension des Könnens und Beherrschens spezifischer Methoden, durchaus als Techniken und „Handwerkszeug", das passgenau auf Situationen und Personen zugeschnitten werden muss. Allerdings sollte auch klar sein: Wer über Personalentwicklung im Sinne von vereinbarten fachlichen Leitlinien und Zielsetzungen steuern will, muss dazu auch systematisch Fortbildungsgelder einsetzen.

5.7 Gemeinsame (kooperative) Qualitätsentwicklung

Qualitätsentwicklung sollte in einem kooperativen, offenen, partizipativen und dynamischen Prozess erfolgen, der zu fachlichen Standards auf den Ebenen Struktur-, Prozess- und Ergebnisqualität führt und (in Leistungs-, Entgelt- und Qualitätsentwicklungsvereinbarungen) vertraglich abgesichert wird. Qualitätsentwicklung hängt dabei eng mit der Qualifizierung des Personals zusammen.

In allen INTEGRA-Regionen fanden in verschiedensten Formen (Foren, Fachtage, Weiterbildung, Trainings etc.) Prozesse der Qualitätsentwicklung statt. Primär bezeichnet Qualität im Kontext des INTEGRA-Projekts, das ja im Kern auf den Umbau der Jugendhilfeinfrastruktur zielte, eine veränderte Strukturqualität, die sich jedoch spiegelt in einer veränderten Prozessqualität mit Merkmalen wie u.a. erhöhter Passgenauigkeit von Hilfen, kooperativer Hilfeerbringung, erhöhter Responsivität, Betreuungskontinuität, stärkerer Partizipation der Betroffenen, sozialräumlicher Ressourcenerschließung, Regionalisierung der Hilfen.

6 Einige weiter zu diskutierende Fragen an integrierte und sozialräumliche Erziehungshilfen

6.1 Finanzen und Recht

Budgetierungen und vor allem Sozialraumbudgets können bei der Umsetzung integrierter, flexibler und sozialräumlich orientierter Erziehungshilfen unterstützend sein, wenn sie die juristischen Bedingungen erfüllen (s.u.). Eine Einführung von Sozialraumbudgets ist aber keine notwendige Voraussetzung. Mit Sozialraumbudgets sollte weiter jenseits vorliegender (trägerbezogener Sozialraum-) Modelle experimentiert werden. Eine Gleichsetzung von Sozialraumorientierung mit Sozialraumbudget geht jedoch an der Realität vorbei.

Schließlich geht es bei der sozialräumlichen Orientierung der Erziehungshilfen auch um die Entwicklung von Finanzierungskonstrukten, die durch ihre flexible Handhabbarkeit die Kreativität von Professionellen in der Ausgestaltung fallgerechter Hilfen geradezu herausfordern, indem Gestaltungsspielräume auch durch die flexiblen Finanzierungsmöglichkeiten in nachgerade programmatischem Sinne strukturell neu erschlossen, angeregt und strategisch unterstützt werden. Es müssen also auch finanzierungstechnisch flexibel nutzbare Geldmengen zur Verfügung stehen, die zur Erfüllung der Aufgaben und der Leistungsansprüche im Bereich der Hilfen in einem zu versorgenden Raum bereitstehen und die unter Nutzung der sozialräumlich latenten Ressourcen den jungen

Menschen durch individuelle und originelle Settings Hilfen eröffnen, die prioritär auch einen Verbleib in ihrem Lebensfeld begünstigen (vgl. Bürger 2000). Schon früh wurden rechtliche Fragen vor allem bezüglich der Gewährleistung des Wunsch- und Wahlrechtes, der Trägervielfalt etc. an solche Modelle gestellt. Die Internationale Gesellschaft für erzieherische Hilfen (IGfH) hat aus diesem Grunde – in Kooperation mit dem Sozialpädagogischen Institut im SOS-Kinderdorf e.V. – beispielsweise bei Prof. Johannes Münder ein Rechtsgutachten in Auftrag gegeben, das die Vereinbarkeit der Sozialraumorientierung mit dem SGB VIII juristisch prüfen sollte. Einige Kernaussagen des Gutachtens lauten (vgl. Münder 2001):

- Individuelle Rechtsansprüche können durch Budgets nicht tangiert werden. Rechtsansprüche sind immer budgetsprengend, also auch sozialraumbudgetsprengend.
- Rechtlich problematisch ist die zeitlich unbegrenzte Trägerexklusivität eines einzelnen Trägers in einem Sozialraum, weil diese das Wunsch- und Wahlrecht gem. § 5 SGB VIII einschränken kann und mit dem Gebot der Trägervielfalt gem. § 3 SGB VIII konfligiert.
- Beim Einrichten von HzE-Budgets ist sichergestellt, dass die dort vereinbarten fallübergreifenden und vor allem fallunspezifischen Leistungen nicht generell der Gemeinwesenarbeit oder der Infrastrukturpolitik dienen.
- Auch bei einer engen Kooperation zwischen öffentlichem Träger (ASD) und freiem Träger (Mitarbeiter einer Jugendhilfestation) muss die Rollenteilung bei der Hilfeplanung zwischen gewährleistungsverpflichtetem öffentlichen Träger als dem „Entscheider" und dem freien Träger als dem „Leistungserbringer" gewahrt bleiben.

Die Einführung neuer (flexiblerer) Finanzierungsmodelle können MitarbeiterInnen und Träger motivieren sozialräumliche Ressourcen zu erkunden, zu nutzen und Networking auch im nicht-professionellen Raum zu betreiben (vgl. Hinte/ Litges/ Groppe 2003). Es kann aber andererseits nicht übersehen werden, dass so genannte trägerbezogene Budgetierungen bezogen auf die Leistungserbringung für einen meist nur geografisch-territorial definierten Versorgungsraum zunehmend von Kommunen und Landkreisen aufgrund ihrer Anschlussfähigkeit an aktuelle Effizienz- und Selbstregulierungsdebatten als reines Kostenmanagementsystem zum Teil rechtswidrig benutzt werden.

So ist es auch nicht verwunderlich, dass es in jüngster Zeit auch Klagen von freien Trägern gegen die Nicht-Berücksichtigung bei Auswahlverfahren im Rahmen der sozialräumlichen Neuorientierung vor allem von Großkommunen und der damit häufig verbundenen befristeten Auswahl von festen Trägern oder Trägergemeinschaften zur Erbringung von Leistungen der Erziehungshilfen in einer bestimmten Region gibt. Kern der Auseinandersetzung ist hier immer der Ausschluss von Anbietern der Hilfen zur Erziehung. So wurde durch Beschluss des Verwaltungsgerichtes Hamburg vom 05.08.2004 (13 E 2873/04) im Wege einer einstweiligen Anordnung dem Bezirk Bergedorf untersagt, regionale Versorgungsaufträge im Zuge ihrer sozialräumlichen Neuordnung der Kinder- und Jugendhilfe zu vergeben (vgl. zur Dokumentation Forum Erziehungshilfen Nr. 5/ 2004 und darin die Beiträge von Koch, Meier, Engler und Stähr). Organisations- und Steuerungsformen, die inhaltlich angetreten waren, den „Fall im Feld" mehr in den Blick zu bekommen und eine flexibel nutzbare Geldmenge durch sozialräumliche Versorgungsaufträge zu gewinnen, finden sich nun in einer Reihe mit Klagen gegen kartellrechtliche Vergabeverfahren. Allerdings kristallisiert sich auf diese Weise erneut heraus: „Rechtlich entscheidend bei der Beurteilung des Konzepts der Sozialraumorientierung ist die Beachtung des Wunsch- und Wahlrechts, damit verbunden das Gebot der Pluralität und die Gewährleistung einer gleichberechtigten Teilhabe am Auswahlverfahren. Auch nicht ausgewählte Leistungserbringer sollten allerdings weiterhin eine reelle Chance haben, Leistungen anzubieten und in Anspruch genommen werden zu können. Daher kommt es darauf an, ein Finanzierungskonzept für Sozialraumorientierung so umzusetzen, dass auch außerhalb der Kooperationsvereinbarungen noch Zugangsmöglichkeiten für Leistungserbringer bestehen und im Übrigen die Vereinbarungen zeitlich so limitiert werden, dass keine Verkrustungen entstehen und ein Wettbewerb sichergestellt bleibt" (Stähr 2004, S. 311).

6.2 Geschlechtsspezifische Zugänge – Genderaspekte

Wo MitarbeiterInnen aus Mädchenprojekten sich in den Veränderungsprozess in Richtung integrierter, flexibler und sozialräumlich ausgerichteter Jugendhilfe einbringen, bringen sie aus ihrer stark an Subjekten
resp. mädchenspezifischer Subjektivität geprägten Geschichte oftmals
methodisch fundierte Ansätze des Fallverstehens (vor allem biografi-
sche Ansätze) und ein schon vorab integriertes Denken ein, da die
„Mädchenfrage" nicht an bestimmten institutionellen Grenzen festzu-
machen ist. Im Umbauprozess zu einer regionalisierten Hilfestruktur erweitern sich die bisherigen Arbeitsansätze um die Arbeit mit Angehörigen und dem sozialen Umfeld (Eltern, Freunde, Schule usw.), wobei
oftmals neue und andere Probleme in den Blick geraten (z.B. Über-
schuldung der Eltern, Suchtprobleme in den Familien u.Ä.). Interessan-
terweise wirken geschlechtsspezifische Projekte u.U. dann als die entscheidende Nahtstelle zu anderen Trägern/ Institutionen (z.B. Schulen,
Beratungsstellen, Jugendhäuser usw.) im Sozialraum (vgl. das Beispiel:
Mädchenprojekt Erfurt). *So zeigen sich Hinweise dafür, dass gerade geschlechtsspezifische Projekte ihre Arbeit nicht nur an den §§ 1 – 3 und §
27 ff. SGB VIII, sondern auch am § 13 SGB VIII orientieren und Verbindungen zwischen Angeboten der offenen Kinder- und Jugendarbeit
und ambulanten Erziehungshilfen vor Ort schaffen.*
　Ein Effekt von Umsteuerungsprozessen auf regionaler Ebene besteht
aber auch in einem Verteilungskampf einzelner Leistungsbereiche und
Träger. Dies hat insbesondere Auswirkungen auf die Mädchenarbeit
(vgl. Wolff 2004). Da mit der Umsteuerung auch der Anspruch der Re-
duktion von spezialisierten Hilfen einher ging, wird mit der Begründung,
dass es sich um ein zielgruppenspezifisches Angebot handelt, Mädchenarbeit von politisch Verantwortlichen vielerorts demontiert. So wird
gerade an diesem Leistungsfeld deutlich, dass die Sozialraumorientierung längst zu einer Teilhabefrage innerhalb der Infrastruktur der Jugendhilfe selbst geworden ist. Für die Mädchenarbeit scheint es so zu
sein, dass man ihr den Status eines Gefälligkeitsbereichs einräumt, den
man sich in guten finanziellen Zeiten leisten kann und will. Wenn die
Sozialraumorientierung zum Verdrängungsinstrument wird, d.h. zum

Hebel für das Wegbrechen von gewachsenen Strukturen im Feld der Mädchenarbeit genutzt wird, hat sie ihr Ziel verfehlt. Eine sozialraumorientierte Jugendhilfe kann nicht auf Kosten von Mädchen erreicht werden, sondern sie muss die Lebensbedingungen von Mädchen noch viel verstärkter in den Blick nehmen.

Trotz aller prinzipieller Vereinbarkeit von geschlechtsspezifischen Angeboten und Projekten mit der Entwicklung einer regionalisierten Struktur flexibler, integrierter Erziehungshilfen muss auf zukünftige Handlungsnotwendigkeiten aufmerksam gemacht werden:

- *Hilfeplanung und Partizipation:* Die Zielperspektive der Hilfeplanung, „individueller Maßanzüge" für den Einzelfall zu kreieren, kommt ohne eine offensive Gender-Orientierung und mädchen- bzw. jungengerechte Partizipationsformen nicht aus.
- *Raumaneignung:* Mädchen kommen als Zielgruppe mit ihren mädchenspezifischen Raumaneignungsformen in Sozialraumkonzepten bisher zu wenig vor. Eine geschlechterbewusste Anlage von sozialräumlichen Erkundungsprojekten mit Jugendlichen und eine entsprechende sozialräumliche Jugendhilfeplanung ist im INTEGRA-Projekt erst in Ansätzen begonnen worden. Wo dies geschehen ist (z.B. Tübingen) hat es sich als erfolgversprechend erwiesen. Außerdem wurden in der Mädchenarbeit seit Jahren Erfahrungen in der interdisziplinären Zusammenarbeit mit Stadtplanerinnen gemacht. Diese Erfahrungen gilt es in den Sozialraumkonzepten für die Weiterentwicklung nutzbar zu machen.
- *Gendermainstreaming:* Gendermainstreaming darf nicht als Verdrängungsinstrument von mädchengerechten Angeboten und Leistungen verstanden werden. Vielmehr muss bei der Veränderung der Steuerungsstrategien im Rahmen von Erziehungshilfen generell die Gender-Perspektive als Qualitätsstandard direkt einfließen (vgl. auch Koch/ Wolff 2005).

6.3 Stationäre Erziehungshilfen

Stationäre Erziehungshilfen sollten von Anfang an in den Reformprozess der erzieherischen Hilfen einbezogen werden, da ohne den Einbezug stationärer Hilfen nicht nur ein Kernbereich fehlt, sondern neue Ungleichgewichte in der Jugendhilfestruktur entstehen – auch wenn dieser Teilbereich strukturell schwieriger zu reformieren ist als der Bereich ambulanter Hilfen.

In allen Regionen und auch in der Außenwahrnehmung von INTEGRA wurde festgestellt, dass es nicht gelungen sei, den Bereich der Heimerziehung – bzw. der stationären Hilfen – rechtzeitig oder überhaupt in den durch das Projekt angestoßenen Veränderungsprozess einzubeziehen. Dies stimmt zwar zumindest für die Regionen Celle, Erfurt, Frankfurt/ Oder nicht, da hier während des Projektzeitraums die Praxis der Fremdunterbringung deutlich in Richtung einer örtlichen Unterbringung – vor dem Hintergrund eines bis dato hohen Anteils überregionaler Heimeinweisungen – umgesteuert wurde. Dennoch ist der Eingangsbefund typisch und zu Recht vorgebracht. Die Heimerziehung und die hier Tätigen sind nicht richtig im Reformprozess angekommen.

Dies hat zweifellos Gründe, die oben aufgeführt wurden. Zu nennen sind:

- die ambivalente Einschätzung des Sozialraums,
- der Verlust von Definitionsmacht,
- die Risiken für freie Träger sind zu groß,
- strukturelle Gründe, die in der Form Heim/ Wohnung der Betreuung liegen.

Jenseits der bekannten Modelle wurde bislang keine befriedigende Lösung zum Einbezug der stationären Erziehungshilfen in eine an den Prinzipien flexibler, integrierter, sozialräumlicher und lebensweltorientierter Jugendhilfe gefunden, obwohl sich alle Beteiligten darüber im Klaren sind, dass ohne den Einbezug der stationären Erziehungshilfen die *Jugendhilfestruktur* unvollständig reformiert wäre.

Folgende Schritte zum (verstärkten) Einbezug der stationären Hilfen sind vorstellbar und z.T. in Projektstandorten realisiert worden:

1. Die (örtlichen) Heime bzw. deren MitarbeiterInnen werden an den Beratungen der Sozialraumgremien regelhaft *beteiligt*. Dies mag in der einen oder anderen Situation ob des spezifischen Zeit- und Arbeitsanfalls problematisch erscheinen, aber für interne Teambesprechungen wird in der Regel ja auch Zeit genommen, sodass dieser Aspekt kein grundsätzliches Hindernis darstellt – zumal wenn diese Aktivitäten bei Personalplanung und -einsatz sowie der Finanzierung von vornherein berücksichtigt werden.

2. Die MitarbeiterInnen der stationären Erziehungshilfe nehmen an den regionalisiert (planungsräumlich) organisierten gemeinsamen Qualifizierungsmaßnahmen der MitarbeiterInnen der ASD und der im Sozialraum tätigen freien Träger teil. Beide Schritte dienen der Qualifizierung und der Erarbeitung einer gemeinsamen Hilfephilosophie und verbinden somit bislang getrennte Bereiche. Auch fördert die so intensivierte Interaktion nicht nur das gegenseitige Kennenlernen, sondern vermittelt auch eine bessere Vernetzung der jeweiligen Hilfeangebote „vor Ort" und eine Aufwertung der stationären Hilfen.

3. In den Regionen ist *Transparenz* hinsichtlich der Gewährung von erzieherischen Hilfen im Allgemeinen und der Belegung von Heimplätzen im Besonderen herzustellen. Auch sind vor allem die freien Träger in ihrer Fähigkeit und Fantasie gefordert, über ihre bisherigen Konzeptionen hinaus und in Abstimmung mit den Jugendämtern und LeistungsadressatInnen einzelfallgerechte, individuelle Hilfesettings zu gestalten, kompetent anzubieten und weiter zu entwickeln.

4. Die Grenzen der jeweiligen Hilfeformen sind zu erweitern und durchlässiger zu gestalten, was z.B. bedeutet, dass – wo noch nicht geschehen – auch Heimen „gestattet" werden sollte, nichtstationäre Hilfen anzubieten und vice versa.

5. Ein weiterer Schritt könnte in einer strikten Regionalisierung auch der Heimunterbringungen bestehen, *auch* um somit (notfalls) einen gewissen Reformdruck zu erzeugen, indem Probleme nicht mehr „abgeschoben" werden können und darüber einen Qualifizierungs- und Reformprozess der stationären Einrichtungen einzuleiten.

6.4 Raumbezug und Planungsprozesse der Jugendhilfe

Wenn der soziale Raum zum Zentrum von Planungs-, Steuerungs- und Organisationsprozessen wird, geht es um drei Ebenen: „Zum einen hat soziale Arbeit immer auch die Funktion, soziale Räume zu gestalten und Menschen in ihrem Lebensraum zu unterstützen, zum anderen dient es der Qualität der Einzelfallarbeit, wenn Ressourcen des sozialen Raums genutzt bzw. systematisch solche Ressourcen aufgebaut werden, die bei der Ausübung des gesetzlichen Auftrags den sozialen Diensten nutzen können. Der soziale Raum kann zudem ein integrierendes Bezugselement für verschiedene Abteilungen, Träger und Zielgruppen darstellen. Insofern muss sich der soziale Raum auch in der Struktur einer Organisation abbilden" (Hinte 2003, S. 19).

Jugendhilfestationen sollen im Rahmen von integrierten Erziehungshilfen nicht allein als Kriseneinrichtung fungieren, sondern als Teil einer sozialen Infrastruktur für Kinder, Jugendliche und Familien. Damit sind neue und niederschwellige Erstkontakte gegeben, die von Seiten der Fachkräfte und der Organisation eine veränderte Haltung des sich Zuständig-Fühlens erfordert, gleichzeitig aber auch wandlungs- und anpassungsfähige Strukturen, um bedarfsgerecht reagieren und Hilfesettings kreieren zu können. Dies erfordert zwischen dem zuständigen ASD und den Fachkräften der Jugendhilfestation verbindliche und geregelte Absprachen mit Blick auf die Zugangsmöglichkeiten zur Hilfe. Die unterschiedlichen Aufgaben und Zuständigkeiten müssen geklärt und geregelt werden. Die Beteiligung der Kinder, Jugendlichen und Familien gewinnt größere Bedeutung, weil stärker im Blick ist, diesen zu einer selbständigen Lebensführung mit eigenen Bewältigungsansätzen zu verhelfen und auch die unterschiedlichen Erwartungen und Ziele der Beteiligten auszuhandeln sind.

Auf diese Weise kann gerade bei Einzelfallhilfen der Einbezug, aber auch die Aktivierung von Ressourcen im sozialen Raum für den Aufbau einer niederschwelligen Jugendhilfeinfrastruktur hilfreich sein (vgl. ausführlicher die Erfahrungen aus dem INTEGRA-Projekt bei Koch u.a. 2002 und Peters/ Koch 2004). Erfahrungen zeigen, dass so die Hilfesuchenden Art und Umfang der Hilfe sowie den Zeitpunkt für die Kon-

taktaufnahme zu staatlichen und privaten Hilfeinstitutionen eher mit-
bestimmen können (vgl. die AdressatInnenbefragungen bei Zeller 2004
und Munsch 2004).

Freilich sind wieder relativierende Anfragen an die Umsetzungspraxis
notwendig. Im Zusammenhang mit dem niederschwelligen Zugang und
der Beteiligung zu Hilfebeginn muss beispielsweise darauf verwiesen
werden, dass potenzielle AdressatInnen häufig immer noch zu wenig
über das Angebot (insbesondere ambulanter) erzieherischer Hilfen informiert sind. Wo Informationsangebote an Schulen, Jugendzentren,
Kindertagesstätten und durch lokale Jugendhilfezentren und Selbsthilfegruppen im sozialen Nahraum intensiviert werden, verändert sich die
Einstellung zur Jugendhilfe positiv.

Literatur

Bürger, Ulrich (2000): Anfrage eines „kritischen Symphatisanten" an das
Stuttgarter Modell. In: Forum Erziehungshilfen, Heft 4, S. 204 – 205.

Deutschendorf, R./ Hamberger, M./ Koch, J./ Lenz, S./ Peters, F. (Hg.)
(2005): Hand- und Werkstattbuch: Integrierte Erziehungshilfen –
Grundlagen, Anregungen und Arbeitsmaterialien aus dem Modellverbund INTEGRA. Weinheim.

Engler, Ulla (2004): Interessenbekundungsverfahren. In: Forum Erziehungshilfen, Heft 4, S. 312 – 314.

Finkel, Magarete/ Reinl, Heidi (2004): Fallunspezifische Arbeit – Experi-
mentieren in Zwischenräumen. In: Forum Erziehungshilfen, Heft 1, S.
53 – 58.

Forum Erziehungshilfen (2003): Schwerpunktheft: Chance Beschwerde,
Heft 4, Frankfurt/Main.

Freund, Thomas/ Lindner, Werner (Hrsg.) (2001): Prävention. Zur kritischen Bewertung von Präventionsansätzen in der Jugendarbeit.
Opladen.

Hinte, Wolfgang (2003): Das Konzept der Sozialraumorientierung. In:
Rundbrief des Verbandes Sozial-Kulturelle Arbeit 1/2003. Berlin, S. 19
– 21.

Hinte, Wolfgang/ Litges, Gerhard/ Groppe, Johannes (2003): Sozial-räumliche Finanzierungsmodelle. Qualifizierte Jugendhilfe auch in Zeiten knapper Kassen. Berlin.

Internationale Gesellschaft für erzieherische Hilfen (IGFH) (Hrsg.) (2003): Abschlussbericht zum Modellprojekt INTEGRA – Implementierung und Qualifizierung integrierter, regionalisierter Angebotsstrukturen in der Jugendhilfe am Beispiel von fünf Regionen. Frankfurt/ M.

Koch, Josef (2004): Ausschreiben, anschreiben, abschreiben? Wie Konzeptdebatten auf die Gerichte verlagert werden. In: Forum Erziehungshilfen, Heft 4, S. 302 – 304.

Koch, Josef u.a. (2002): Mehr Flexibilität, Integration und Sozialraumbezug in den erzieherischen Hilfen. Zwischenergebnisse aus dem Bundesmodellprojekt INTEGRA. Frankfurt/ M.

Koch, Josef/ Wolff, Mechthild (2005): Erziehungshilfen und lokale Integration. In: Kessel, F./ Reutlinger, C./ Maurer, S./ Frey, O. (Hrsg.): Handbuch Sozialraum. Opladen, S. 375-392.

Meier, Rüdiger (2004): Vorläufiger Stopp der „Sozialraumbudgetierung" der ambulanten Jugendhilfe in Hamburg. In: Forum Erziehungshilfen Heft 4, S. 304 – 307.

Merchel, Joachim (2003): Standards für Flexible Erziehungshilfen. Forum Erziehungshilfen, Heft 3, S. 174–184.

Münder, Joachim (2001): Sozialraumorientierung und das Kinder- und Jugendhilferecht. In: Sozialpädagogisches Institut im SOS-Kinderdorf e.V. (Hrsg.): Sozialraumorientierung auf dem Prüfstand. Rechtliche und sozialpädagogische Bewertungen zu einem Reformprojekt in der Jugendhilfe, S. 6-124.

Munsch, Chantal (2004): AdressatInnenorientierung als verlässliche und ganzheitliche Unterstützung in schwierigen Lebenslagen. In: Peters, Friedhelm/ Koch, Josef (Hrsg.): Integrierte erzieherische Hilfen. Flexibilität, Integration und Sozialraumbezug in der Jugendhilfe. Weinheim und München, S. 219 – 246.

Peters, Friedhelm/ Koch, Josef (Hrsg.) (2004): Integrierte erzieherische Hilfen. Flexibilität, Integration und Sozialraumbezug in der Jugendhilfe. Weinheim und München.

Rosenbauer, Nicole (2002): Flexible Jugendhilfe. Unveröff. Diplomarbeit. Dortmund.

Stähr, Axel (2004): Zuverlässigkeit der Auswahl von freien Trägern im Rahmen des Konzepts der Sozialraumorientierung. In. Forum Erziehungshilfen, Heft 4, S. 307 – 311.

Wolff, Mechthild (2004): Integrierte Erziehungshilfen versus Verwaltungslogik. Von Diskursverschiebungen und ihren Effekten. In: Peters, Friedhelm/Koch, Josef (Hrsg.) (2004): Integrierte erzieherische Hilfen. Flexibilität, Integration und Sozialraumbezug in der Jugendhilfe. Weinheim und München, S. 101 – 110.

Zeller, Maren (2004): Partizipation im Kontext flexibler Erziehungshilfen. In: Peters, Friedhelm/ Koch, Josef (Hrsg.): Integrierte erzieherische Hilfen. Flexibilität, Integration und Sozialraumbezug in der Jugendhilfe. Weinheim und München, S. 195 – 218.

Friedhelm Peters

Wirkungsorientierte Steuerung? Eine kritische Betrachtung

„Was ihr den Geist der Zeiten heißt,
das ist im Grund der Herren eigner Geist,
im dem die Zeiten sich bespiegeln"
(Goethe, Faust I)

1   Warum dieses Thema und wie ist damit umzugehen?

Im weiteren Kontext der Qualitäts(-entwicklungs-)diskussion mit der inzwischen üblichen Trias von Struktur-, Prozess- und Ergebnisqualität rücken die Ergebnisqualität und damit Fragen von Wirkungen oder Wirksamkeit(en) Sozialer Arbeit allgemein wie auch erzieherischer Hilfen insbesondere mehr und mehr in der Vordergrund des Interesses vieler (vor allem, aber nicht nur) öffentlicher Träger – nachdem über Jahre eher die Prozessqualität im Fokus vielfacher Qualifizierungsbemühungen und auch von Qualitätsentwicklungsvereinbarungen stand (vgl. exempl.: Gerull 2001; Merchel 2000). Vordergründig legitimiert sich die Debatte im Kontext erzieherischer Hilfen durch Hinweise auf anhaltende Kostensteigerungen (vgl. dagegen: Schilling 2005), die „Finanznot der Kommunen"[1] und das daraus abgeleitete Interesse, nur das zu bezahlen, was „nötig" ist und „wirkt". Manches Mal auch wird ergänzend affirmativ Bezug genommen auf einen sich quasi naturwüchsig durchsetzenden

---

1 Zu deren zumeist nicht thematisierten Gründen vgl. Böllert 2005, 89ff; auch lässt sich trotz der Steigerung des Sozialbudgets (insgesamt von 324,2 Milliarden DM in 1975 auf 1,26 Billionen im Jahr 2000) keine besonders gestiegene Belastung der Volkswirtschaft belegen, denn die Sozialleistungsquote hat sich kaum verändert: von 31,6 % auf 31,9% in 2000 (vgl. BMGS 2003).

Markt und damit einhergehender Ausrichtung der Nachfrager/ Kostenträger an Ergebnisqualitäten oder gar einem neuen Professionalisie-
rungsschub, der über eine vermehrte Technologie erreichbar scheint.
Verloren geht dabei die Erkenntnis, dass diese Diskurse nicht per se eine Realität beschreiben, sondern stark präskriptiven Charakter tragen,
die aber, zumal wenn sie machtgestützt daher kommen, Realität prä-
genden Charakter gewinnen (können), obgleich man sie auch (nur) als
eine Art Interpretationsschema behandeln könnte, die zur gesellschaftlichen Markierung bestimmter Aktivitäten dienen (vgl. Wolff 1983, S.
50). „Solche Konzepte existieren [nur, F.P.] in und durch die gesellschaftlich sanktionierten Gelegenheiten ihres Gebrauchs (...). Bei einer
ethnomethodologischen Beschreibung organisationstheoretischen bzw.
organisationspraktischen Handelns lässt sich die Klage: 'Psychosoziale
Dienstleistungseinrichtungen erreichen ihre Ziele nicht!' als eine 'interessierte Beschreibung' entsprechender Abläufe lesen" (ebd.). In diesem Sinne empfehle ich, auch den Diskurs um Wirkungsorientierung
bzw. wirkungsorientierte Steuerung als eine „interessierte Beschreibung" zu lesen und als einen Baustein eines neuen hegemonialen Regu-
lationsmodells zu verstehen, mit dem u.a. eine verstärkte Kontrollorien-
tierung sozialer Arbeit selbst wie ihrer Klientel durchzusetzen gesucht
wird. Erinnerbar wird so auch, dass „der Bezug zwischen 'sozialer
Kommunalpolitik' und dem 'Gebrauchswert', den die kommunale Sozialarbeit für ihre *offiziellen* Klienten hat, kein systematischer, sondern
bestenfalls ein möglicher, vor allem aber ein letztendlich *politischer* ist"
(Wolff 1983, S. 168, Hervorhebung im Original).

2   Die engeren Kontexte der gegenwärtigen Debatten: Neue Steuerung und die Ökonomisierung des Qualitätsdiskurses [2]

Die derzeitige Diskussion wäre in ihrer Konsequenz nicht verständlich ohne den „Paradigmawechsel" in der Sozialpolitik („Modernisierung" des Sozialstaates hin zu einem „aktivierenden Staat")[3] und deren Auswirkungen auf die Soziale Arbeit, worauf hinzuweisen ist ohne näher darauf einzugehen, weil es den Rahmen dieses Beitrags sprengen würde (vgl. dazu: Dahme u.a. 2003; Olk/ Otto 2003; Trube 2005). Im engeren Sinne bedeutsam geworden sind die Ausflüsse der internationalen Diskussionen um ein „New Public Management" ,eine Diskussion um die Reform öffentlicher Verwaltung und den Abbau staatlicher Tätigkeit zu Gunsten privater Dienstleistungserbringer, und neuen Formen von „public-private-partnership", „Contracting-out" sowie der Etablierung von mehr Wettbewerb und „Quasi-Märkten" und damit seit ihren Anfängen eine Fokussierung der Reformvorhaben auf das Ziel ihrer vermehrten Marktgängigkeit und Warenförmigkeit. In Deutschland wurde diese Diskussion im Wesentlichen von der Kommunalen Gemeinschaftsstelle für Verwaltungsvereinfachung (KGSt) unter dem Begriff der Neu-

---

2 In dieses Kap. sind Teile bereits früher veröffentlichter Diskussionsbeiträge eingeflossen. Vgl. dazu: „INTEGRA – ein kooperatives sozialpolitisches Steuerungsmodell als Alternative zu `Wettbewerb` und `Marktorientierung` ?", S. 111 – 127 in: Peters/Koch (Hg.): Integrierte erzieherische Hilfen, Weinheim, München 2004 sowie „Qualitätsentwicklung unter den Bedingungen von Markt und Wettbewerb", S. 155 – 171, in: Beckmann u.a. (Hg): Qualität in der Sozialen Arbeit, Wiesbaden 2004 sowie Teile eines Vortrags, den ich unter dem Titel „Organisatorische und politische Herausforderungen der Jugendhilfe" anlässlich der IGfH-Jahrestagung 2005 in Dortmund gehalten habe.

3 Der Terminus Paradigmawechsel geht ursprünglich auf Thomas S. Kuhn zurück und „meint die Veränderung von grundlegenden kognitiven Orientierungsmustern zum Begreifen von Sachverhalten und zum Lösen von Problemen, sowohl in der Wissenschaft als auch in der Lebenswelt (vgl. Lichtblau 2002) …, sodass quasi eine neue Weltsicht der bisherigen Gegebenheiten bewusstseinsmäßig Platz greift" (Trube 2005, S. 3 f.).

en Steuerung/ des Neuen Steuerungsmodells (NSM) eingeführt und in der Folge hegemoniemächtig ausgebaut.

Tabelle 1: Konzeptionelle Elemente des Neuen Steuerungsmodells

Ziele	• „Kundenorientierung" und • „Wirtschaftlichkeit"
Strategische Schlüsselbegriffe	• Produkte • Wettbewerb • Qualität (Qualitätssicherung, -entwicklung, -management)
Strategische Elemente	1. Zielvereinbarungen (Kontrakte) 2. Budgetgestaltung 3. Controlling (primär operationalisiert durch Kennzahlen)
Organisatorische Voraussetzungen	1. Dezentrale Strukturen 2. Zusammenführen von Fach- und Ressourcenverantwortung 3. Verkoppelung von Entscheidungskompetenz und Verantwortung
Personale Voraussetzungen	• Personalentwicklung (u.a. durch Fort- und Weiterbildung)

Mit dieser schematisierten Zusammenfassung ist in nuce das Programm der „neuen Steuerung" – ausreichend gut – beschrieben. Es geht um eine grundlegende Reform der Struktur und Arbeitsweise öffentlicher Verwaltungen. Die bloße Nutzung einzelner Instrumente (z.B. des Controlling) ist eine Optimierung des gegenwärtigen Steuerungssystems, aber keine Einführung eines neuen Steuerungsmodells (vgl. KGSt 1991). Die Konzeptionierung der Kommunalverwaltung als „Dienstleistungsunternehmen" , die Umorientierung der (Verwaltungs-) Organisation auf die Erbringung von „Produkten" an den Schnittstellen des „Unternehmens Stadt" mit einer Dienstleistungen nachfragenden Umwelt folgt konsequent einer betriebswirtschaftlichen Modelllogik, die allerdings und zugegebenermaßen als Verwaltungsreform zu mehr „Kundensensibilität" einiges in Bewegung versetzt hat, aber in seiner Ausdehnung auf die Außenbeziehungen der Verwaltung, insbesondere im Sozialbereich auf das Verhältnis zwischen öffentlichen und freien Trägern von Anfang an umstritten war.

Jenseits der stattgehabten Aufregungen um die Proklamierung und die „flächendeckende" Einführung des sog. „NSM" in die Verwaltung und insbesondere die Jugendämter, die oftmals – auch in den KGSt-Veröffentlichungen – als „Pilotämter" (vgl. insbes. den KGSt-Bericht „Outputorientierte Steuerung" von 1994) fungieren mussten, ist heute eine gewisse Ernüchterung und zunehmende Skepsis eingetreten. Aber trotz einer bescheidenen Bilanz der modelltreuen Umsetzung bzw. Implementation des NSM (vgl. Banner 2001, S. 279 ff.) und des „Managerialismus" mit den Konnotationen von „lean-management" und „total quality management" (TQM) sind Intentionen des NSM tief eingesickert in die Organisation der Jugendämter (vgl. dazu: Mamier u.a. 2002) und die Alltagskommunikation auch sozialer Berufe, haben dort ihre Spuren hinterlassen.

Als Schnitt- bzw. Übertragungsstellen dieser primär auf Binnenmodernisierung der Verwaltung wie Haushaltskonsolidierung ausgerichteten Modernisierungsstrategie zur Sozialen Arbeit bzw. Jugendhilfe haben sich dabei vor allem die Elemente *Kontraktmanagement* und *Qualität* erwiesen. Dies war relativ einfach möglich, da beide Begriffe auch im jugendhilfeinternen Diskurs nahezu zeitgleich (spätestens seit Mitte der 90er Jahre) neu thematisiert wurden und „nur noch" zusammengebracht werden mussten. „Zusammenbringen" heißt in diesem Kontext, den eigenen sozialpolitischen bzw. jugendhilfepolitischen Code mit anderen, die gerade in stärkerem Maße „up to date" sind oder ein strukturelles Übergewicht haben, zu kombinieren oder – um weiterhin oder überhaupt Gehör zu finden – kombinieren zu müssen[4], was

---

4 Der erste Teil dieser Formulierung hebt darauf ab, dass – um kurzfristiger Vorteile willen – diese Verbindungen *aktiv* auch von Seiten von Jugendhilfeträgern oder deren einheimischen Intellektuellen produziert werden; der zweite Teil darauf, dass man sich – angeschlossen an die fachliche, medial vermittele Kommunikation – diesen Diskursen nicht entziehen kann (vgl. auch Luhmann: Die Realität der Massenmedien, 1995). Diskurse finden – folgt man Foucault – nicht einfach statt, sondern werden produziert, und ihre Produktion wird einer permanenten, die Regeln des Diskurses aktualisierenden Kontrolle unterworfen. „Außerhalb dieser Regeln ist es kaum möglich, gehört zu werden. Diskurse definie-

auch letztlich der Grund ist, sich dem Thema Wirkungsorientierung bzw. Wirkungssteuerung zuzuwenden.

Mit der Novellierung des KJHG in den §§ 78 a-g mit ihren kontraktuellen Elementen von Qualitätsentwicklung und prospektiven Verträgen lag quasi ein weiterer Baustein für die Durchsetzung einer weitergehenden Ökonomisierung bereit, der nur ergriffen werden musste. Mit der Neuordnung der Finanzierung in der Jugendhilfe hatte der Gesetzgeber drei Ziele verbunden:

1. die Dämpfung der Kostenentwicklung insbesondere im teilstationären und stationären Bereich der Kinder- und Jugendhilfe,
2. die Schaffung einer stärkeren Transparenz von Kosten und Leistungen,
3. die Verbesserung der Effizienz der eingesetzten Mittel (vgl. Bundestagsdrucksache 13/10330 vom 1.4.1998, S. 12).

Um diese Ziele zu erreichen, wurden drei Instrumente in das Finanzierungsverfahren eingeführt: die Leistungsvereinbarung, die Entgeltvereinbarung und die Qualitätsentwicklungsvereinbarung (§ 78 b Abs. 1 KJHG). All diese Vereinbarungen/ Kontrakte sind nach § 78 d Abs. 1 KJHG für einen zukünftigen Zeitraum abzuschließen („Prospektivität der Leistungsentgelte"). Die Leistungsvereinbarung und die Entgeltvereinbarung werden in § 78 c KJHG weiter präzisiert, während die Qualitätsentwicklungsvereinbarung nur in § 78 b KJHG angesprochen wird. Nach dem Willen des Gesetzgebers soll sich die Qualitätsdebatte und mit ihr die Qualitätsentwicklung in den Einrichtungen allerdings nicht auf die Überprüfung der Strukturqualität beschränken, sondern gleichermaßen Kriterien für Prozess- und Ergebnisqualität einbeziehen (vgl. Bundes-

---

ren also Wahrheit und üben somit gesellschaftliche Macht aus. Diese Definitionsmacht von Diskursen ist allerdings immer umstritten und umkämpft" (Landwehr 2001, S. 84). Beim Diskurs wie beim Gegendiskurs – bei den „Sprachen" und „Gegensprachen" – geht es um die Konstitution eines Wissensdispositivs, das es erlaubt, „bestimmte Themen überhaupt erst erscheinen zu lassen, während andere verschwinden oder undenkbar sind", einer „politischen Rationalität, die gesellschaftliche Handlungsfelder strukturiert und politische Praktiken anleitet" (Lemke, zit. nach Landwehr ebd.).

tagsdrucksache 13/ 10330 vom 1.4.1998, S. 14)[5]. Implizit und folgewirk-
sam scheint damit auch die Wirksamkeitshypothese, die der Qualitäts-
trias von Donabedian (1980) zugrunde liegt, akzeptiert: Die Strukturqualität (personelle, finanzielle und materielle Ressourcen, organisatorische Rahmenbedingungen, physische und soziale Umwelt) ist die
Bedingung der Möglichkeit von Prozessqualität (Erbringung der Dienstleistung, Interaktionsbeziehungen von Anbietern und Klienten); diese
wiederum ist eine, wenn nicht die entscheidende Voraussetzung für Ergebnisqualität (Zustandsveränderung der Klient/innen, „Wirkung", Zufriedenheit der Klient/innen) (vgl. auch: Dresdner Wirkungszielkatalog,
S. 6). Wie zu erwarten war haben sich die Regelungen nicht auf den stationären und teil-stationären Bereich, für den sie explizit gelten, be-

---

5 Ob der Gesetzgeber damit zugleich auch den Wettbewerb fördern *wollte*, wie
   dies das so genannte Pfreundschuh-Gutachten für Sachsen relativ apodiktisch
   behauptet: „Die Leistungserbringer nehmen mit ihrem Angebot (Leistungsbeschreibung) an einem Wettbewerb um den Zuschlag teil. Die Leistungserbringer
   müssen veranlasst werden, gute Leistungsbeschreibungen mit günstigen Preisen
   im eigenen Interesse vorzulegen. Das setzt natürlich voraus, dass es keine bevor-
   rechtigten Leistungserbringer gibt, sondern Chancengleichheit herrscht. (...) Bisher gibt es noch keinen Wettbewerb. (...) Das stellt die Ziele und Grundsätze der
   §§ 78 a ff. auf den Kopf" (vgl. KGSt-Consult 2000, S. 57). Nach dem Motto, „wer
   zahlt, bestimmt die Musik" sind die Kommunen mehrheitlich längst dazu überge-
   gangen, nach politischem Entscheid/ Gutdünken diese Frage im Sinne von mehr
   Markt und Wettbewerb zu regeln. Dies überrascht nicht weiter, denn „wenn in
   einem Begriff wie dem der Qualität sein Konstruktcharakter so deutlich zu Tage
   tritt, dann wird auch seine unmittelbare Koppelung an Interessen offenkundig:
   Qualität konstituiert sich im – häufig konflikthaften – Zusammenspiel von unterschiedlichen Interessen. Verschiedene Interessenträger formulieren mehr oder
   weniger deutlich ihre Erwartungen an eine soziale Dienstleistung und sind, je
   nach aktivierbaren Machtpotenzialen, in der Lage, ihre Interessen ... zur Geltung
   zu bringen" (Merchel 2000, S. 37). In der Jugendhilfe sind dies – mit abnehmen-
   den Machtpotenzialen – diejenigen, die die materiellen Ressourcen bereitstellen
   (öffentliche Träger), diejenigen, die die fachlichen und personellen Ressourcen
   einbringen (freie Träger, andere „Anbieter" von Leistungen und Diensten), diejenigen, die als Adressaten gelten (Kinder, Jugendliche und deren Familien). Insofern verwundert es nicht, dass die Qualitätsdebatte dominiert wird von öffentlichen Trägern bzw. deren Ansprüchen und Interessen.

schränken lassen, sondern wurden auf den Bereich der ambulanten Hilfen zur Erziehung resp. die gesamte Jugendhilfe ausgeweitet.

Obwohl „Qualität", ein durch und durch relationaler Begriff, von vielfältigen Aushandlungs- und Bewertungsprozessen abhängt (vgl. immer noch grundlegend: Merchel 1998) und anfänglich zur Erhöhung der Selbstreflexivität und Verantwortung der Jugendhilfe durchaus Positives beigetragen hat, beginnt sich bei kritischer Betrachtung ein betriebswirtschaftlich dominierter Qualitätsbegriff durchzusetzen, der eng an Kriterien von Effektivität und Effizienz, organisationeller Steuerung und Controlling geknüpft wird. Kern dieser Debatten ist dabei die Kosten-Nutzen-Relationierung (Ökonomisierung) personenbezogener Dienstleistungen. „Der Nachweis von Qualität und Wirksamkeit wird zu einer zentralen Frage bei der Aufrechterhaltung der ökonomischen Grundlagen von Einrichtungen der Sozialen Arbeit. Der Qualitätsnachweis wird zu einem Wettbewerbsfaktor zwischen Einrichtungen" (Merchel 1999, S. 11). Die Institutionen der Jugendhilfe geraten also tendenziell in Legitimationsdruck, da sie – in direkter Konkurrenz zueinander – nachweisen müssen, welche Qualität sie mit den ihnen gegebenen Ressourcen erzeugen können (vgl. Merchel 2000, S. 15). Die Denkmuster der Ökonomie greifen, und in Gang gesetzt wird ein „Prozess der betriebswirtschaftlichen Umstrukturierung bzw. Neusteuerung der Institutionen der Kinder- und Jugendhilfe. Der zentrale Fokus dieses Ökonomisierungsprozesses gilt einer Reduzierung des Einsatzes der Mittel und zielt auf eine Privatisierung des Feldes" (Kessel 2002, S. 1117). In dieser Definition klingt ein fundamentaler Wechsel des ökonomischen Bezugsrahmens an, auf den schon Hermann Giesecke hingewiesen hat. War Soziale Arbeit vormals in einen volkswirtschaftlichen Begründungszusammenhang eingebunden und legitimierte sich aus dem Beitrag sozialpädagogischer Angebote zum Wohlbefinden des Gemeinwesens, so ist die gegenwärtige Diskussion „primär betriebswirtschaftlich bestimmt" (Giesecke 2001, S. 18). Während es einer volkswirtschaftlichen Betrachtungsweise Sozialer Arbeit um den Gesamtnutzen für das System geht, verkleinert sich mit dem betriebswirtschaftlichen Blick die Perspektive auf die möglichst effektive Gestaltung der Einzelangebote, und zwar in Konkurrenz zu anderen Anbietern. Die Ökonomisierung ist dabei der einfachste Prozess, wie der Kapitalismus eine Kritik als gültig anerkennen, in seine Strukturen aufnehmen und sich so zu eigen machen kann (vgl. Boltanski/ Ciapello 2003, S. 476)[6]. Es ist nunmehr die Form des Marktes, die als übergreifendes Organisationsprinzip des Staates und der Gesellschaft dient. Dem korrespondiert ein Menschenbild, das dem unternehmerischen Verhalten ökonomisch-rationaler Individuen entspricht bzw. dieses herzustellen und Subjekte – auch PädagogInnen und ihre Institutionen übrigens – zu einem diesbezüglichen Handeln zu bewegen sucht[7].

Für die beteiligten Akteure bedeutet die Übertragung von Wettbewerbselementen auf die Steuerung sozialer Dienste eine Modifikation der Rollenzuweisungen: diejenige Seite, die die Leistungen finanziert (im Allgemeinen Staat, Land, Kreise und Kommunen), erhält die Rolle des Auftraggebers; diejenige Seite, die die Leistungen erbringt (öffentliche, gemeinnützige, gewerbliche Leistungserbringer), erhält die Rolle des Auftragnehmers und diejenige Seite, die die Leistungen konsumiert bzw. gebraucht, erhält die Rolle des Kunden bzw. Nutzers. Intendiert ist also gemäß dieser Konzeption in erster Linie eine klare Trennung zwischen Auftraggebern/ Käufern und Auftragnehmern/ Leistungserbringern – ein Sachverhalt, der unter dem Terminus purchaser/ providersplit bekannt geworden ist. Die Beziehungen zwischen Auftrag*gebern*, die Leistungen kaufen, und Auftrag*nehmern*, die Leistungen erbringen, sollen grundsätzliche durch Kontrakte bzw. Verträge geregelt werden, in denen verbindliche Vereinbarungen darüber zu treffen sind, welche Spezifikation von Diensten und Leistungen, mit welchen (Qualitäts-)Eigenschaften, zu welchen Kosten erbracht werden sollen (Contracting, Kontraktmanagement).

---

6 Vgl. in diesem Zusammenhang die Aufnahme auch „linker" Elemente der Sozialstaatskritik in die Diskurse um das Neue Steuerungsmodell wie um das Konzept des aktivierenden Staats.

7 Vgl. hierzu den der Betriebswirtschaft entlehnten so genannten Principal-Agent-Ansatz der Neuen Institutionenökonomie, der als Strategie der Gestaltung des Verhältnisses zwischen öffentlichem und freien Trägern vorgestellt wird (Christa, H.: Fachliches Controlling im Fokus der Neuen Institutionenökonomie, o.J., bes. Kap. 5 und 6).

Leistungs-, Entgelt und Qualitätsentwicklungsvereinbarungen sind das diesbezügliche Instrumentarium. „Die Antworten auf die Grundfrage ... „wer soll welche Leistung erbringen" lassen sich so in einem veränderten – und von den Vertretern der Wettbewerbsorientierung als höherrational bewerteten – Kontext der Präferenzbildung einspeisen, in dem die Finanzierseite auf der Basis ökonomischer Daten und Kriterien *erstens* entscheiden kann, welche Dienste und Leistungen sie selbst erbringt und welche sie von externen Akteuren in ihrem Auftrag erbringen lässt (make or buy-Entscheidungen), und *zweitens* welchem der externen Leistungserbringer – die nun auf einer Art Markt miteinander konkurrieren – sie per Kontrakt einen entsprechenden Auftrag erteilt (Out-contracting). Schließlich sollen sich *drittens* angesichts einer erhöhten Verbindlichkeit und Rechenschaftspflichtigkeit (accountability) der vertraglichen Vereinbarungen über die gekauften Dienste und Leistungen und deren Eigenschaften, die durch präzise zu definierende Leistungsindikatoren zu ergänzen sind, der Finanziererseite neue Möglichkeiten eröffnen, die tatsächliche Leistungserbringung dichter zu kontrollieren" (Otto/ Schnurr 2000, S. 6).

Die öffentlichen Träger werden im Verhältnis zu den Freien Trägern (und anderen Anbietern von Jugendhilfeleistungen) in neuer, veränderter Rolle gestärkt. Durch die Einführung von „purchaser-provider-split", Kontraktmanagement, Wettbewerbselementen und Qualitätssicherungs- oder Qualitätsentwicklungsvereinbarungen inklusive Controlling-Verfahren bestimmen zunehmend mehr die öffentlichen Träger Art, Ausmaß und Qualität der erzieherischen Hilfen. Die bisherige Form partnerschaftlicher Zusammenarbeit wird zumindest tendenziell abgelöst durch ein Verhältnis der Abhängigkeit Freier Träger von der „Kaufentscheidungen" der öffentlichen Träger[8]. Finanzielle Aspekte treten in den Vordergrund und auch eine zunehmende Konkurrenz Freier Träger untereinander – ggf. (schwach) abgemildert durch das, was je örtlich

---

8 Daran ändert auch nichts, dass vorhandene Kooperationsgremien (Jugendhilfeausschuss, AGs nach § 78 KJHG) weiterhin in Anspruch genommen werden; diese sind insofern noch nützlich als sie zur Legitimation der neuen Regelungen dienen können.

unterschiedlich unter „fachlich reguliertem Wettbewerb" (BMFSFJ 2002) verstanden wird.

Fachlich bedeutsam ist des Weiteren die zunehmende Abhängigkeit der Entwicklung der erzieherischen Hilfen von der jeweiligen Problem-definition des öffentlichen Trägers, die einhergeht mit einer de facto-Abwertung der Fachlichkeit des Feldes sowie der evtl. noch vorhande-nen Anwaltsfunktion für die Betroffenen. Nicht vergessen werden sollen Aspekte wie nicht bezahlte Mehrarbeit auf Seiten der Leistungserbrin-ger durch einen erhöhten Controlling-, Dokumentations- und Bewer-bungsaufwand sowie zunehmende berufliche Unsicherheiten des Per-sonals, das sinnvollerweise ja nur noch für die jeweilige Dauer der Kontrakte angestellt wird.

Aber nicht nur der Bereich der erzieherischen Hilfen ist betroffen. Sturzenhecker (2005) hat eindrücklich aufgezeigt, wie die Jugendarbeit trotz ihrer strukturell schlechten Rahmenbedingungen der Freiwilligkeit und der Sanktionsarmut in den Sog der Aktivierungspolitik geraten ist. „Die Aktivierung von außen geschieht z.B. durch Veränderung von För-derbedingungen. Hatten staatliche und kommunale Förderprogramme früher die Infrastruktur von Jugendarbeit finanziert (...), verlangen sie heute zunehmend bestimmte inhaltliche und methodische Ausrichtun-gen sowie Spezialisierung auf bestimmte Zielgruppen. So werden einer-seits Programminhalte vorgegeben, wie z.B. Gewaltprävention, Drogen- und Gesundheitsprävention, interkulturelle Erziehung, Berufsvorberei-tung, Soziales Lernen, Medienerziehung usw., andererseits werden Me-thoden und institutionelle Settings vordefiniert, wie z.B. Betreuung, so-ziale Trainings, Sozialraumorientierung (oder Bezug auf 'Stadtteile mit besonderem Erneuerungsbedarf'), Selbstverteidigungsschulung usw. Ebenfalls werden Zielgruppen vorgeschrieben, wie z.B.: Kinder- und Jugendliche mit Migrationshintergrund, Kinder in Konfliktsituationen oder Notlagen, Benachteiligte, Schulverweigerer, gewaltorientierte Jungen, benachteiligte Mädchen, Schulversager, Cannabis- und Alco-pops-Konsumenten, 'Dicke Kinder' usw. Die Perspektive dieser Pro-gramme zeigt eine deutliche Defizitorientierung auf. (...) Selbst wenn die Fremdaktivierung nicht Inhalte, Methoden und Zielgruppen festlegt, verlangt sie von Jugendarbeit in 'Wirksamkeitsdialogen und Zielvereinbarungen', Ziele, Zielgruppen und Arbeitsweisen vorzuplanen, mit den Förderern auszuhandeln und sie in ihrer Wirkung zu belegen. Jugendarbeit wird immer weniger gefördert im Sinne der Bereitstellung eines Freiraumes für jugendliche Selbstentfaltung und Erfahrung von Demokratie, sondern sie wird funktionalisiert, um die von Förderern und Trägern 'von oben' bestimmten Ziele und Adressaten zu erreichen" (Galuske 2005, S. 13).

In beiden Bereichen ergeben sich auch auf der Mikroebene der Leistungserbringersituation Änderungen: „Wettbewerb, Markt, Management ... liefern [aus Sicht der Befürworter – F.P.] nicht nur Anhaltspunkte für eine rationale Präferenzbildung auf der Ebene der Steuerung und der Allokation von Programmen und Diensten, sondern auch Instrumente zur Umsetzung von Entscheidungen auf der Ebene der Organisation mit entsprechenden Auswirkungen auf Arbeitsvollzüge und Handlungspraxen." (...) Die expliziten Annahmen lauten:

- „Handlungskoordinierung auf der Basis präziser Zielformulierungen und Aufgabenbeschreibung ist rationaler als Handlungskoordinierung auf der Basis von Wissen, abstrakten Regeln (auch Ethiken) und Aushandlungssystemen [= Absage an Professionalität – F.P.].
- Ergebniskontrolle auf der Basis objektiv quantifizierbarer Parameter ist rationaler als Ergebniskontrolle auf der Basis kommunikativer Abstimmungs- und Rückkopplungsprozesse [= Absage an Verhandlungssysteme und Nutzerbestimmung – F.P.]" (Otto/ Schnurr ebd., S. 7).

Kinder- und Jugendhilfe und Sozialpädagogik werden auf Effizienz ausgerichtete Denk- und Handlungsformen verordnet, die versuchen Hilfeprozesse im Sinne von Eindeutigen Ziel-Mittel-Relationen zu standardisieren. Die gerade für die lebensweltorientierte Soziale Arbeit konstitutive Betonung des biografischen Eigensinns von Kindern, Jugendlichen und Erwachsenen hat in diesem Verständnis keinen Platz mehr (vgl. Galuske 2005). „Es entsteht ein Wettbewerb, der den Kunden zum Objekt macht, ihm aber suggeriert, dass er Herr der Nachfrage ist. Immer neue, andere und bessere Angebote werden vorgelegt, der Markt scheint 'innovativ', weil er immer wieder beschleunigt und Neues schafft, indem er Bisheriges entwertet. Diese neue Technologieperspektive bildet sich zunehmend unter fiskalischem Druck, Sparzwang und Trägerwettbewerb aus" (Böhnisch/ Schröer/ Thiersch 2005, S. 236). Die „zeitgemäße sozialpädagogische Praxis zielt auf sozialtechnologisch verwertbares Praxiswissen ab. ... Damit wird sie zur nachgeordneten Agentur herab gestuft" (ebd., S. 15).

Die zunehmend zur Gewissheit werdende Ahnung der damit verbundenen Risiken beschreibt J. Dahme sehr plastisch: „Die Gefahr, dass soziale Dienste ... durch den Leistungskoordinator wie ein Zulieferungsnetz in der Automobilindustrie organisiert werden, in der die Verwal-tung als fokale Organisation die strategische Führung des Netzwerks übernimmt, Preise diktiert und das diskursive Element in der kooperativen Kooperation allmählich aushöhlt, steht als Menetekel an der Wand und bewegt z.Zt. nicht nur die in der sozialen Arbeit Tätigen, sondern ebenfalls die im medizinischen System Beschäftigen. In den neu entstehenden Dienstleistungsnetzwerken könnte ein bislang dominanter Ordnungsfaktor an Bedeutung verlieren, die Profession. Das ahnen alle im sozialen Dienstleistungssektor" (Dahme 2000, S. 67). Da in den neuen, z.T. „wissensbasierten" Programmen (vgl. Kessel/ Krasmann 2005, S. 230 ff.) die grundsätzlichen Ziele vorgegeben und in Qualitätshandbüchern bzw. Verträgen überprüfbar formuliert sind, beschränkt sich sozialpädagogisches Handeln in erster Linie in der sozialtechnologischen Umsetzung der Programmatik. „Die Professionellen ... werden dazu aufgefordert, die allgemeinen, ideologielastigen, wohlgemeinten, nebulösen etc. Vorstellungen, aus denen sich ihre Maßnamen bisher ... speisen, abzulösen durch Wissensformen, die eine 'genaue Analyse' der 'Ist-Situation' und eine Formulierung evaluativ messbarer 'operativer Ziele' erlauben. Während die Bestimmungen der 'Ist-Situation' dabei auf die Etablierung ausdifferenzierter Formen von Indikations-, Diagnose- und 'Assessmentverfahren' verweist, benötigt eine Ergebniskontrolle nach quantitativen Parametern spezifische Standardisierungs- und Normierungsverfahren, die es ermöglichen, Interventionsziele möglichst 'S.M.A.R.T.' (specific, measurable, attainable, relevant, timed) zu gestalten (BMFSFJ 1999). Diese 'operativen Ziele' sind die Grundlage für die Entwicklung einer 'praktischen Arbeit (...), in der professionelles Ermessen subordiniert wird unter die manageriellen Definitionen dessen, what

works, und Praxismaterialien folgt, die von extern evaluierten Methoden abgeleitet sind' (Harris/ Kirk 2000, S. 135)" (Ziegler 2003, S. 106).

Aus dieser Perspektive löst sich die Figur des Professionellen im engeren professionstheoretischen Sinne (vgl. Dewe u.a. 1986; Dewe/ Otto
2002) und ein damit evtl. verbundenes anspruchsvolles, gesellschafts-
theoretisch reflektiertes Professionsverständnis tendenziell auf (siehe
unten). Noch einmal mit Ziegler: „`The hegemony of (…) professional
ideology has outlived its utility and has become *counterproductive*. The
challenge that lies ahead is to use science to develop 'evidence-based'
(programs) that not only tell us what not do but also what to do" (Cul-
len/ Gendreau 2001, S. 334). Der Anachronismus sozialpädagogischer
Professionalität wird vor dem Hintergrund der drei zentralen Prinzipien
einer beweisbaren Praxis deutlich: dem Risikoprinzip, dem Bedarfsprinzip und der Programmintegrität (…). Das Risikoprinzip besagt, dass die
Intensität der Reaktionen direkt an den Grad des diagnostizierten Risi-
kos gekoppelt sein soll. Das Bedarfsprinzip … verlangt, dass Interventionen gezielt auf die möglichst effektive Neutralisierung … [personaler
Risikofaktoren – F.P.] sich beziehen sollen. … [Das] Prinzip der Pro-
gramm-Integrität [schließlich steht] in einem fundamentalen Gegensatz
zu sämtlichen Fassungen von Profession und Professionalität" (Ziegler
ebd., S. 110), da es MitarbeiterInnen auf einen fremdentwickelte Pro-
gramme ausführenden Status reduziert.

Von außen, sprich: oben, wirksames Fachcontrolling erweist sich als
unabdingbar und er- oder zersetzt die inhaltlich-fachlichen Selbstevalu-
ationsstrategien und fachlichen Überlegungen der MitarbeiterInnen der
Leistungserbringer oder setzt diese in den inferioren Zustand des „Zu-
sätzlichen" oder Hilfswissens. Vermutlich auch wird eine komplexere
(qualitative) Evaluation, die auch auf das „Narrative" setzt, unterminiert,
bevor sie überhaupt sich in nennenswertem Umfang entwickeln konnte.
Unerwartetes sowie mögliche nicht intendierte Nebenfolgen geraten
somit erst gar nicht in den Blick (vgl. Müller-Kohlenberg/ Kammann
2000, S. 114 ff.).

Neben einer Einschränkung der Fachlichkeit der unteren Ebenen
auch auf der Ebene des direkten Handelns zwischen Fachkraft und
Klient, führt diese Entwicklung vermutlich – dies zeigen Entwicklungen

im Ausland (vgl. Alford 2004; Peters 2004) – auch zu einer Einschränkung sowohl der Leistungstiefe wie des Leistungsumfangs. Wenn des
Weiteren im Rahmen von z.B. Leistungs- und Qualitätsvereinbarungen
seitens des öffentlichen Trägers bspw. auf kontraktueller oder organisationeller Ebene Standards durchgesetzt werden, die die formale und
inhaltliche Ausgestaltung der Dienstleistungserbringung so restriktiv
fassen, dass notwendige Aushandlungsprozesse auf der Ebene des
Erbringungsverhältnisses beeinträchtigt werden, verschlechtern sich die
Möglichkeiten für NutzerInnen, sich den Gebrauchswert erzieherischer
Hilfen differenziert anzueignen (vgl. dazu Finkel 2004; Munsch 2004;
Schaarschuch/ Oelerich 2005)[9]. Auch Rauschenbach et al. (2004, S. 242)
befürworten in Hinblick auf die Jugendarbeit, was aber übertragbar ist,
eine Sichtweise weniger mit Blick auf die „objektiven Angebote" und
mehr auf den „subjektiven Umgang mit diesen Angeboten", weniger an
den „Zielen der Anbieter" und mehr an den „Verhaltens- und Interaktionsformen" Jugendlicher orientiert und darauf gerichtet, die „subjektive Bedeutung des Umgangs mit den Angeboten der Jugendarbeit"
besser zu verstehen. Nur daraus, so die verallgemeinernde Schlussfol-
gerung, lässt sich beantworten, ob *Wirkungen* entstehen.

3 Was versteht man überhaupt unter Wirkung in der Sozialen Arbeit? – Definitionen, Annahmen, Probleme

Wirkungsorientierung bzw. eine wirkungsorientierte Steuerung erzieherischer Hilfen als jüngstes Diskurselement knüpft direkt an der Mikro-
steuerung sozialer Leistungen unter Rückgriff auf die so genannte Wirkungsforschung an bzw. konzipiert den Zusammenhang von Programm-
men/ Leistungsangeboten und ihren Aus-Wirkungen nach dem gleichen
Muster. Das Grundmodell ist bislang relativ einfach und operiert mit
folgenden Annahmen: „Ein bestimmtes Treatment erzeugt entsprechende Verhaltensänderungen beim Klienten – oder auch nicht oder

---

9 „Aneignung" (s.w.u.) darf dabei nicht mit Kundensouveränität verwechselt werden; zum Begriff des Kunden s. Clarke 2003.

nur partiell. Dieser Zusammenhang wird als 'Wirkung' des Programms gefasst. Ihr geht es mithin um die kausale oder korrelative Zurechung der 'Effekte' von Programmmerkmalen und professionellem Handeln auf die adressierte Klientel" (Kromrey 2000, S. 26). Dabei wird die Wirkungsrichtung in der Regel monolinear konzipiert: Im Rahmen von Zielbestimmungen „wirkt" professionelles Handeln, bzw. ein Interventionssetting, auf Klienten ein, die mit entsprechenden Veränderungen ihres Verhaltens reagieren. Diese Verhaltensänderungen sind umgekehrt auf die Programmstimuli rückführbar und können gemessen werden – absolut oder im Hinblick auf den Grad der Zielerreichung. Auf dieser Grundlage werden Aussagen über die „Effektivität" von sozialpädagogischen Programmen und Interventionen getroffen. Das Ziel der Wirkungsforschung besteht so in der Identifizierung von kausalen und korrelativen Ziel-Mittel-Relationen" (Schaarschuch/ Oelerich 2005, S. 15). Auch elaboriertere Überlegungen, die von komplexen oder multi-faktoriellen Wirkungszusammenhängen ausgehen (vgl. etwa Lüders 2005), folgen im Prinzip der gleichen Logik, wenngleich ihr Evaluationsdesign anspruchsvoller – aber durchaus mit grundlegend ähnlichen Problemen wie die gesamte Wirkungsevaluation behaftet – ist (s.w.u.). Festzuhalten bleibt vorab: Das hiermit wie mit einer wirkungsorientierten Steuerung angestrebte Ziel ist die Absicht der Optimierung des Einsatzes von Mitteln und Ressourcen im Hinblick auf vorweg definierte Ziele bzw. eine programmatisch gesetzte/ ausformulierte Zielerreichung (vgl. dazu exemplarisch den so genannten „Dresdner Wirkungszielkatalog" und die „Programmatische Jugendhilfeplanung"). Deutlich wird, dass Erkenntnisinteressen bezüglich Hilfsangeboten und Hilfeverläufen stets aus der Perspektive der die Ziele definierenden Institution und des jeweiligen Programms formuliert sind.

Sieht man sich zunächst einmal im Umfeld der politisch induzierten effektivitätsmotivierten Diskussionen sozialer Dienstleistungen um, so scheint eine weithin akzeptierte Definition von „Wirkung" in den so genannten „Magdeburger Gesprächen zur wirkungsorientierten Steuerung in der sozialen Arbeit" (vgl. Schroeder 2002) gefunden worden zu sein. Dort heißt es: *„Wirkungen sozialer Arbeit sind an den Adressaten und Adressatinnen beobachtbare Effekte, zu deren Zustandekommen* *soziale Arbeit in nennenswertem Maße beigetragen hat. Unter Effekten werden Zustandsverbesserungen, -stabilisierungen oder die Verlangsamung von Zustandsverschlechterungen verstanden"* (ebd., S. 6 f., Hervorhebung im Original). Definiert sind Effekte als „die unmittelbaren, objektiven, d.h. direkt ersichtlichen bzw. nachweisbaren (Aus-)Wirkungen der Leistungserbringung" (Schroeder/ Kettinger 2001, S. 13). In der Verwaltungsreformdiskussion werden des Weiteren „impacts" unterschieden. „Mit 'impact' werden diejenigen mittelbaren und/ oder subjektiven Wirkungen beim Leistungsempfänger bezeichnet, zu denen das Handeln von Verwaltung und/ oder Dritten maßgeblich beigetragen hat. Als 'subjektive Wirkungen' werden solche Effekte bezeichnet, bei deren Feststellung die subjektive Meinung der Leistungsempfänger/innen Berücksichtigung findet" (Schroeder 2002, S. 9).

Offen bleibt – und damit ist ein erstes Problem gegeben –, *wer* die Effekte beobachtet und *wer* die Definitionshoheit über die Ziele (in obiger Definition: Zustandsverbesserungen usw.) besitzt bzw. die zu beobachtenden Effekte festlegt. Dieses Problem sehen auch die Protagonisten wirkungsorientierter Steuerung. Für den Bereich der einzelfallgesteuerten Hilfen nach § 36 KJHG wird deshalb vorgeschlagen, eine Eingrenzung auf intendierte Wirkungen vorzunehmen: *„Intendierte Wirkungen erzieherischer Hilfen sind an den Adressat/innen der Hilfen beobachtbare, intendierte Effekte, zu deren Zustandekommen die pädagogische Intervention in nennenswertem Maße beigetragen hat. Unter intendierten Effekten wird die – auch nur teilweise – Erreichung der im Hilfeplan festgelegten Zielsetzungen verstanden.* Über den Bezug zum Hilfeplan wird zudem festgelegt, wer die Definitionsmacht hat. Mit diesem Wirkungsbegriff werden gesellschaftspolitisch gewollte Wirkungen explizit ausgeschlossen. Diesem Ausschluss liegt die Überlegung zugrunde, dass anderenfalls externe Zielsetzungen in unzulässiger Form Bedarfsprüfung und Zielplanung in der Hilfeplanung beeinflussen[10].

---

10 Anders sieht das der Entwurf des „Dresdner Wirkungszielkatalogs" (Fassung vom 16.12.05), der u.a. durch eine breite Diskussion mit so genannten „gesellschaftlich relevanten Stakeholdern" (S. 21f.) zustande gekommen ist, vor. Hier heißt es auf S. 8 unter „Zur Verwendung des Wirkungszielkatalogs" u.a. : „Der Wirkungszielkatalog gilt für alle Leistungsfelder … (…) Im Leistungsfeld Hilfe zur

Durch die Fokussierung auf die im Hilfeplan benannten Ziele als Ausgangspunkt der Effektbestimmung wird ferner allgemeinen fachlichen Maßstäben zur Effektbemessung wie etwaigen Entwicklungs- oder Funktionsstandards bestimmter Altersgruppen bzw. Wirkungsstandards bestimmter fachlicher Interventionen explizit eine Absage erteilt" (Schroeder 2002, S. 7). Insofern im Hilfeplangespräch nicht nur die Perspektiven der Fachkräfte (oder deren Organisationen) oder eine „objektivierte" Expertendiagnostik, sondern auch die Sichtweisen und subjektiven Hilfevorstellungen der Betroffenen (Kinder, Jugendliche, Erziehungsberechtigte) eingeflossen sind, ergeben sich hier Möglichkeiten – in dem Vokabular der „Modernisierer" gesprochen und unterstellt, dass Kausalität, die Unterstellung einer Zurechenbarkeit von Ursache und Wirkung mehr ist als eine beliebige oder interessegeleitete Selektion *möglicher* Konstellationen[11] – „Wirkungen" im Sinne von „effects" und „impacts" als „outcome" sozialer Dienstleistungen unter Beteiligung der Betroffenen ggf. festzustellen, wenn die diesbezüglichen praktischen (Mess- und Evaluations-)Probleme gelöst werden könnten.

Auch dieses Problem sehen die informierteren Vertreter der wirkungsorientierten Steuerung: „Ein wesentliches Problem bei der wirkungsorientierten Steuerung ist der Zusammenhang von Leistung und Wirkung, ein zweites das Erfassen und Messen von Wirkungen. Alle Überlegungen zur wirkungsorientierten Steuerung gehen davon aus, dass ein Wirkungszusammenhang besteht, nach welchem bestimmte Maßnahmen und Aktivitäten Leistungen hervorbringen, welche die gewünschten Wirkungen zeitigen. In der Praxis besteht nun aber häufig keine geschlossene Wirkungskette. Die Kausalität zwischen der Leistungserstellung und den gewünschten bzw. erzielten Wirkungen lässt sich nicht lückenlos nachweisen" und wird darüber hinaus insofern abgeschwächt, (s. obige Definition), als dass lediglich ein „nennenswerter"

Erziehung bildet der Wirkungszielkatalog insbesondere den Rahmen für die Entwicklung von Zielen im Hilfeplanverfahren ...".

11 Dazu, dass „Kausalität" ebenso wie „Rationalität" und „Zwecke" eine historische Erfindung sind, die sich in und über die Entwicklung der Naturwissenschaften und deren auf relative Dauer angelegte Implementation in Organisationen darstellen (lassen), vgl. Türk/ Lemke/ Bruch 2006.

Beitrag eingefordert wird. „Dadurch wird der Kausalzusammenhang zwischen der Leistungserstellung und Wirkung in Frage gestellt. (...) Letztlich muss zusätzlich noch berücksichtigt werden, dass gesellschaftliche Prozesse oft lange dauern und dass deshalb Wirkungen im Sinne von Outcomes erst nach längerer Zeit (oftmals erst nach 4 – 6 Jahren) erkennbar werden" (Schroeder/ Kettinger 2002, S. 15 f.). Vier bis sechs Jahre aber laufen nicht einmal (zumindest nicht sehr häufig) Modellprojekte, geschweige denn ist eine kommunale Praxis, in der kurzfristige, oftmals (haushalts-)jährliche Betrachtungsweisen überwiegen, so langfristig angelegt. Man behilft sich also mit Plausibilitätsunterstellungen und/ oder verschiebt das Problem in die Evaluation. Was ein z.B. „nennenswerter Beitrag" ist, ergibt sich nicht aus sich selbst, sondern bedarf valider Indikatoren. Selbst wenn man sich mit dem Abgleich von organisationsdefinierten Ziele und deren Erreichung begnügt, müssen die grundlegenden Indikatoren-, Mess- und Korrespondenzprobleme, mit denen jegliche empirische, quantitativ verfahrende Sozialforschung sich auseinandersetzen muss, gelöst werden. Kaum ein Evaluationsdesign, und schon gar keine „Wirkungsforschung", entspricht den geltenden Gütekriterien empirischer Sozialforschung (voll), zumal der „Königsweg" quasi-experimenteller und/ oder theoriebasierter Evaluationen nicht oder nur unter sehr aufwändigen Bedingungen herstellbar wäre (vgl. zusammenfassend: Kromrey 2000, S. 19 ff.), die „vor Ort" in der Regel nicht gegeben sind. Die Evaluationsforschung, so sie denn angesichts chronischer Unterfinanzierung empirischer Forschung im Feld erzieherischer Hilfen zum Zuge käme, hätte in Bezug auf „Wirkungen" dabei zu berücksichtigen, dass sie es nicht „mit einfachen Kausalketten zu tun (Maßnahme X wirkt bewirkt über die intervenierenden Zwischenschritte Y1 und Y2 die Veränderung der Zielsituation von Z0 nach Z1) hat, sondern mit einem komplexen *Wirkungsfeld*. Insbesondere wirkt eine Maßnahme [zumal bei Humandienstleistungen, die grundsätzlich auf Koproduktionen beruhen – F.P.] nicht (trennscharf) nur auf ein Ziel und ist ein Ziel nicht (monokausal) nur durch eine Maßnahme erreichbar. Die Wirkungen treten nicht sämtlich zu gleicher Zeit ein. (...) Schließlich kann es neben den beabsichtigten auch zu ungeplanten Wirkungen und Wechselwirkungen kommen. Die Programmumwelt

(Maßnahmen anderer Programme oder Interventionen sozialer AkteurInnen) können auf den Verlauf des zu evaluierenden Programms in erwünschter wie auch unerwünschter Richtung Einfluss nehmen (und umgekehrt: das Programm kann seine Umwelt verändern)" (Kromrey 2000, S. 40). All dies ist kaum von der Evaluation kontrollierbar und wäre sogar – im letzten Fall, wo das Programm seine Umwelt verändert – eigentlich als „Wirkung" oder sogar als „Erfolg", denn das „Programm" *hat* verändert, zu werten, obwohl so nicht vorgesehen und nicht im Fokus eines „wirkungsorientierten Controllings", das dies u.U. gar nicht wahrnehmen kann, weil es nur misst, was vorab definiert ist. Wesentliche Dimensionen dessen, was für Betroffene hilfreich ist (vgl. dazu die Fallschilderungen bei Baur, W. 1994; Baur, D. u.a. 1998; Munsch 2004; Dolic/ Schaarschuch 2005), fallen damit u.U. im wahrsten Sinne des Wortes „durch das Raster".

Wegen der vorstehend skizzierten Probleme behilft man sich dann oft mit leicht messbaren Indikatoren, die der Komplexität des pädagogischen Geschehens nicht angemessen sind (vgl. exempl. Dresdner Wirkungszielkatalog, S. 20) oder man beschränkt sich gleich darauf, die Betroffenen hinsichtlich der Bewertung bestimmter Dienste und Leistungen zu befragen. Solches liefert allerdings im Sinne einer wie bislang diskutierten Wirkungsorientierung nur Teilergebnisse, die im Sinne der Betrachtung des 'outputs'/ 'impacts'" sicher von Interesse sind, aber primär die Akzeptanz/ Zufriedenheit bzw. Nicht-Akzeptanz/ Unzufriedenheit mit einem Angebot von Dienstleistungen zum Ausdruck bringen. Dort allerdings, wo es primär um die Herstellung von Akzeptanz und/ oder Aktivierung bestimmter Gruppen z.B. im Fall sozialräumlicher Aktivierungsstrategien und oder so genannter „Fall vermeidender Projekte"[12] geht, also gerade darum, Koproduzenten-Strukturen in den

---

12 Bei den so genannten „Fall vermeidenden Projekten" vervielfältigen sich dann die o.g. Probleme einer (quantitativ verfahrenden) Evaluation, wenn diese (einzel-)fallbezogen angelegt wird, als hier „Nicht-Ereignisse" in ihrer Wirksamkeit gemessen werden sollen. Darüber hinaus greift m.E. auch die Logik einer wie auch immer gearteten „Erfolgsfeststellung" der auf individuellen Rechtsansprüchen basierenden, hilfeplangesteuerten Einzelfälle auch insofern nicht, als es gerade um neuartige Maßnahmen geht, die den Hilfen zur Erziehung *gleichkommen,* aber anders sind oder sein sollen. Gegenüber neuen Formen bedürfte es

entsprechenden Feldern (Dienstleistungen, die Eigeninitiative, soziale Integration, Partizipation und „aktive Bürger" o.Ä. zum Ziel haben) zu initiieren, kann sich diese Strategie als angemessen erweisen. Hier geht es nämlich nicht um „Wirkungen" in einem engeren Verständnis, sondern um Kooperationsstrukturen, die nicht gesteuert, sondern verstanden und respektiert, ggf. (dialogisch) entwickelt werden (sollen) und gerade darin ihre Qualität erweisen.

Wir können abkürzen: Beschäftigen wir uns mit der Frage von „Wirkungen" sozialer Projekte und Interventionen, so wird kaum einer ernsthaft bestreiten, dass es Wirkungen gibt. Jegliches pädagogisches Denken ist auch Denken in Wirkungszusammenhängen. Die Frage ist allerdings, inwieweit man eine bestimmte Wirkung oder Wirkungskombination einer spezifischen Intervention oder einem spezifischen Projekt zuschreiben kann. Hier gehen die Annahmen auseinander. Aber selbst gemäßigte Vertreter eines prinzipiell empiriebasierten Wissenschaftsverständnisses gehen davon aus, dass soziale Wirklichkeiten hochgradig komplexe Systeme darstellen und dass diese gesellschaftliche Komplexität durch andauernde Modernisierungsprozesse (funktionale Differenzierungen, Pluralisierungen, Enttraditionalisierungen) und Auflösung handlungsorientierender Gewissheiten sich steigert. „Der Erhebung oder Messung von Wirkungszusammenhängen – und mögen sie noch so wünschenswert sein – fehlt es angesichts dieser multifaktoriellen Verursachungs- und Wirkungszusammenhänge sozialer Prozesse an überzeugenden Ansätzen zur experimentell-wissenschaftlichen Mess- und Darstellbarkeit. (…) Um ein Beispiel zu geben, wenn wir im Rahmen eines Projekts … versuchen, die Wirkung von Elterntrainings auf das Erziehungsverhalten dadurch zu messen, indem wir die Eltern in bestimmten Intervallen nach Kursbeendigung … befragen, dann wird man zwar *Wirkungsbewertungen* vornehmen können, aber eben nicht den Zusammenhang zwischen Kursteilnahme und möglichem Erfolg beweisen können – müssten wir hierzu doch alle anderen erziehungsrelevanten Faktoren, die in dieser Zeit auf die Familie eingewirkt haben, ergebnis-

---

aber grundsätzlich eher sensibilisierender, offener statt „fest-stellender" Evaluationskonzepte.

neutral darstellen können" (Boeckh 2005, S. 4, Hervorhebung im Original).

Ohne grundlegend Notwendigkeiten von organisationalen Modernisierungen, Evaluation, Arbeits- und Personal- oder Qualitätsentwicklung in Frage zu stellen (vgl. Peters/ Koch 2004) muss man die eingeschlagenen Wege einer Wirkungsorientierung bzw. wirkungsorientierten Steuerung aus der Perspektive einer lebensweltorientierten Sozialen Arbeit resp. Kinder- und Jugendhilfe wohl rundweg ablehnen[13]. Das alltags- oder lebensweltorientierte Konzept einer Sozialen Arbeit wie die damit korrespondierende Vorstellung von Lebensbewältigung basiert zum einen auf den phänomenologisch-interaktionistischen Analysen zum Handeln und Wissen, bindet diese andererseits aber unter Rückgriff auf

---

13 Dies, obwohl auch lebensweltorientierte Ansätze nicht davor gefeit sind, jenseits ihrer kritischen Intentionen als Module einer ökonomisch-technisch vermittelten „modernen" Sozialtechnologie z.B. im Sinne eines verbesserten Zielgruppenzugangs ebenso vereinnahmt zu werden wie z.B. auch die „Sozialraumorientierung". „Gleichsam in der Aura der Lebensweltorientierung kommen neue interventionistische Technologien der Diagnostik und des Ressourcenmanagements zum Zuge: Eingelassen in die konkreten Lebensverhältnisse und ihre Ressourcen und im Prozess von Beteiligung und gemeinsamer Aushandlung begründet, dienen sie [dann ihrem Ursprungskontext entzogen – F.P.] eher der Erledigung von Problemen und verdecken die sperrige Eigendynamik in den lebensweltlichen Bewältigungskonstellationen" (Böhnisch/ Schröer/ Thiersch 2005, S. 235) – und rauben so den pädagogischen Prozessen ihre notwendigen Freiräume. Dieser Prozess zielt auch auf einen Abbau von Professionalität, trifft aber zugleich teilweise insbesondere in Ostdeutschland auf eine Akzeptanz, die der spezifischen Personalsituation und Transformationsgeschichte mitgeschuldet scheint, die hierüber sich sogar evtl. Professionalitätsgewinne zu versprechen scheint. In irritierender Weise geriert sich die ostdeutsche Hilfelandschaft so – zumindest in Teilen - „modernisierungsbereiter" als ihr westdeutsches Pendant, was *auch* darauf schließen lassen könnte, dass hier die klassischen Professionalitätsvorstellungen weniger habituell ausgeprägt sein könnten (vgl. Winkler 2001) oder aber die Erfahrung nicht vorhanden ist, dass das sozialstaatliche und fachliche Profil, wie z.B. im KJHG vorhanden, nicht *ohne Weiteres* zur Disposition steht, weil dahinter eine langjährige Geschichte professionell-fachlicher Experimente und institutioneller Konflikt-Konsensprozesse und damit gewissermaßen eine Barriere gegen Vereinnahmung und Verflachung steht (vgl. Böhnisch/ Schröer/ Thiersch 2005, S. 258 ff.).

Elemente einer sozialistischen Alltagstheorie (Kosik) und Kritischer Theorie an die Idee eines gelingenden Alltags sozialpolitisch zurück (vgl.
Grunwald/ Thiersch 2004; Böhnisch/ Schröer/ Thiersch 2005, bes. Teil 2;
Peters 2004a). *Lebenswelt (oder: Alltag/ Alltagswelt)* bezeichnet einen
Modus unhintergehbarer Erfahrungs- und Identitäts- wie Handlungs-
konstitution in empirisch rekonstruierbaren *vielfältigen und gesellschaft-
lich-machtvermittelt stratifizierten* Erscheinungsformen (wie z.B. unterschiedlichen sozialen Milieus). Zur Realisierung von Sozialität und
Gesellschaft(-lichkeit) nutzen Gesellschaftsmitglieder die ihnen zuhan-
denen Wissensbestände (ihr Alltagswissen) und Deutungsangebote
(Deutungsmuster), die sie in fortlaufenden aufeinander bezogenen Inte-
raktions- und Definitions-/ Redefinitionsprozessen an konkreten und/
oder dem *generalisierten* Anderen bzw. relevanten Bezugsgruppen ausrichten und so für sich ihrem Leben Sinn geben. „Erfahrene Wirklichkeit
ist immer bestimmt durch gesellschaftliche Strukturen und Ressourcen.
Lebenswelt – als Ort des Arrangements in der Erfahrung – ist die
Schnittstelle von Objektivem und Subjektivem, von Strukturen und
Handlungsmustern" (Thiersch 2001, S. 220). „In unserer Gegenwart ist
Lebenswelt bestimmt ebenso durch Ungleichheiten in den Ressourcen
und Deutungs- und Handlungsmustern wie durch Erosionen, wie sie sich
im Zeichen zunehmender Pluralisierung und Individualisierung der Lebensverhältnisse abspielen" – weshalb neben die alten Ungleichheiten
auch neue treten, die zunehmend Individuen zumuten, „ihre Lebens-
räume bewusst zu inszenieren und den eigenen Lebensplan vor sich und
anderen zu entwerfen und zu verantworten. Identität ist der anstren-
gende Versuch der Vermittlung unterschiedlicher Erfahrungen und des
Entwurfs der eigenen Linie in diesen Erfahrungen"(ebd., S. 221) und, so
kann man ergänzen, zum Gelingen immer angewiesen auf (möglichst
herrschaftsfreie, verständigungsorientierte) Kommunikation und einem
Lernen (als Er-Möglichkeitsraum im Spannungsverhältnis von Biografie
und sozialem Ort, vgl. Winkler 1988), um in der Eigensinnigkeit ihrer
lebensweltlichen Eingebundenheit überhaupt Identität im Sinne mit sich
selbst identischer und kompetenter Subjekte ausbilden zu können (vgl.
Habermas 1976; zu dem hier favorisierten Lernbegriff: Thiersch 1979, S.
75-81; Ziehe/ Stubenrauch 1982).

Der Alltags-/ Lebensweltdiskurs „stellte somit nicht nur den Zusammenhang zwischen Lebensbewältigung und gesellschaftlicher Praxis her, sondern konnte gleichzeitig im Kontext und Widerhall eines sozialstaatlichen Diskurses geführt werden. Der 'gelingendere Alltag' und die Perspektive eines 'gestaltenden Sozialstaats' wurden so aufeinander bezogen. Der Alltag wurde als die Sphäre des Erlebens und Handelns, als Ereignisbereich des täglichen Lebens, als für jedermann verfügbare Wissensform (...) den entsubjektivierten Zweckwelten der Institutionen gegenüber gestellt. Hier schneiden sich die Alltagstheorien mit dem Habermasschen System-Lebenswelt-Paradigma (1986), in dem die Substitution lebensweltlich-kommunikativer Verständigung durch zweckorientierte systemische Rationalität beklagt wird" (Böhnisch/ Schröer/ Thiersch 2005, S. 113), was auch in der lebensweltorientierten Sozialen Arbeit unter dem Titel „Verstehen oder Kolonialisieren?" (vgl. Müller/ Otto 1984) in Richtung einer dialogisch orientierten Auflösung diskutiert wurde, woran zu erinnern ist angesichts einer Diskussionskultur (vgl. Einleitung), welche die Ergebnisse der Fachentwicklung der Jahre zwischen 1970 und 1990 nahezu vollständig der Vergessenheit hat anheim fallen lassen.

Wie Habermas vermittels der Rekonstruktion von Stufen der Ich-Identität wie seiner in Sprache und Diskurs fundierten regulativen Idee herrschaftsfreier Kommunikation eine rational ausgewiesene Kritikdimension und implizite Bildungstheorie (des Subjekts) zu Verfügung steht (vgl. Habermas 1976, S. 63 ff.; 1991, S. 144 ff.), so auch dem lebensweltorientierten Konzept: „Im *sozialpädagogischen Bewältigungskonzept* wird diese Dimension strukturiert, indem Handlungsfähigkeit als subjektiv zu erreichendes psychosoziales Gleichgewicht definiert wird, in dem die Variablen *Selbstwert, soziale Anerkennung und Selbstwirksamkeit /Selbstkontrolle* einander bedingen. (...) Das Selbstwert und Anerkennung suchende Streben nach Handlungsfähigkeit richtet sich dabei auf *erreichbare* Formen sozialen Rückhalts und sozialer Integration. (...) Mit dem Bewältigungskonzept kann die lebensweltliche Dynamik des Handelns diagnostisch aufgeschlossen und – im Sinne der 'Hilfen zur Lebensbewältigung' – pädagogisch transformiert werden. Die Bewältigungsperspektive entspricht der Alltagsorientierung insofern, als sie die Interventionsanlässe nicht von den Institutionen, sondern von den Klientinnen und Klienten her formuliert. (...) [Sie] erweitert sich (...) in der biografischen Interventionsabsicht auf die Perspektive des 'gelingenderen Alltags'. Damit erkennen wir im Bewältigungsparadigma der Sozialpädagogik und Sozialarbeit eine implizite Bildungstheorie, die aber sozialpolitisch rückgebunden ist" (Böhnisch/ Schröer/ Thiersch ebd., S. 126).

Das „diagnostische Aufschließen" der lebensweltlichen Dynamik, von der oben gesprochen wurde, unterscheidet sich wesentlich von den Intentionen der Neo-Diagnostik (vgl. Lankhanky 2005, S. 7 ff.) und ist hier grundsätzlich eingebunden in verständigungsorientiertes Handeln, das vorliegt, „wenn sich die Aktoren darauf einlassen, ihre Handlungspläne intern aufeinander abzustimmen und ihre jeweiligen Ziele nur unter der Bedingung eines sei es bestehenden oder auszuhandelnden Einverständnisses über Situation und erwartete Konsequenzen zu verfolgen" (Habermas 1991, S. 144).

Zeichnen sich Technologien durch eine klare Ursache-Wirkungs-Kausalität aus, so ist diese im Feld lebensweltorientierter Praxis und Pädagogik nicht möglich. Aus systemtheoretischer Perspektive haben Luhmann/ Schorr schon 1988 auf das strukturelle, häufig zitierte, aber offensichtlich ebenso häufig nicht ernst genommene „Technologiedefizit" der Pädagogik und den autopoeitischen Charakter von Bildung hingewiesen, was sich mit Thiersch sozialpädagogisch umformulieren lässt: „Sozialpädagogik ist verantwortlich für Anregungen, Provokationen, Unterstützungen – aber nicht dafür, was die AdressatInnen damit machen: Sie leben ihr eigenes Leben. Die pädagogischen Ansprüche können und müssen auch abgelehnt und verweigert werden. Die Grenzen, vor allem auch die Überlappungen, zwischen Eigensinnigkeit, Stellvertretung und Verantwortung können nur im Einzelnen ausgehandelt werden" (Thiersch 1993, S. 17). Obwohl ein solches Verständnis von Sozialpädagogik es in der aktuellen sozialpolitischen Landschaft schwer hat, ist in Übereinstimmung mit Luhmann/ Schorr zu konzedieren, dass es sinnvoll wäre, eine „immer neu ansetzende (oder: immer wieder als neu erscheinende) Suche nach technologischen Verbesserungen aufzugeben, sondern statt über eine nie gelingende Kompensation des

Technologiedefizits auf dessen Reflexion umzustellen" (Luhmann/ Schorr 1988, S. 130; dazu wie so etwas aussehen könnte, vgl. Peters 2000; Peters/ Koch 2004; Langhanky u.a. 2004) und zugleich von einer Wirksamkeit im instrumentellen Sinne, die durch das Verhältnis von Mittel und Ziel bestimmt ist, Abschied zu nehmen zugunsten eines Verständnisses von Wirksamkeit, die von der Freisetzung von Potenzialen in der Situation bestimmt ist.

4   Differenzierende Perspektiven und Ausblick

Vor dem Hintergrund einer verstärkten wissenschaftlichen Auseinandersetzung mit Fragen bezüglich Qualität, Effektivität, Effizienz (s.o.), haben Schaarschuch/ Oelerich in einer idealtypisierenden, synoptischen Übersicht die verschiedenen (Forschungs-)Konzepte, die sich mit deutlich unterscheidbarer Zielsetzung und empirischer Ausrichtung diesem Thema zuwenden, zusammengefasst. Sie identifizieren dabei die Wirkungsforschung, Adressatenforschung und Nutzerforschung, deren Gemeinsamkeit bei allen Unterschieden bezüglich Klientenbild, Zielen und Absichten darin besteht, dass sie sich auf den „Interdependenzzusammenhang von angebotenen und in Anspruch genommenen Dienstleistungen, also auf professionelle Handlungskonzepte, Hilfesettings und Infrastrukturen mit sozialpädagogischer Intention richten" (Schaarschuch/ Oelerich 2005, S. 14).

Da über die grundlegenden Annahmen und Probleme der Wirkungsforschung im Kontext der Frage nach „Wirkungen" und deren Evaluation oben bereits ausführlich diskutiert worden ist, sollen hier lediglich Adressaten- und Nutzerforschung noch etwas näher betrachtet werden. Die *Adressatenforschung* zeichnet ein allgemeines Interesse an der Empirie der Lebenswelten, den Selbstkonzepten, Deutungen und Wahrnehmungsmustern, Problemlagen und Ressourcen der AdressatInnen, ein gegenüber der „Klientel" Sozialer Arbeit neutralerer Begriff, aus. Gewendet auf die erzieherischen Hilfen orientiert sie sich am Jugendlichen, an der Rekonstruktion der Erfahrungen mit Angeboten der Jugendhilfe unter Einbeziehung des Hilfesystems selbst und in retro-

spektiv-biografischer Perspektive. „Auch wenn die Adressaten als Subjekte verstanden werden, die mit den Bedingungen der Hilfe aktiv umgehen, so liegt der Akzent dieser Forschungsperspektive auf den tendenziell dazu in Abhängigkeit stehenden Umgangs- und Erlebens-
weisen der Adressaten. Das Ziel der Adressatenforschung besteht in
der Rekonstruktion von Selbstdeutungen, subjektiven Erfahrungen und
biografischen Verläufen von Adressaten im Kontext institutioneller Settings. Das damit verbundene Erkenntnisinteresse besteht in dem Verstehen adressatenseitiger Lebenssituation zur Optimierung professionellen sozialpädagogischen Handelns und sozialpädagogischer
Arrangements. Anders als die Wirkungsforschung, in der die institutionelle Perspektive im Vordergrund steht, ist die Adressatenforschung
von dem Interesse an einer Professionalisierung sozialpädagogischer
Handlungspraxis geprägt" (Schaarschuch/ Oelerich ebd., S. 16). Dies
überrascht nicht, verfügt doch diese eher im Kontext der lebensweltorientierten Debatte und interaktionstheoretisch-phänomenologischen,
bzw. hermeneutisch-kritischen Pädagogik (vgl. Thiersch 1978; Mollenhauer 1972) angesiedelte Richtung über ein ausformuliertes Modell einer eigenständigen, lebensweltbezogenen Professionalisierung, das
sich in Absetzung zum klassischen altruistischen Modell wie einem in-
genieuralen beschreiben lässt (vgl. Peters 1993, S. 86). Forschungsme-
thodologisch und –praktisch orientieren sich die Adressaten- wie Nutzerforschung an qualitativen Forschungsstrategien, -methoden und
qualitativen, offenen Evaluationsmethoden (vgl. Beywl 1991; Wolff/
Scheffler 2003).

Die sozialpädagogische *Nutzerforschung* führt auf die jüngere Dienstleistungstheorie Sozialer Arbeit (zusammenfassend: Schaarschuch u.a.
2001) sowie auf theoretische Ansätze zurück, die auf der Grundlage
subjekt-, bildungs- und aneignungstheoretischer Überlegungen sozialpädagogisches Handeln als „Entbindung von Subjektivität, als Mäeutik
konzipieren" (vgl. Sünker 1989). Schon die klassischen Theorieansätze
sozialer Dienstleistungen haben herausgearbeitet, dass die Nutzerinnen
und Nutzer systematisch am Dienstleistungsprozess beteiligt sind und
nicht als bloß passive Objekte aufgefasst werden können. Galten klas-
sisch die Professionellen als die eigentlichen Produzenten der Dienst-

leistungen wird nunmehr die Ko-Präsenz gemäß des „uno-actu-Prinzips" von personenbezogenen Dienstleistungen betont und vormalige Klienten werden zu externen Produktionsfaktoren, die es zu aktivieren gilt (vgl. Herder-Dorneich/ Kötz 1972; Badura/ Gross 1976; Gartner/ Riessman 1976). „Die neuere Dienstleistungstheorie hat aus der Kritik an verdinglichend-passivierenden Konstruktionen der Nutzerinnen (...) als 'Betroffene' politischen und professionellen Handelns sowie unter Rückbezug auf aneignungstheoretische Überlegungen im Anschluss an Marx (...) die sozialisationstheoretische Konzeption des 'produktiv realitätsverarbeitenden Subjekts' (Hurrelmann 1983; Wissinger 1991) und die Arbeiten der Kritischen Psychologie (Braun 2004) argumentiert, dass es die Nutzerinnen (...) sind, die ihr Leben, ihr Verhalten, ihre Gesundheit, ihre Bildung unhintergehbar aktiv produzieren, d.h. aneignen (müssen) und diese somit realiter die *Produzenten* sind – während die Professionellen (...) im Hinblick auf diese Aneignungsprozesse 'lediglich' ko-produktive Hilfestellungen und Anregungen zu geben, Lernarrangements bereitzustellen, Alternativen aufzuzeigen, kritische Begleitung zu geben in der Lage sind etc. In systematischer Perspektive kommt somit dem Aneignungshandeln der Nutzerinnen (...) im Dienstleistungsprozess der Primat zu (Schaarschuch 2003) (...) So kann 'Dienstleistung' auf der Ebene des Erbringungsverhältnisses gefasst werden als 'ein professionelles Handlungskonzept, das von der Perspektive des nachfragenden Subjekts als aktivem Produzenten seines Lebens und Konsumenten von Dienstleistungen zugleich ausgeht und von diesem gesteuert wird' (Schaarschuch 1999, S. 554)" (Schaarschuch/ Oelerich 2005, S. 11). Damit ist zugleich das Erkenntnisinteresse sozialpädagogischer Nutzerforschung markiert: „Dieses richtet sich sowohl auf die Analyse dessen, was für die Nutzer (...) den Gebrauchswert sozialpädagogischen Handelns ausmacht als auch auf die Identifizierung derjenigen Strukturmerkmale sozialpädagogischen Handelns und sozialpädagogischen Arrangements, die produktive Aneignungsprozesse im Sinne einer Autonomie der Lebenspraxis auf Seiten der Nutzerinnen (...) befördern oder sie verhindern, einschränken und in ihrer widerspruchsvollen Amalgamierung konterkarieren" (Schaarschuch/ Oelerich ebd., S. 13).

Als eine erste Zusammenfassung lassen sich Wirkungs-, Adressaten- und Nutzerforschung, die vorstehend kurz skizziert wurden, tabellarisch darstellen (Tabelle 2).

Aus der Perspektive einer lebensweltorientierten Kinder- und Jugendhilfe, das dürfte deutlich geworden sein, kann aus einer Wirkungsforschung (und daraus abgeleiteten Steuerungsansprüchen) nicht nur kein Gewinn erwartet werden, sondern hier würde eine technologische Rationalität in lebensweltlich geprägte Zusammenhänge verlängert, die ggf. – und zu Ende gedacht – der Pädagogik und Erziehung oder allgemeiner: sozialisatorischen Interaktionsprozessen selbst das Wasser abgraben würde, weil sie deren Voraussetzungen, eine elementare Offenheit und „Eigensinnigkeit", nicht (mehr) zulässt bzw. unzulässig einschränkt. Über eine wirkungsforschungsfundierte wirkungsorientierte Steuerung einschließlich der Favorisierung von mehr „Techniken" (in dem „Diagnose-Indikations-Treatment-Dreischritt" inklusive der Anstrengungen einer verbesserten Feinsteuerung der Zuweisung zu und Abarbeitung von „Defiziten" in möglichst spezialisiert-standardisierten Hilfesettings unter Einsatz der „Eigenaktivierung/ Ressourcenorientierung") setzte sich ein *teleologisches*, strategisches Handeln gegenüber einem *kommunikativen*, an Verständigung orientierten Handeln durch, das aber als Voraussetzung von Identitätsbildungsprozessen unverzichtbar gilt (vgl. Krappmann 1983).

Die im teleologischen Handeln eingelassene Vorstellung von Wirksamkeit ist so tief in unseren Vorstellungen verankert, dass wir seinen (historischen) Konstruktcharakter, der aufs Engste verwoben ist mit der Durchsetzung des abendländischen Rationalisierungsprozesses, kaum mehr erkennen (vgl. Türk/ Lemke/ Bruch 2006, S. 49 ff.). „Wir entwickeln eine Idealform (eidos), die wir als Ziel (telos) setzen, und dann handeln wir, um sie in die Realität umzusetzen. All das liefe von selbst – Ziel, Ideal und Wille: die Augen auf das Modell gerichtet, (…) entscheiden wir, in die Welt einzugreifen und der Realität Form zu geben" (Julien 1999, S. 13). Dieses geläufige Schema verstellt im Kontext einer sozialräumlichen bzw. lebensweltorientierten Praxis entweder den Horizont für die konstitutiven Elemente der Lebenswelt(en) oder aber führt zur puren Manipulation des sozialen Feldes und seiner Akteure.

Das (fach-)politische Ziel bleibt deswegen, „Lebensbereiche, die funktional notwendig auf eine soziale Integration über Werte, Normen und Verständigungsprozesse angewiesen sind, davor zu bewahren, den Systemimperativen der eigendynamisch wachsenden Subsysteme Wirtschaft und Verwaltung zu verfallen" und über Steuerungsmedien „auf ein Prinzip der Vergesellschaftung umgestellt zu werden, das für sie dysfunktional ist" (Habermas 1981, Band II, S. 547). Die klassische Pädagogik (Bollnow) formulierte diese angesprochenen Sachverhalte als „Wagnischarakter" jeglichen pädagogischen Handelns. Alle pädagogisch Handelnden müssten sich des Faktums bewusst sein, so Hörster (1995, S. 38), „dass die sinnhaften Handlungsentwürfe, die das Handeln orientieren, sich zeitlich auch in Ungewissheit, sozial auch in der Fremde und sachlich auch im Unbestimmten bewegen" – eine Formulierung, die nicht zufällig an die Diagnose des „strukturellen Technologiedefizits der Pädagogik" erinnert.

Tabelle 2: Synopse Wirkungs-, Adressaten-, Nutzerforschung

	Wirkungsforschung	*Adressatenforschung*	*Nutzerforschung*
Klient/ Klientin	Objekt von Programmen, die Effekte zur Folge haben	Von sozialpäd. Angeboten adressiertes Subjekt	Aktives, soziale Dienstleistungen sich aneignendes Subjekt
Ziel	Identifizierung von kausalen und korrelativen Ziel-Mittel-Wirkungs-relationen	Rekonstruktion von Erfahrungen, Hilfe-verläufen auf Seiten der Adressaten	Rekonstruktion des Gebrauchswertes sozialer Dienst-leistungen aus Sicht der Nutzer
Absicht	Optimierung von Ziel-Mittel-Relationen	Verstehen der Lebenssituation oder Adressaten zur Optimierung päd-agogischen Handelns	Identifizierung nutzen-fördernder/ nutzen-limitierender Aneig-nungsbedingungen von Hilfeangeboten

(Schaarschuch/Oelerich 2005, S. 17)

Abkürzend und pointierend: Während die Position einer wirkungsforschungsbasierten wirkungszielorientierten Steuerung gegenüber den fachlichen Forderungen der letzten 25 Jahre (Partizipation, Entsäulung von Hilfen, Lebensweltorientierung, Netzwerkorientierung) im wesentlichen blind ist bzw. sie instrumentalisiert und dabei auch sich selbst sowohl aktiv „deprofessionalisiert" (s.o.) wie sich das Jugendamt als „sozialpädagogische Institution" unter betriebswirtschaftlichen Imperativen in Frage stellen lässt, sieht dies anders aus bei der Adressatenorientierung und Nutzerforschung.

Eine strikte Adressatenorientierung, auch dies abkürzend, setzt auf (sozial-)politisch ausgerichtete, sozialpädagogisch unterstützte Konzepte der Lebensbewältigung, soziale Teilhabe und soziale Gerechtigkeit. Die Eigensinnigkeit/ Selbstbestimmung der Adressaten und ihre praktischen Kompetenzen im Alltag und zur Alltagsbewältigung stehen dabei im Spannungsverhältnis zu sich verändernden gesellschaftlichen Anforderungen und Chancen, an die sich die sozialpädagogischen Unterstützungsangebote professionell fundiert orientieren – eine vermutlich konzeptionell weit geteilte Perspektive, die aber empirisch nicht mehrheitlich untersetzt ist (vgl. aber: Heinemann/ Peters 1986) und zumeist nur als Ausweis vermeintlicher Modernität medial aktualisiert wird. Die Alternative wäre, Lernprozesse nicht mehr aus der Ziel-Mittel-fixierten Binnenstruktur der Organisation heraus zu bestimmen, sondern alles zu unternehmen, um „Lernprozesse in Auseinandersetzung mit den veränderten Organisations-, Umwelt-Bedingungen neu aufzuschließen" (Böhnisch/ Schröer/ Thiersch 2005, S. 261), um nicht sich zu verfangen in einer selbstreferenziellen Organisation von Hilfesystemen (vgl. Wolff 1983). Der Nutzen personenbezogener Dienstleistungen kann so als Gebrauchswerthaltigkeit professioneller Tätigkeit im Hinblick auf die produktive Auseinandersetzung mit den Anforderungen, die sich für die Nutzer aus den sich ihnen stellenden Aufgaben der Lebensführung ergeben, bestimmt und einer empirischen Forschung zugänglich gemacht werden (vgl. Oelerich/ Schaarschuch 2005, S. 80 ff.); jenseits eines „Entweder-Oder" von Selbstbestimmung vs. Fremdbestimmung, sondern unter Beachtung der Form und Formierung des Feldes (erzieherischer Hilfen) und ihrer unablässigen (diskursiven) Um- und Neustrukturierung und eben differentieller Nutzung. Dies betrifft nicht nur offene Angebote, sondern auch hilfeplangesteuerte Einzelfälle.

Nicht nur *was wie* bei NutzerInnen ankommt und *wie* (und natürlich auch *ob*) sie von den Leistungen sozialer Arbeit bzw. der Jugendhilfe profitieren, müsste im Fokus des Erkenntnisinteresses stehen (denn *nur* wenn NutzerInnen eine Verbesserung ihrer jeweiligen Lebenssituation oder zumindest eine Unterstützung in evtl. problematischen biografischen Konstellationen erfahren, wäre soziale Arbeit erfolgreich, zeitigte wünschbare „Wirkungen"), sondern auch die Art und Weise des Umgehens mit spezifischen pädagogischen („Erbringungs-")Situationen. Hinweise zur empirischen Erfassung solcher Zusammenhänge liefern Langhanky u.a. (2004) sowie auch Oelerich/ Schaarschuch (2005).

Literatur

Alford, J. (2004): Dienstleistungsqualität in Australien. Kontraktualismus versus Partnerschaft, In: Beckmann, Ch./ Otto, H.-U./ Richter, M./ Schrödter, M. (Hg.): Qualität in der Sozialen Arbeit, Wiesbaden, S. 67 – 84.

Badura, B./ Gross, P. (1976): Sozialpolitische Perspektiven, München.

Banner, G. (2001): Kommunale Verwaltungsmodernisierung: Wie erfolgreich waren die letzten zehn Jahre?, In: Schröter, E. (Hrsg.): Empirische Policy- und Verwaltungsforschung. Lokale, nationale und internationale Perspektiven, Opladen, S. 279 – 304.

Baur, D./ Finkel, M./ Hamberger, M./ Kühn, A. (1998): Leistungen und Grenzen von Heimerziehung. Ergebnisse einer Evaluationsstudie stationärer und teilstationärer Erziehungshilfen, Stuttgart.

Baur, W. (1994): Abbruch und Neubeginn. Über die wiederholten Totalzäsuren im Leben des ehemaligen Heimzöglings Willi Beier, In: Schröder, J./ Storz, M. (Hrsg.): Einmischungen. Alltagsbegleitung junger Menschen in riskanten Lebenslagen, Langenau-Ulm, S. 21 – 39.

Beywl., W. (1991): Entwicklung und Perspektiven praxiszentrierter Evaluation, In: Sozialwissenschaften und Berufspraxis, 14. Jg., Heft 3, S. 265 – 279.

Boeckh, J. (2005): Wirkungen als Überprüfungen von Netzwerkarbeit – Zwischen objektiver Messung und normativer Setzung, Vortrag am 14./15.11.05, Göttingen (ISS/DJI-Kolloquium zur wirkungsorientierten Steuerung).

Böhnisch, L./ Schröer, W./ Thiersch, H. (2005): Sozialpädagogisches Denken. Wege zu einer Neubestimmung, Weinheim, München.

Boltanski, L./ Chiapello, E. (2003): Der neue Geist des Kapitalismus, Konstanz.

Böllert, K. (2005): Soziale Dienste in der Konsolidierungsfalle, In: Thole, W./ Cloos, P./ Ortmann, F./ Strutwolf, V. (Hg.), Soziale Arbeit im öffentlichen Raum, Wiesbaden, S. 89 – 98.

Braun, K. H. (2004): Raumentwicklung als Aneignungsprozess, In: Deinet, U./ Reutlinger, C. (Hg.): Aneignung als Bildungskonzept der Sozialpädagogik, Wiesbaden, S. 19 – 48.

Bundesministerium für Familie, Senioren, Frauen und Jugend (Hrsg.) (2002): Elfter Kinder- und Jugendbericht: Bericht über die Lebenssituation junger Menschen und die Leistungen der Kinder- und Jugendhilfe in Deutschland, Bonn.

Clarke, J. (2003): Die Auflösung des öffentlichen Raums, In: Widersprüche, Heft 89, S. 39 – 58.

Christa, H. (2005): Fachliches Controlling im Fokus der Neuen Institutionenökonomie, unveröffentlichtes Manuskript, Dresden.

Dahme, J. (2000): Kontraktmanagement und Leistungsvereinbarungen – Rationalisierung des sozialen Dienstleistungssektors durch Vernetzung, In: Theorie und Praxis der Sozialen Arbeit, Heft 2/ 2000, S. 62 – 67.

Dahme, J./ Otto, H.-U./ Trube, A./ Wohlfahrt, N. (Hg.) (2003): Soziale Arbeit für den aktivierenden Staat, Wiesbaden.

Dewe, B./ Otto, H.-U. (2002): Reflexive Sozialpädagogik. Grundstrukturen eines neuen Typs dienstleistungsorientierten Professionshandelns, In: Thole, W. (Hg.): Grundriss Soziale Arbeit, Opladen, S. 85 – 105.

Dewe, B./ Ferchoff, W./ Peters, F./ Stüwe, G. (1986): Professionalisierung – Kritik – Deutung, Frankfurt/ M.

Dolic, R./ Schaarschuch, A. (2005): Strategien der Nutzung sozialpädagogischer Angebote, In: Oelerich, G./ Schaarschuch, A. (Hg): Soziale Dienstleistungen aus Nutzersicht, München 2005, S. 99 – 116.

Finkel, M. (2004): Selbständigkeit und etwas Glück. Einflüsse öffentlicher Erziehung auf die biographischen Perspektiven junger Frauen. Weinheim/München.

Galuske, M. (2005): Methodenentwicklung in der Kinder- und Jugendhilfe – Risiko oder Chance? (Vortrag auf der Jahrestagung der Internationalen Gesellschaft für Erziehungshilfe (IGfH) in Dortmund (im Erscheinen).

Gartner, A./ Riessman, F. (1978): der aktive Konsument in der Dienstleistungsgesellschaft, Frankfurt/M.

Giesecke, H. (2001): Ökonomische Implikationen des pädagogischen Handelns, In: Hoffmann, D./ Maack-Rheinländer, K. (Hg.): Ökonomisierung der Bildung. Die Pädagogik unter den Zwängen des Marktes, Weinheim und Basel, S. 15 – 22.

Grunwald, K./ Thiersch, H. (2004): Das Konzept Lebensweltorientierte Soziale Arbeit – einleitende Bemerkungen, In: Dies. (Hg.): Praxis Lebensweltorientierter Sozialer Arbeit, Weinheim, München.

Gerull, P. (2001): Qualitätsmanagement light. Beiträge zur ressourcenschonenden Professionalisierung, Münster.

Habermas, J. (1991): Moralbewusstsein und kommunikatives Handeln, Frankfurt/M.

Habermas, J. (1988): Theorie des kommunikativen Handelns, Bd. 1 u. 2, Frankfurt/M.

Habermas, J. (1976): Zur Rekonstruktion des Historischen Materialismus, Frankfurt/M.

Heinemann, W./ Peters, F. (1987): Ambulant betreutes Einzelwohnen – eine Herausforderung für die Heimerziehung, In: unsere jugend, Heft 11/ 87, S. 442 – 447.

Herder-Dorneich, P./ Kötz, W. (1972): Zur Dienstleistungsökonomik, Berlin.

Julien, F. (1999): Über die Wirksamkeit, Berlin.

Kessl, F. (2002): Ökonomisierung, In: Schröer, W./ Struck, N./Wolff, M. (Hg.): Handbuch Kinder- und Jugendhilfe, Weinheim/ München 2002, S. 1113 – 1128.

Kessl, F./ Krasmann, S. (2005): Sozialpolitische Programmierungen, In: Kessl, F./ Reutlinger, C./ Maurer, S./ Frey, O. (Hg): Handbuch Sozialraum, Wiesbaden, S. 227 – 245.

Krappmann, L. (1983): Identität, In: Lenzen, D./ Mollenhauer, K. (Hg.): Enzyklopädie Erziehungswissenschaften Bd 1, Stuttgart, S. 434-437.

Kromrey, H. (2000): Die Bewertung von Humandienstleistungen. Fallstricke bei der Implementations- und Wirkungsforschung sowie methodische Alternativen, In: Müller-Kohlenberg, H./ Münstermann, K. (Hg.): Qualität von Humandienstleistungen. Evaluation und Qualitätsmanagement in Sozialer Arbeit und Gesundheitswesen. Opladen, S.19 – 57.

Kommunale Gemeinschaftsstelle für Verwaltungsvereinfachung (KGSt) (1991): Dezentrale Ressourcenverantwortung: Überlegungen zu einem neuen Steuerungsmodell, Bericht Nr. 12, Köln.

KGSt-Consult/ Steinbeis – Transferzentrum Kommunales Management (Hg.) (2000): Gutachten zu den Hilfen zur Erziehung in den Jugendämtern des Weißeritzkreises, des Landkreises Sächsische Schweiz und des Niederschlesischen Oberlausitzkreises, Heidelberg.

Landeshauptstadt Dresden, Geschäftsbereich Jugendamt (2005): Dresdner Wirkungszielkatalog (16.12.2005), Manuskript, Dresden.

Landwehr, A. (2001): Geschichte des Sagbaren. Einführung in die Diskursanalyse, Tübingen.

Langhanky, M. (2005): Diagnostik – eine Kunst des Regierens, In: Widersprüche Heft 96, S. 7 – 21.

Langhanky, M./ Frieß, C./ Hußmann, M./ Kunstreich, T. (2004): Erfolgreich sozialräumlich handeln, Bielefeld.

Luhmann, N. (1995): Die Realität der Massenmedien, Opladen.

Luhmann, N./ Schorr, K. E. (1982): Zwischen Technologie und Selbstreferenz: Fragen an die Pädagogik. Frankfurt/ M.

Lüders, C. (2005): Wirkungsevaluation: Große Erwartungen – fragile Antworten (www.dji-de/projekte).

Mamier, J./ Seckinger, M./ Pluto, L./ van Santen, E. (2002): Organisatorische Einbettung von Jugendhilfeaufgaben in der Kommunalverwaltung, in: Sachverständigenkommission 11. Kinder- und Jugendbericht (Hg): Strukturen der Kinder- und Jugendhilfe, Bd 1, München, S. 265 – 317.

Merchel, J. (Hg.) (2000): Qualitätsentwicklung in der Jugendhilfe, Frankfurt/ M.

Merchel, J. (Hg.) (1999): Qualität in der Jugendhilfe – Kriterien und Bewertungsmöglichkeiten, 2. Auflage, Münster,

Merchel, J. (Hrsg.) (1998): Qualität in der Jugendhilfe. Münster.

Mollenhauer, K. (1972): Theorien zum Erziehungsprozess, Weinheim, München.

Munsch, C. (2004): Adressatenorientierung als verlässliche und ganzheitliche Unterstützung in schwierigen Lebenslagen. In. Peters, F./ Koch, J. (Hrsg.): Integrierte erzieherische Hilfen. Weinheim/ München, S. 221 – 248.

Müller-Kohlenberg, H./ Kammann, C. (2000): Die NutzerInnenperspektive in der Evaluationsforschung: Innovationsquelle oder opportunistische Falle?, In: Müller-Kohlenberg, H./ Münstermann, K. (Hg.): Qualität von Humandienstleistungen, Opladen, S. 99 -120.

Müller, S./ Otto, H.-U. (Hg.) (1984): Verstehen oder Kolonialisieren?, Bielefeld.

Oelerich, G./ Schaarschuch, A. (Hg.) (2005): Soziale Dienstleistungen aus Nutzersicht, München.

Olk, Th./ Otto, H.-U. (Hg.) (2003): Soziale Arbeit als Dienstleistung, Neuwied.

Otto, H.-U./ Schnurr, S. (2000): `Playing the Market Game?`- Zur Kritik markt- und wettbewerbsorientierter Strategien einer Modernisierung der Jugendhilfe in internationaler Perspektive, In: Dies. (Hg.): Privatisierung und Wettbewerb in der Jugendhilfe, Neuwied, S. 3 – 20.

Peters, F. (1993): Zur Professionalisierbarkeit von Heimerziehung – diskutiert am Beispiel der Entwicklung in Hamburg zwischen 1980 und 1990. In: Ders. (Hrsg.): Professionalität im Alltag. Entwicklungsperspektiven in der Heimerziehung II. Bielefeld, S. 77–104.

Peters, F. (2000): Auf der Suche nach reflexiven Institutionen. Integrierte, flexible Erziehungshilfen als Antwort auf die ungeplanten Folgen forschreitender Differenzierung und Spezialisierung. In: Dahme, H.-J./ Wohlfahrt, N. (Hrsg.): Netzwerkökonomie im Wohlfahrtsstaat. Berlin, S.119 – 138.

Peters, F. (2004): Qualitätsentwicklung unter den Bedingungen von Markt und Wettbewerb, S. 155 – 171, in: Beckmann, C./ Otto, H.-U./ Richter, M./ Schrödter, M. (Hg.): Qualität in der Sozialen Arbeit, Wiesbaden.

Peters, F. (2004a): Lebensweltorientierung – ein noch unausgeschöpftes theoretisches Konzept zur Theorie- und Praxisentwicklung. In: Lutz, R. (Hrsg.): Rückblicke und Aussichten. Oldenburg, S. 89 – 112.

Peters, F./ Koch, J. (Hrsg.) (2004): Integrierte erzieherische Hilfen. Flexibilität, Integration und Sozialraumbezug in der Jugendhilfe. Weinheim/ München.

Schaarschuch, A. (1999): Theoretische Grundelemente Sozialer Arbeit als Dienstleistung. Ein analytischer Zugang zur Neuorientierung Sozialer Arbeit, In: Neue Praxis, Heft 6/ 1999, S. 543 – 560.

Schaarschuch, A. (2003): Die Privilegierung des Nutzers, In: Olk, T./ Otto, H.-U. (Hg.): Soziale Arbeit als Dienstleistung, Neuwied, S. 150 – 169.

Schilling, M. (2005): Erstmals kein weiterer Ausgabenanstieg im Westen – Rückgänge im Osten, in: KOMDAT, Heft 3/05, S.1 f.

Schröder, J. (Hg) (2002): Dokumentation des Expertengesprächs „Wirkungsorientierte Gestaltung von Qualitätsentwicklungs-, Leistungs- und Entgeltvereinbarungen nach § 78a ff.", Bonn.

Schröder, J./ Kettinger, D. (2001): Wirkungsorientierte Steuerung in der sozialen Arbeit: Ergebnisse einer internationalen Recherche in den USA, den Niederlanden und der Schweiz. URL: http://www.jsbgmbh.de/download/Wirkungsorientierte.

Sünker, H. (1989): Bildung, Alltag und Subjektivität, Weinheim.

Struck, N. (1999): Die Qualitätsdiskussion in der Jugendhilfe in Deutschland, In: Sozialpädagogisches Institut im SOS-Kinderdorf (Hg.): Qualitätsmanagement in der Jugendhilfe, München, S. 6 – 21.

Thiersch, H. (2001): Erziehungshilfen und Lebensweltorientierung – Bemerkungen zu Bilanz und Perspektiven, In: Birtsch, V./ Münstermann, K./ Trede, W. (Hg.): Handbuch Erziehungshilfen. Leitfaden für Ausbildung, Praxis und Forschung, Münster, S. 213 – 233.

Thiersch, H. (1993): Strukturierte Offenheit. Zur Methodenfrage einer lebensweltorientierten Sozialen Arbeit, In: Rauschenbach, Th./ Ortmann, F./ Karsten, M.-E. (Hg.): Der sozialpädagogische Blick. Lebensweltorientierte Methoden in der Sozialen Arbeit, Weinheim/München, S.11 – 28.

Thiersch, H. (1997): Lebensweltorientierte soziale Arbeit, 3. Auflage, Weinheim/ München.

Thiersch, H. (1979): Lernen in der Jugendhilfe, In: Hartmann-Beutel/ Pfister (Hg.): Alternativen für die Jugendhilfe, Bonn, S. 75 – 81.

Thiersch, H. (1978): Die hermeneutisch-pragmatische Tradition der Erziehungswissenschaft, In: Thiersch/ Ruprecht/ Hermann (Hg.): Die Entwicklung der Erziehungswissenschaft, München, S.11 – 108.

Trube, A. (2005): Aktivierender Sozialstaat (CD-Beitrag) aus: Thole, W./ Cloos, P./ Ortmann, F./ Strutwolf, V. (Hg.): Soziale Arbeit im öffentlichen Raum, Wiesbaden.

Türk, K./ Lemke, T./ Bruch, M. (2006): Organisation in der modernen Gesellschaft, Wiesbaden.

Winkler, M. (2001): Gibt es eine einheitliche Kinder- und Jugendhilfe? Notizen zu Entwicklungen in Ost- und Westdeutschland, In: Rauschenbach, T./ Schilling, M: Kinder- und Jugendhilfereport 1, Münster, S. 163 – 189.

Winkler, M. (1988): Eine Theorie der Sozialpädagogik, Stuttgart.

Wolff, S. (1983): Die Produktion von Fürsorglichkeit, Bielefeld.

Wolff, S./ Scheffer, T. (2003): Begleitende Evaluation in sozialen Einrichtungen, In: Schweppe, C. (Hrsg.): Qualitative Forschung in der Sozialpädagogik, Opladen, S. 331–351.

Ziegler, H. (2003): Diagnose, Macht, Wissen und what work`s ? – Die Kunst, dermaßen zu regieren, In: Widersprüche, 23. Jg., Heft 88, S. 101 – 116.

Ziehe, T./ Stubenrauch, H. (1982): Plädoyer für ungewöhnliches Lernen, Reinbek.

Verzeichnis der Autorinnen und Autoren

Drößler, Thomas Dr., Arbeitsstelle für Praxisberatung, Forschung und Entwicklung e.V. an der Evangelischen Hochschule für Soziale Arbeit Dresden (FH)

Gintzel, Ullrich Prof., Evangelische Hochschule für Soziale Arbeit Dresden (FH)

Hansbauer, Peter Prof. Dr., Fachhochschule Münster, Fachbereich Sozialwesen

Jager, Cornelia, Jugendamt Dresden, ASD Dresden Neustadt

Koch, Josef, Internationale Gesellschaft für Erzieherische Hilfen

Krause, Hans-Ullrich Dr., Kinderhaus Berlin-Mark Brandenburg e.V.

Mann, Hartmut, Paritätischer Wohlfahrtsverband Sachsen

Peters, Friedhelm Prof. Dr., Fachhochschule Erfurt, Fachbereich Sozialwesen

Reinmüller, Barbara, Fachbereich Kinder, Jugend und Familie der Stadt Braunschweig

Roth, Klaus, start gGmbH Bernburg

Vollmer, Susann, Fachbereich Kinder, Jugend und Familie der Stadt Braunschweig

Wiesner, Reinhard Prof. Dr. Dr. h.c., Bundesministerium für Familie, Senioren, Frauen und Jugend Berlin